스피릿

최혜림 지음

SPIRIT

최혜림 지음

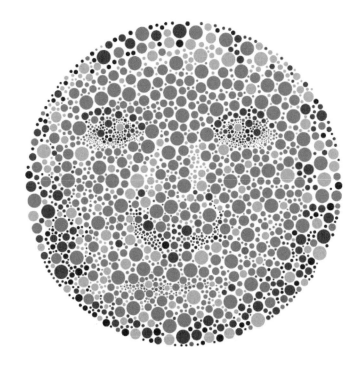

4차 산업혁명 시대 리더십

"리더십은 주어지는 것이 아니라 스스로 얻는 것이다." –테리 켈리

호연글로벌

4차 산업혁명 시대의 리더십

Sustainability for future proofing

우리는 인류 역사상 전례 없는 가장 다이내믹한 시대에 살고 있다. 사실 예측 불가의 시대 선상에 놓여 있다고 해도 과언이 아니다. 20세기 후반 인터넷으로 시작된 디지털 혁명은 기존의 가치와 인식을 산업 기반에서 지식과 정보의 시대로 전환시켰다. 여기서 핵심은 이제는 과거의 지식을 암기하는 일이 더 이상 효율적이지 않다는 사실과 더불어 올바른 정보와 지식을 활용하는 능력이 어느 때보다 요구된다는 점이다.

현재 거대 IT기업의 창업자들은 20세기 컴퓨터의 대중화와 인터넷의 고속화로 인해 세상이 점점 가깝고 빠르고 깊게 연결되는 시대가 도래할 것이라는 사실을 인지하고 있었다. 그래서 빌 게이츠는 인터넷을 골드러시(gold rush)로 비유했다. 알파고나 포켓몬고의 등장은 단지 시작일 뿐이다. 이미 '싱귤래리티(singularity, 인공지능이 인간의 지능을 뛰어넘는 시점)' 시대가 가까이 와 있다는 의미이다. 앞으로 펼쳐질 세상은 더 빠르게 많이 변화할 것이며, 사라지는 직업과 동시에 새롭게 부상하는 직업이 생겨날 전망이다. 21세기 4차 산업혁명 시대를 준비하고 대처해야 할 리더십은 무엇인가 고민하지 않을 수 없다.

한국인은 한국전쟁 이후 고유의 끈기와 집념으로 한강의 기적을 이룩해 낸 자랑스러운 민족이다. 전쟁으로 황폐해진 한반도의 경제구조는 복구(復舊)라기보다 재건(再建)이 필요했다. 가난했기 때문에 쉬지 않고 더 오래 공부하고 더 많이 일하면 부자가 된다는 성공 방정식은 우리에게 너무나 익숙한 공식이다.

슬며시 다가오는 듯 싶더니 어느덧 그 그림자를 내비치고 있는 4차 산업혁명은 왜 우리에게 두려운 존재인가? 1760년 영국을 중심으로 전파된 1차 산업혁명 당시 우리나라는 조선 영조 36년 청계천 공사가 시작되었고, 1870년 대량생산 시대를 개막한 2차 산업혁명 당시 우리나라는 고종 7년으로 1866년 병인양요, 1871년 신미양요가 일어난 혼돈의 시기였다. 참고로 우리나라 최초의 철도는 인천과 노량진 구간으로 1899년에 개통되었으니, 서구보다 약 139년 정도가 뒤쳐진 셈이다. 3차 산업혁명의 도래로 보이는 1969년에 삼성전자가 36명의 중소기업으로 시작되었다. 그렇게 뒤늦게 출발한 삼성전자가 오늘날 반도체와 휴대폰 시장의 선봉에 있다는 사실 자체가 기적인 셈이다. 우리는 이처럼 서구권에 비해 뒤쳐졌던 한 세기 이상을 따라잡으며 초고속으로 성장해 왔다.

숨 고르기도 잠시 다시 숨 가쁘게 찾아오는 4차 산업혁명의 존재는 당연히 우리에게 버거울 수밖에 없다. 빅데이터와 사물인터넷 로봇과 인공지능까지 수많은 기술 경쟁력은 아직 우리에게 낯설다. 우리가 더 많이, 더 열심히 일을 한다고 해서 얻을 수 있는 자원이 아니기 때문이다. 세계경제포럼에서 진단한 우리나라의 4차 산업혁명 적응 준비는 25위라고 한다. 이미 선진국에서는 로봇과 인공지능 드론, 가상현실 기술이 상용화되고 있고, 인간의 물리적인 힘과 지능을 기계가 대체하는 것도 부족하여 신의 영역이라 불리는 생명공학 부분에서도 상당한 진전을 보이고 있다.

근면 성실하게 오래 앉아서 공부하고 일하는 엘리트 인재에서 창의적이고 융합적이며 새로운 아이디어를 이끌어 나가는 기존과는 다른 유형의 인재를 요구하고 있다. 우리는 오랜 기간 남과 경쟁하는 줄서기식 상대평가에 익숙해져서 함께 토론하고 협업하여 프로젝트를 완수하는 일은 시간 낭비라고 여긴다. 더 많은 부를 쌓아 더 좋은 물질적 소유를 중요시하다 보니 모든 차량 유형을 공유하는 서비스인 우버의 급속한 성장이 낯설다. 호텔 하나 없는 에어비앤비가 글로벌 최대 호텔 체인 '힐튼'을 어떻게 넘어섰는지, 구글이나 페이스북 같은 인적 자원의 기업이 GE나 포드 같은 물적 자원 기반의 기업을 어떻게 넘어섰는지 이해해야 한다.

21세기는 산업기반 사회에서 지식기반 사회의 전환으로 옮겨 가고 있다. 우리나라는 모든 분야에서 단순한 변화가 아닌 사고의 전환과 제도적인 혁신을 요구하는 시대에 놓여 있다. 학교는 배우고 익히는 암기력과 습득력에서 빠르게 받아들여 응용하고 창조하는 능력을 가르쳐야 한다. 아이디어를 선점하여 새로운 성장동력으로 성장시키기 위해 기업은 패스트 팔로워에서 퍼스트 무버의 외연 확대를 위한 선제적인 투자가 이루어져야 한다. 로봇공학, 디지털공학, 생명공학 같은 4차 산업의 주된 기술을 활용하여 신규사업의 방향을 모색하고 새로운 비즈니스 모델을 구상하여 기존 사업의 경쟁력 강화를 도모해야 할 것이다. 또한 창의적 인재를 지원하고 벤처기업을 육성하여 기술력을 보완하고 실패 속에서 성장하는 구조적 시스템을 갖추어야 한다. 우리는 기존의 성공에 대한 오랜 관성에서 벗어나기 위해 개인과 학교, 기업, 사회와 정부기관의 통합을 이루어 낼 수 있는 파이오니어(pioneer)와 같은 리더를 필요로 하고 있다. 정부와 지방자치단체는 개인과 기업 사회의 변혁을 주도하고 제도적으로 지원해야 한다.

IT 기술을 활용하여 행정의 효율성을 높이고, 대국민 서비스에 간편함과 신속함을 제공하는 전자정부 역할 뿐만 아니라 빅데이터 분석기법의 활용으로 소비자심리지수, 국내총생산(GDP) 선행지표 및 위성자료를 활용한 농작물 현황 파악, 재난 영향 인구 등의 통계 파악으로 솔루션을 제시하는 의사결정 거버넌스를 구축해야 할 것이다. 또한 새로운 일자리를 만들기 위한 직업교육과 평생교육의 장을 활성화하고, 많은 자본의 투자를 요구하는 기초과학 및 혁신기술 연구 지원에 앞장서야 할 것이다.

미래를 예측하기 힘든 4차 산업혁명 시대에 필요한 리더십의 첫번째 덕목은 비전형 리더이다. 변화무쌍한 시대에 큰 그림을 그려 주고 방향을 이끌어 나갈 리더가 필요하다. 시대를 앞서 미래를 내다보는 통찰력으로 전략지침을 마련하여 공동비전을 꿈꾸게 하는 리더는 모

든 조직원의 희망이다. 세상은 점차 수평적이며 투명하게 되기를 원한
다. 도덕과 정의에 대한 염원과 윤리적, 준법적 책임에 대한 갈망과 더
불어 진정성이라는 가치를 추구하는 것이다. 또한 사람을 귀히 여기며
인간 관계에 신뢰를 더하고 공감하고 소통하는 리더를 꿈꾸고 있다.

그리스의 철학자 아리스토텔레스는 '수사학'에서 설득의 수단으로
에토스, 파토스, 로고스의 세 가지를 구분한 바 있는데, 한 마디로 믿을
만한 사람의 믿을 만한 메시지를 통해 수신자의 공감을 얻을 수 있어
야 설득이 된다는 말이다. 현대사회는 어쩌면 더욱 절실하게 인격에서
나오는 신뢰감, 공감과 소통능력, 논리적이고 이성적인 사고를 요구하
고 있는지도 모른다.

역사적으로 1차 산업혁명, 2차 산업혁명 그리고 3차 산업혁명의 우
위를 선점한 기업과 국가가 성장하고 발전해 왔다. 내가 원하지 않아
도 시대의 흐름은 거스르지 못하며 지속 가능과 도태의 갈림길이 우
리나라의 현주소이다. 4차 산업혁명은 선택이 아닌 생존의 방법일 것
이다. 국가 경쟁력과 미래 대비, 국민 통합을 이루어 내는 리더십이 절
실하다. 우리나라에서 4차 산업혁명 시대 지도자가 너무도 중요한 이
유는 정치, 경제, 사회, 교육 전 분야에서 새로운 패러다임에 맞추어 기
존의 질서에 새로운 판을 구상하여 사람들을 설득해야 하기 때문이다.

모건스탠리 출신 리더십전문가 들롱 교수는 "월가에 철학 있는 리
더가 없다."고 말했다. 물질만능주의가 신뢰와 도덕의 가치를 능가하
고 있다. 나쁜 짓을 해도 수치스러워하지 않으며, 잘못한 일을 시인하
지 않는다. 개인적 이득보다 명분과 공공 실리를 우선으로 하는 올바

른 리더 정신이 맥을 이어 나가지 못하고 있다. 우리 사회에서는 극기복례(克己復禮) 정신과 호연지기(浩然之氣) 기상이 요구된다. 사리사욕을 버리고 도덕적, 사회적 가치를 바탕으로 대의를 추구하는 사람이 지도자가 되어야 한다. 생산직과 관리직, 전문직까지 인공지능과 로봇으로 대체된다는 4차 산업혁명 시대, 세상을 앞서 보는 예지력으로 사람들에게 희망을 주고, 도덕적 청렴함으로 신뢰를 주며, 진정성으로 소통하는 지도자만이 사람들을 공감시키고 설득할 수 있다.

하버드대 교육대학원이 발표한 '터닝 더 타이드(Turning the Tide)' 보고서는 똑똑한 지성보다는 따뜻한 가슴이 더 중요함을 강조했다. 공상이 현실이 되는 미래의 인간과 기계의 공생 시대—기술의 가치보다 인간이 가야 할 정도(正道)를 제시하고, 공공선을 추구하여 인간 중심의 가치를 지향하여 기계의 오용과 남용으로 발생될 문명의 황폐화를 지양해야 한다. 기계가 인간의 영역을 넘보는 4차 산업혁명의 시대에 문명의 이기를 다스리는 일은 인간의 영역이다. 개인의 삶과 가족, 학교와 사회, 그리고 정부와 세계는 새로운 가치의 틀을 마련해야 한다. 4차 산업혁명 시대의 지도자는 바로 인간 고유의 가치를 함양하여 휴머니즘 정신(spirit)을 갖추는 일이다.

2017. 4. 최혜림

화남산업 창업주 고 최규봉

작고하신 지 20여 년. 여전히 마음 속에 살아계신
존경하고 사랑하는 아버지 영전에 이 책을 바칩니다.

스피릿 · 차례

4차 산업혁명 리더십

1

비전성
Visionary Leadership

"나는 매일 한쪽 눈을 미래에 고정시켜 두고 기업을 운영하고 있다.
이것이 내가 세상을 창의적으로 바라보는 형태이다."

– 나비스코 CEO 더그 코난트

1760년 영국을 중심으로 일어난 1차 산업혁명은 증기기관과 철도의 발명으로 기계 문명 시대의 역사를 쓰게 되면서 경제적, 사회적 변동을 일으켰다. 1870년 시작된 2차 산업혁명은 전기를 이용한 대량 생산의 본격화 시대로 새로운 산업의 창출이 가능해졌다. 1969년 반도체와 인터넷이 이끈 컴퓨터 정보화 및 자동화 문명기를 이끈 3차 산업혁명 시대를 거쳐 현재 4차 산업혁명 시대의 서막을 예고하고 있다.

1차 산업혁명에서 2차 산업혁명으로 진입하는 데에 110년이라는 시간이 소요되었고, 2차 산업혁명에서 3차 산업혁명으로 옮겨가는 데에 걸린 시간은 89년으로 한 세기도 걸리지 않았다. 학자들은 인공지능이 인간의 지능을 뛰어넘는 시점을 특이점으로 보며, 미래학자 레이 커즈와일(Ray Kurzweil)은 저서 《특이점이 온다(The Singularity Is Near)》에서 2045년에 특이점이 올 것으로 예측했다. 3차 산업혁명에서 4차 산업혁명의 특이점에 도달하는 시간은 더욱 단축되어 76년이 걸리는 셈이다.

우리나라는 4차 산업혁명에 대한 우려가 이슈화되고 있다. 우리나라는 다른 선진국에 비해 1차, 2차 산업혁명 시대를 뛰어넘어 가면서 선진경제에 진입한 국가이다. 이제까지의 성공이 미래의 성공을 보장하지 못하는 4차 산업혁명 시대의 진입에 필요한 리더십 역량의 첫번째는 비전으로 새로운 시대를 이끌어가는 자이어야 한다. 미래 사회를 읽어 내는 예지력과 올바른 의사결정을 요구하는 통찰력으로 새로운 목표를 향하여 나아가야 할 것이다.

꿈의 미래를 공동 비전으로

비전은 미래 가치적 꿈이다. 나 혼자 이룰 수 없기에 우리는 조직의 비전을 꿈꾼다. 꿈이 있는 조직에서 자신의 삶의 의미를 찾는 일은 행복한 일이다. 마틴 루터 킹 주니어(Martin Luther King Jr.)의 1963년 링컨 기념관 '나에게 꿈이 있습니다(I have a dream)'라는 연설은 강한 영감을 준 비전 선언문이다. 그로 인해 1964년 민권법이 통과되고 미국 내 소수민족의 권리가 향상되어 오늘날 버락 오바마(Barack Obama) 대통령을 탄생시켰다. 퇴임한 오바마 대통령은 "대통령은 매우 고립되고 외로운 직업"이라며 "연대감을 느끼고 싶을 때면 링컨과 마틴 루터 킹, 마하트마 간디, 넬슨 만델라의 책을 읽었다."고 했다. 링컨(Abraham Lincoln) 전 대통령의 게티스버그 연설(1863년)을 필사(筆寫)해 침실에 놔두고 가끔 소리 내 읽으면서 관저와 집무실 사이를 걸어 다녔다고 전한다. 성공한 조직 뒤에는 명확한 비전이 존재하고, 비전 달성을 위해 필요한 것은 리더십이다. 국가 역시 비전을 토대로 성장한다. 그 비전을 현실화시키기 위해 헌신해야 하는 사람이 바로 국가 지도자이다.

미래학자인 앨빈 토플러는 '부의 미래'에서 기업은 100마일 속도로 변하고 있고, NGO는 90마일, 가족제도는 60마일, 정부 관료조직과 규제기관은 25마일, 학교 교육은 10마일, 정치는 5마일, 법은 1마일로 변화하고 있다고 말했다. 현재 100마일 이상의 빠른 속도로 인류의 삶을 변화시키기 위한 기술 개발로 주목받는 기업이 있다. 테슬라의 CEO 일론 머스크(Elon Musk)이다. 페이팔 결제 시스템을 개발한 일론 머스크의 꿈은 크게 인터넷, 우주 공간(outer space), 재생 에너지이다. 페이팔로 인터넷을, 스페이스 엑스로 우주 공간에 관한 꿈을 이뤘다. 전기 자동차 회사인 테슬라 모터스와 태양광 발전 회사 솔라시티(Solar City)는 재생 에너지에 대한 그의 도전이다. 화성 이주를 위한 구체적인 계획도 발표했다. 그의 비전은 "인류를 환경오염과 자원고갈의 위기에서 구하자."이다. 그가 연속된 실패에도 계속 도전하는 이유는 그의 담대한 비전에 있다. 그의 비전은 사람들에게 영감을 주며, 사람들에게 목적의식과 가치를 부여한다.

남자들의 로망 람보르기니는 이탈리아 북부 출신 페루치오 람보르기니(Ferruccio Lamborghini)가 세운 최고급 스포츠카 제작사이다. 그는 제2차 세계대전 이후 군사용품을 모아 트랙터를 만들었다. 람보르기니 트라토리(Lamborghini Trattori)는 이탈리아 최대 규모의 농업기계 제조업체로 성장해 나갔다. 트랙터 제조 사업으로 성공한 페루치오 람보르기니는 고급 자동차를 수집했고, 그 중에서 특히 페라리를 좋아했다. 페루치오는 페라리의 클러치 부분의 성능이 약한 것을 발견하고 오너인 엔초 페라리(Enzo Ferrari)에게 그 결함을 불평하는 글을 보냈다. 하지만 "나는 자동차를 만들겠으니 당신은 트랙터에나 전념하시오."라는 답이 돌아왔다. 엔초 말에 모욕감을 느낀 페루치오는 1963년 스포츠카 제조업체인 람보르기니를 창설했다.

페루치오로서는 당연히 페라리가 그 경쟁상대일 수밖에 없었다. 그는 사업 초기 무조건 페라리보다 속도가 빠른 차를 생산해 낼 것을 직원들에게 요구했고, 값은 더 싸게 팔았다. 덕분에 세계 최고 속도의 스포츠카라는 찬사를 받았지만 경제불황이 닥치면서 값비싼 람보르기니의 판매는 부진해지기 시작했다. 여러 번의 매각과 파산을 거쳐 현재 폭스바겐 그룹의 아우디에 최종 매각되었다. 엄청난 속도와 성능을 자랑한 페라리 역시 엔초 페라리의 사망 이후, 피아트 계열사로 편입되었다. 이탈리아의 대표적 스포츠카인 람보르기니와 페라리는 서로 경쟁했지만, 결국 주인이 바뀌는 같은 운명을 맞이하게 되었다. 그 둘은 왜 스포츠카를 만드는지에 대한 비전을 직원들과 공유하지 못했다. 비전과 미션의 공유 없이 경쟁과 시스템을 강조하는 조직은 지속성을 유지하기 힘들다.

케빈 로버츠(Kevin Roberts)가 영국의 광고회사 사치앤사치(Sattchi & Sattchi)의 CEO로 부임되자 대다수의 사람들은 인원삭감과 구조조정을 예상했다. 하지만 그는 취임 연설에서 명확한 비전을 제시했고 그 비전에 동참할 것을 호소했다. 그 결과 전년 대비 세 배에 달하는 순이익을 기록했다.

"우리 모두 다음 1년간 힘을 모아 회사를 업계 선두주자로 키워 봅시다. 변화와 인사이동은 그런 다음에 얘기합시다. 우리는 이제부터 최고의 아이디어만 팔 겁니다."

케빈 로버츠가 생각하는 사치앤사치의 비전은 세계에서 가장 섹시한 아이디어 공장을 만드는 것이다. 디즈니보다 환상적이고, MIT보다 똑똑하며 마이크로소프트보다 혁신적인 곳. 실제로 그는 직원들의 창의성을 자극하기 위해 다양한 방법을 쓴다. 우선 신입사원에게 어떤 프로젝트를 맡겨 본다. 멘토가 있다는 것을 알리지 않고 후방에서 지원하게 한다. 그 이유는 처음부터 직원들에게 강한 책임감과 자부심을 느끼게 해 주기 위해서이다. 신선한 제안을 한 사원을 인정하고 적절한 보상을 제공한다. 이는 자신의 성과를 윗선에서 알고 있다는 것을 끊임없이 일깨워주기 위함이다. 그보다 더 중요한 것은 직장에서 느끼는 즐거움이다(박종세 외 10인, 21세기 경영대가를 만나다).

직장생활에서 오는 즐거움은 현재 내가 하는 일에 대한 가치와 미래의 성과에 대한 자부심에서 나온다. 성격과 역량, 배경이 서로 다른 조직원들을 하나로 뭉치게 할 수 있는 유일한 힘은 바로 비전을 통한 공감대이다. 조직의 비전과 미션을 확립하고 재확립하는 과정 속에서 조직은 활력과 건강성을 회복한다. 비전과 미션에 대한 토론 없이 목표와 성과에 대해 말하는 것은 여행 장소에 대한 정보 없이 여행 채비를 하는 것과 같다. 비전은 조직원의 존재 가치, 조직의 근본 가치이며, 이 둘을 하나로 묶어 주는 교집합이다.

패트릭 렌시오니(Patrick Lencioni)는 《탁월한 조직을 만드는 4가지 원칙》에서 "잘 되는 회사에는 몇 가지 비밀이 있다."고 말했다. 성공한 조직은 영리하고, 건강하다. 영리함이 조직원들의 실력과 역량이라면 건강함은 조직 문화의 성격을 말해 준다. 렌시오니는 이러한 조직을 만드는 일은 의외로 쉽고 단순하며, 필요한 것은 경영자의 능력과 용기라고 말했다. 내가 생각하는 경영자의 능력과 용기란, 조직의 비전을 명확하게 소통하고 강화시켜, 조직원을 단결시키고 하나의 방향으로 나아가게 하는 힘이다.

그 일을 잘하는 기업이 바로 구글이다. 구글의 CEO인 에릭 슈미트(Eric Schmidt)는 "구글은 300년 안에 전 세계가 네트워크로 연결되어 모든 것을 공유하며 사는 세상을 꿈꾼다."라는 비전을 내걸었다. 그는 2013년 1월 북한을 직접 방문하여 인터넷 개방을 촉구했고, 북한이 3G 네트워크를 활성화할 경우 가까운 미래에 휴대폰 사용자가 150만 명에 이를 수 있다고 전망했다. 원대한 비전이 도전적일 때 조직원들은 열정적이지만, 나아가야 할 방향을 CEO가 솔선수범하여 행동으로 보여줄 때 조직원들은 단합한다.

대부분의 조직 웹페이지에는 비전과 미션선언문이 쓰여져 있다. 문제는 쓰여진 문구가 실제 조직문화로 자리 잡혀 있지 않다는 데에 있다. 미국 격언 중에 "말보다 행동이 더 중요하다(Actions speak louder than words)."라는 표현이 있다. 몽상이라고 여겨지는 비전을 현실로 만드는 것은 리더이며, 행동으로 실현시켜 전사적인 움직임으로 만드는 자가 위대한 리더이다.

'인터넷의 핏줄'이라고 불리는 시스코(Cisco)의 존 챔버스(John Chambers) 회장은 자신이 난독증으로 보고서를 잘 못 읽지만 대신 큰 그림을 볼 수 있다고 말했다. 큰 그림을 그려서 비전을 현실로 만드는 사람을 우리들은 '비전형 리더'라 부른다. 나는 비전을 제시하고 전파, 공유하는 능력을 리더의 최고 역량으로 손꼽는다. 비전을 창출하고 전파하여 공유하는 능력은 세상을 읽어 내는 예지력, 조직원의 변화를 이끌어 내는 소통 능력, 전사적 조직문화로 발전시키는 추진력을 갖추어야만 가능한 일이기 때문이다. 비전형 리더는 위대한 리더십의 중추(中樞)라 하겠다.

1977년 10월 세계적인 경영학자인 피터 드러커(Peter Drucker)가 현대그룹의 창업주 고 정주영 회장을 만난 후 다음과 같이 말했다.

"제가 한국 경제와 정주영 회장을 통해서 깨닫게 된 것은, 경영은 머리로 하는 것이 아니라는 점입니다. 이론과 머리는 극히 일부분에 불과해요. 참 기업가 정신은 머리가 아니라 직감(gut)에서 나오는 것 같습니다. 많은 불확실성과 위험 요소들 가운데에서도 예지력을 가지고 사업 기회를 간파하고 이를 강력히 실천하는 이론 이전의 직관력 같은 걸 정 회장님은 타고난 분이고 저는 한낱 이론가이죠." (안의정, 한국을 일으킬 비전리더십)

비전형 리더는 세상을 읽어 내는 직관력이 탁월하다. 피터 드러커가 말한 것처럼 고 정주영 회장은 우리나라가 산업사회로 진입하는 교두보 역할을 했다. 그는 직관과 통찰력에만 머문 것이 아니라 행동으로 밀어붙이듯 추진해 나갔다. 정 회장은 최고경영자에게는 여러 가지의 능력이 필요하지만 무엇보다 과제를 집중적으로 실행할 힘을 가져야 한다고 말했다. 리더는 세상을 읽고 예측하는 데에 그치는 것이 아니라 새롭게 개척한다.

"철강 1t의 부가가치는 20만 원, 자동차 1t은 500만 원, 반도체 1t은 13억 원이다."라고 고 이병철 삼성그룹 회장이 말했을 때, 경쟁업체들은 기술 이전도 불가능할 것이라고 비아냥거렸다. 하지만 그 후 삼성은 메모리 반도체 세계 1위가 되었다. 오늘날 삼성전자의 신화는 1983년 반도체 산업에 뛰어들 것을 결정한 이병철 전 회장의 강력한 비전 제시에서 시작되었다. 삼성이 반도체 사업에 뛰어들 때나 현대자동차가 독자 모델을 개발한다고 했을 때, 하물며 세계 최우수 공항으로 선정된 인천국제공항의 건립 때에도 전문가들은 모두 반대했다. 하워드 가드너는 "창조자는 자신의 직관을 믿어야 하고, 아무 보상도 없는 반복적인 실패에도 꿋꿋이 버텨야 한다."고 말했다.

창조자의 직관을 믿어야 한다는 말은 리더가 자신의 직관을 믿고 즉흥적인 결정을 내린다는 뜻이 아니다. 손정의 소프트뱅크 회장은 15년 전 중국의 알리바바 투자를 6분만에 결정했다고 말하면서, 자신의 투자는 즉흥성이 배제된 철저한 계산을 통한 분석으로 미래를 예측한 신속하고 확고한 결정이었다고 술회했다. 이와 같은 경우는 직관이라기보다는 과거와 현재에 대한 분석과 인지, 미래를 잇는 통찰력을 의미한다.

비전을 제시한다는 것은 그저 막연한 미래를 구상하는 일이 아니다. 비전은 허무맹랑한 환상이 아니라 기본 방향을 설정해 주는 일이다. 비전을 기반으로 미션과 목표 설정이 가능하며 전략 방안이 마련된다. 비전이란 목표와 부서 그리고 조직원을 이어 주는 끈과도 같다. 조직의 미래 청사진을 보여주면서 구체적이고 실현 가능한 목표를 향해 나침반을 돌려 놓는 일이다.

우리 사회는 4차 산업혁명 시대의 청사진은 차치하고 나라 안팎으로 어지러운 국가 위기 상황으로 반목과 갈등이 극단적 분열을 조장하고 있다. 우리나라는 정치적 안정을 바탕으로 경제적 지속 가능 경영 달성을 향해 나침반을 돌려놓는 통찰력 있는 미래지향적 지도자가 필요하다.

조선일보는 2015년 신년을 맞이하여 한국인 500명을 대상으로 신년의 꿈을 물어보았다. 그 결과 모든 사람이 '돈 많이 주는 일자리' 혹은 '정년을 담보한 안정된 일자리'만을 원하는 것은 아니었다. 지금의 일터나 앞으로 일하게 될 일터에 대한 소망을 묻는 질문에 20대부터 60대 이상까지 전 연령대의 상당수가 "같은 비전을 공유하며 성장하는 조직을 꿈꾼다."고 응답했다. (조선일보 2015.1.2.)

비전이란 조직원이 헌신과 열정으로 이 조직에서 일하고 싶다는 영감을 주는 감동적인 미래상이다. 공동의 목표가 실현되는 바람직한 미래의 모습을 그리는 일은 행복한 일이다. 보통 사람들은 일생에서 가장 긴 시간을 직장에서 보내게 된다. 그곳에서 한가롭게 별도로 자신의 꿈을 꾸고 살기에는 너무 바쁜 세상이다. 자신과 조직이 함께 성장

할 수 있는 직장, 서로의 비전을 향해 같은 방향으로 나아갈 조직을 꿈꾸는 것은 어찌 보면 당연한 일이다.

'꿈의 연구소'라고 불리는 MIT 미디어랩 연구소장인 이토 조이치(伊藤穰一)는 대학 중퇴자이다. 일본에서 태어나 미국으로 이민을 간 후 터프트공대 컴퓨터공학과와 시카고대 물리학과를 중퇴했다. 학업을 끝까지 마치지 못한 대신 나이트클럽 DJ, 영화 제작, 인터넷 쇼핑몰 운영, 벤처사업 등 다채로운 경험을 했다. 그는 혁신을 이루기 위해서는 지도가 아닌 나침반이 필요하다고 말했다. 지도는 모든 환경을 만들어 놓고 단지 따르기만 하면 되지만, 나침반은 방향을 제시하기 때문이다. 리더의 제 1 역할은 바로 조직의 나침반이 되는 일이다.

거창하지 않고 공감되게

존 코터(John Kotter)는 비전이 잘 만들어졌는지를 판단하는 세 가지 기본적인 질문을 제시했다.

하나. 비전이 그대로 실현된다면 고객들에게 어떤 영향을 미칠 것인가?

둘. 비전이 주주들에게 어떤 영향을 미칠 것인가?

셋. 비전이 직원들에게 어떤 영향을 미칠 것인가?

2020년을 향한 삼성전자의 비전은 "Inspire the World, Create the Future"이다. 비전에 대한 설명은 다음과 같다. "이는 우리가 가지고 있는 New Technology, Innovative Products, Creative Solutions을 통하여 미래 사회에 대한 영감을 불어 넣고, 고객(Industry), 사회(Partner), 임직원(Employee) 의 새로운 가치를 도모함으로써, 궁극적으로 인류 사회의 번영을 가져 오는 새로운 미래를 창조하기 위한 삼성전자의 의지입니다."(삼성전자 홈페이지)

삼성전자의 비전은 고객과 사회, 임직원의 가치와 이익을 도모한다 는 점에서 존 코터의 세 가지 질문에 잘 부합되어 있다. 실제로 삼성전 자가 궁극적으로 새로운 가치에 앞장서서 도모하고, 인류 사회의 번영 을 창조하는 일에 적극적으로 행동하여 고객, 직원, 협력업체가 느낄 수 있을 때 삼성전자의 비전선언문은 성공적이라 할 수 있다.

비전은 원대하지만 선언문은 간결하고 명료하면서 미래상을 제시 해야 한다. 미래의 비전 달성에 대한 자부심과 긍지를 이미지화하는 것이다. 조직의 핵심 가치를 내포하고 있으며, 선한 영향력으로 공동 의 이익을 대변해야 한다. 좋은 비전 선언문은 구성원의 열정과 헌신 을 유도한다.

대학생들에게 자신의 대학과 학과의 비전을 물어보면 정확히 아는 학생이 별로 없다. 학생들이 자신이 속한 조직에 너무 무심한 것 아니 냐고 생각할 수도 있지만, 실제로 거창한 대학의 비전 문구가 그리 와 닿지 않는 것도 사실이다. 기업도 마찬가지이다. 홈페이지를 장식하는 형식적이고 미화한 문구에서 벗어나야 한다. 나는 앞서 말한 구글(Google)이나 아마존(Amazon)처럼 소박하지만 지킬 수 있는 비전, 조직원들이 쉽게 이해하고 접근 가능한 목표를 제시하면 어떨까 싶다. 실제적으로 조직원들 매일의 일과가 비전과 일치하는 삶이어야 하기 때문이다.

아마존의 비전

"우리의 비전은 지구상에서 가장 고객을 중심으로 삼는 기업이 되는 것으로, 사람들이 온라인으로 사고자 하는 것이라면 그 어떤 것도 찾을 수 있는 곳을 만드는 일이다."

"Our [Amazon's] vision is to be earth's most customer centric company; to build a place where people can come to find and discover anything they might want to buy online." (Amazon.com 홈페이지)

공유하고 강화하라

켄 블랜차드(Ken Blanchard)와 제시 스토너(Jesse Stoner)의 《비전으로 가슴을 뛰게 하라》는 두 아이의 엄마이자 이혼의 아픔을 가지고 자립의 길로 들어선 엘리, 선친으로부터 탄탄한 보험회사를 물려받은 CEO 짐의 비전 찾기 스토리이다. 엘리는 자기 인생 비전을, 짐은 기업의 비전을 추구하는 과정에서 깊은 신뢰와 우정을 나눈다.

짐은 "언제, 어떤 고객에게나 진정한 마음의 평화를 제공하는 것"이라는 비전을 염두에 두고, 어떻게 비전을 전달하며 실천할 것인가를 고민한다. 그는 비전을 뒷받침해 주는 지원 체계와 관행 및 과정의 중요성을 깨닫고 새로운 포상과 보상 제도, 팀플레이를 잘 할 수 있는 교육을 실시한다. 그는 이러한 비전 실현을 위해 매일 아침 "여러분, 안녕하십니까? 짐입니다."로 시작하는 사내방송을 통해 음성 메시지로 비전스토리를 전파시킨다.

'벤톤 경영 연구소'를 운영하는 데브라 벤톤 (Debra Benton)은 CEO의 시간 70%를 비전화하는 데에 할애하라고 말했다. 비전화한다는 것은 문구에서 벗어나 조직원들과 이를 공유하는 데에 있다. 혁신적인 호텔경영인으로 알려진 칩 콘리(Chip Conley)는 비전을 직원들과 깊이 공유하기 위한 주요 세 가지 방법을 제시했다. 바로 시각적, 구두적, 열망적 비전이다.

시각적 비전은 비전 선언문을 더욱 친근하게 시각화하는 방식으로 조직원들이 비전을 공유하기 쉽다. 조직의 비전을 동영상으로 제작하기도 하고 책상이나 벽면에 걸어 둘 수 있도록 만들기도 한다. 비전 교육이 일회성에 그치지 않고 지속적, 다발적으로 이루어질 수 있다는 점이 장점이다. 굿이어 타이어, 켈로그, 모토로라는 비전 선언문을 지갑 크기의 카드로 제작해서 휴대가 가능하게 만들었다. 비디오를 사용하여 비전을 전달하기도 하고, 요즘은 이러닝(E-learning)을 통해 전사적으로 비전을 교육하는 기업도 많다.

구두적 비전의 장점은 일대일, 혹은 소그룹을 통해 좀더 친밀한 환경에서 전달이 가능하다는 것이다. 월마트의 샘 월튼(Sam Walton) 회장은 인공위성을 통해 전 세계의 매장에 비전을 전달하기도 했지만, 토요 아침미팅에서 직접 기업의 철학과 경영전략에 관해 논의하고, 이를 비전을 전파하는 도구로 진화시켰다. 구글의 CEO는 조직원들과 비전에 대해 토론하는 것으로 유명하다. 구글의 비전은 현재의 사명과 미래의 포부를 동시에 보여 주고 있어서, 누구나 구글의 비전과 철학을 알면 사업의 방향성을 감지할 수 있다. 조직원들이 기업의 최고경영자와 미래 사업에 대해 의견을 교환하는 모습을 상상해 보라. 구두적 비전은 조직원들에게 자신이 얼마나 중요한 존재인지를 인지시켜 동기부여하는 소중한 자극제인 셈이다.

열망적 비전이란 조직원들이 함께 할 공통된 목표를 제시하고 그에 대한 강한 열망을 갖도록 하는 일이다. 올해 최고의 팀이라든가 일하기 좋은 기업(GWP, Great Work Place)을 목표로 함께 열정을 다할 때 성과는 이루어지기 마련이다. 경영자는 조직원에게 할 수 있다는 자신감과 가치를 향한 신념을 독려한다.

프로배구의 드림식스팀은 창단 이후 줄곧 하위권을 벗어나지 못 한 채, 2012년 인수구단조차 구하지 못하고 프로배구연맹의 관리구단으로 전락하게 되었다. 간신히 대부업체인 러시앤캐시를 네이밍스폰서(일정한 비용을 지불하고 구단의 명칭 사용권만 얻는 것으로 구단을 직접 인수한 것이 아님.)로 구해 어렵게 시즌을 시작했지만, 8연패를 당하며 고전하는 하위 팀이었다. 하지만 2013년 9경기 8승으로 승승장구하였다. 그 이유는 새로 부임한 김호철 감독의 리더십에 있다.

드림식스팀은 2011년 해체 위기설과 감독과의 불화로 전 감독이 중도하차 하는 어려움을 겪었고, 선수들 연봉은 기존 팀의 70%도 되지 않았다. 김호철 감독은 이 팀의 문제점을 극단적인 개인주의라고 판단했다. 언제 해제될지도 모르는 팀이라 선수들은 자신의 개인기로 다른 구단에 스카우트될 생각만 했지 팀의 승리에는 관심이 없었다. 김 감독은 개개인의 이익만 생각하는 선수들을 하나로 묶는 방법을 고민하다가, 선수들 각자의 욕망보다 단체의 비전과 목표를 제시하여 미래를 보여 줘야겠다고 다짐했다.

"누군가가 우리를 원하는 팀이 되자. 그래서 우리 팀을 인수하고 싶어하여 인수기업이 생기도록 우리가 만들자."라는 목표하에 선수들은 몸을 아끼지 않고 시합을 하게 되었다. 선수들은 팀이 잘 되어야지 나도 잘될 수 있다는 생각을 하게 된 것이 가장 큰 변화라고 말했다. 성공적인 리더는 비전을 창출하고 소통하며, 팀워크정신으로 조직을 단합시킨다.

GE의 전 CEO 잭 웰치(Jack Welch)는 "나는 내가 어디로 가는지 알고 있고, GE의 전 직원들은 내가 어디로 가는지 알고 있다."라고 말했다. 그는 강력한 비전과 더불어 비전의 공유를 리더의 첫번째 역할로 꼽았다. 비전이 아무리 원대하고 도전할 가치가 있더라도 일시적인 구호에 그쳐서는 안 된다.

미국 페덱스(Fedex)의 CEO 프레드릭 스미스(Fredrick Smith)는 "모든 직원이 비전을 공유하기 전까지는 초우량 기업이 될 수 없다."고 말했다. 조직은 조직원으로 구성되어 있다. 그들은 월급만으로 살지 않는다. 어느 조직이나 조직에 헌신할 조직원을 원할 것이다. 혼자서는 이룰 수 없는 꿈을 조직이 이루도록 하기 위해 필요한 것이 바로 리더의 비전 공유이며 이를 위해 소통해야 한다.

한국마이크로소프트 고순동 대표는 "우리 기업들이 4차 산업혁명의 흐름 앞에 서 있고 여기에서 뒤처지면 기업 운명이 힘들어질 것"이라고 말했다. 그는 취임 후 기업의 체질 개선을 공격적으로 강행하면서 기업의 클라우드와 데이터를 통한 디지털 변혁을 강조했다. 그는 4차 산업혁명의 본질은 데이터이며 그것을 분석하고 저장하는 클라우드는 기업 운영의 미래를 결정한다고 말했다. 마이크로소프트의 클라우드 서비스 애저(Azure)를 통한 빅데이터의 분석으로 기업을 혁신하는 사례가 많아지고 있다. 예를 들면 삼성전자는 에어컨에 사물인터넷(Iot)과 머신러닝 플랫폼을 갖춘 센서를 통해 에너지 효율성을 분석하고 자동으로 관리하여 에어컨의 고장 여부를 확인하는 머신러닝 시스템을 도입할 예정이다. 고 대표는 4차 산업혁명 시대 기업의 사활을 클라우드를 통한 데이터 분석 활용 여부에 중점을 두고 있다. 그는 마이크로소프트의 비즈니스 모델이 오피스와 윈도 같은 소프트웨어에서 클라우드 위주로 재편되어야 한다는 것을 직원뿐만 아니라 기업인들에게 강연하면서 새로운 디지털 변혁을 주도하고 있다. "일하는 동료들과 기업의 비전과 대표의 목표를 공유하려면 적어도 70번 이상은 이야기해야 한다. 함께 좋은 결과를 내놓기 위해서는 끊임없이 소통해야 한다."(포브스, 2017 3월호)

강화하면 단결한다

스타벅스의 CEO 하워드 슐츠(Howard Schultz)는 팀 역량을 강화하기 위하여 다음과 같은 방법을 제시했다. 첫째, 진심에서 우러나오는 말을 할 것. 둘째, 직원의 입장이 되어 보라는 것. 셋째, 직원들과 큰 꿈을 함께 공유하라는 것. 비전을 창출하고 제시하고 공유하는 것에서 끝나면 안 된다. 리더는 이를 끊임없이 반복하여 강화시켜야 한다.

다음은 비전 강화를 위한 단계이다.

Step 1. 분명하고 매력적인 비전을 명시한다: 편지, 이메일, 사보, 비디오, 사내방송, SNS 등의 다양한 미디어 채널을 이용하여 분명하게 비전을 밝히고 지속적으로 강화한다. 경직되고 의례적인 문구보다는 강력한 이미지, 스토리나 상징, 은유, 일화를 통해 이성과 감성을 동시에 자극할 수 있도록 한다.

Step 2. 비전이 어떻게 성취될지에 대해 설명한다: 비전이 단지 순간적이면서 구호적인 슬로건이 아닌, 실제로 현장에서 어떻게 적용될 것인지 설명한다. 약간은 이상적으로 들릴지 모를 비전을 현재의 실현 가능한 전략으로 제시한다. 비전과 성취할 미션의 연결을 이해시키며 동참하도록 유도한다.

Step 3. 자신감 있고 긍정적인 말투를 사용한다: 리더의 자신감은 조직원들에게 전염된다. 언어는 더욱 확신 있는 표현을 쓰되 애매모호한 표현(글쎄, ~할 것 같다)은 자제한다. 머뭇거림, 동의 구하기, 단서 달기, 변

부엌 가구 전문업체인 한 회사의 CEO는 "건강과 행복을 전 세계로 배달하는 스마트 부엌 가구"라는 비전을 만들어 올해를 글로벌 기업으로 도약하는 원년으로 삼았다. 과거의 전략이 원가절감과 낮은 가격 책정이었다면, 새로운 미션은 디자인 혁신, 부서 간 상호협력과 친 수요자 정책(user friendly)으로 그에 따른 전략을 도모한다.

- 디자인 혁신 : 디자인 부서 강화, 디자인 팀과 제작팀 사이의 협력체제를 위한 시스템 구축, 움직이는 부품 보완, 내구성 자제, 제품 테스팅, 품질 체크 절차 강화
- 친 수요자 정책 : 효율성 강조 - 부엌 동선, 부엌 수납, 스마트 부엌(먼지/곰팡이 방지 증기 배출, LED 조명, 빌트인 정수기, TV, 전화기 등)

명하기(핑계, 자기정당화)와 같은 약한 화법보다는 자신감, 전문성, 확실한 전달력을 바탕으로 한 강한 화법이 조직원들에게 신뢰를 준다. 밝고 자신감 있는 표정과 몸가짐, 그리고 적절한 유머감각은 조직 문화를 밝게 조성한다.

리더의 자신감 있고 긍정적인 언행은 조직원들을 변화시킴과 동시에 나도 저렇게 되고 싶다는 열망을 갖게 한다. 리더의 언행은 어떠한 리더십 학습서보다 조직원들에게 좋은 역할 모델이 된다. 리더는 본인의 자신감과 긍정성을 보여 주는 것에 그치는 것이 아니라 구성원들에게 직접적으로 열정을 불어넣는 역할을 해야 한다. 조직원들을 인정해 주는 것만큼 좋은 방법은 없다. 특히 달성할 주요 목표를 기획한다거나 위기 상황이 벌어졌을 때 리더는 조직원들에게 끊임없이 용기와 자신감을 고취시켜야 한다.

과거 자신들이 속했던 조직의 성공담이나 유사한 상황에 있는 다른 조직의 성공 스토리를 공유하고, 도움이 필요한 일은 없는지 질문함으로써 조직원들이 자발적으로 호응하도록 격려와 지원을 아끼지 말아야 한다. 조직원들이 아무리 유능해도 리더가 자신감 없고 긍정적인 모습을 보이지 않는다면 그 기대치를 조직원들에게 전달시키지 못한다.

그리스 신화에서 유래된 피그말리온 효과(Pygmalion effect)는 타인의 기대가 좋은 결과를 산출한다는 뜻이다. 리더가 긍정적인 태도로 우리 조직원들은 잘 해낼 수 있고 잘될 것이라고 믿고 기대한다면, 기대 이상으로 이루어질 확률이 높아진다. 조직의 경영자는 실천 가능하고, 도전적인 과제에 대한 기대치를 설정, 조직원들의 발언, 견해, 반대 의사 표현 기회 제공, 더욱 편한 대화 분위기 조성, 시의적절한 칭찬을 곁들인 피드백들을 제공함으로써 피그말리온 효과를 얻을 수 있다.

Step 4. 상징적이고 드라마틱한 일을 기획하라: 조직 비전의 중요성을 지속적으로 유지시킬 이벤트와 같이 기억에 남는 추억거리를 만든다거나 인상에 강하게 남을 스토리를 기획한다. 조직 단합 차원의 피크닉이라거나 운동회, 또는 눈에 보이지 않는 비전을 눈에 보이는 행사나 이벤트 형식으로 열어 비전을 상징화시킨다. 우리 회사만의 독특한 행사나 상징은 조직이 가지고 있는 가치를 재확인하고 강조하면서 실제적으로 조직이 당면한 미션을 재확인하는 기회가 된다. 중요한 것은 전략적 차원의 기획이 아닌 진정성 있는 스토리를 창조해야 한다는 것이다.

공동비전은 조직원의 염원

비전이란 커다란 공공기관이나 기업에만 있는 것이 아니라 골목의 작은 가게에도 존재한다. 홍대 근처에 1호점을 개점한 일본 선술집 테펜(Teppen)은 매장 내부 벽을 종업원들이 붙여 놓은 카드로 장식한 곳으로 유명하다. 그 카드에는 "나의 식당을 차리겠다.", "최고의 요리사가 되겠다." 등 직원들의 꿈이 적혀 있다. 오오시마 케이즈케 사장은 자신의 책《테펜의 조례》에서 "테펜의 직원이 되기 위한 조건은 장차 경영자가 되겠다는 꿈과 언제까지 이루겠다는 목표를 가지는 것"이라고 말했다. 고객에게는 테펜이 선술집이지만 직원들에게는 독립하기 위한 수련의 장인 셈이다. 실제로 직원들은 더 열심히 즐거운 마음으로 일하고 그들의 꿈을 찾아 떠나간다. 오오시마 사장은 공동 비전을 보여 주고 설명해 주고 그것을 상징으로 가시화시키는 데에 성공했다. 조직과 구성원들의 비전이 일치할 때 조직원들은 헌신적인 동시에 높

'꿈과 감사'가 흘러 넘치는 사회를 실현한다

테펜은 꿈을 이야기하고, 꿈을 이루고, 꿈을 부여하는 팀입니다.
그리고 세계 최고의 말 '감사'를 가장 소중하게 생각하고
세계 최고의 감사가 모이는 팀입니다.
푸념하는 장소가 아니라 꿈을 이야기하는 장소입니다.
꿈이 넘치고 감사가 모이는 곳, 그곳이 바로 테펜입니다.

  (출처 – 테펜 코리아 홈페이지)

은 성과를 창출한다.

공동 비전은 각기 다른 방향을 바라보고 있는 구성원들의 구심점이 된다. 수많은 구성원들이 단결할 수 있는 강력한 힘은 조직 비전의 실현화를 통한 자기실현화이다. 조직이 나아갈 방향을 공유하여 공동 비전으로 단결될 때 그 조직은 더 나은 모습으로 거듭난다. 공동 비전을 세우는 일이란 마치 미세한 움직임을 커다란 용솟음으로 상승시키는 일이다. 조직의 성장과 자신의 성공이 동일시되는 일은 직장인들의 꿈이다.

중국 IT 업계가 무서운 속도로 달려오고 있는데, 그 배경에는 성장에 관한 모든 것을 조직 전체와 공유하는 기업 문화가 있다. 비전을 공유하는 것은 물론 수익과 권한도 함께 나눈다. 화웨이(華爲, Huawei)는 창업자 런 정페이(任正非) 회장의 지분이 1.4% 정도에 불과하고, 나머지 지분은 전 직원이 주주인 '종업원 지주제' 형태로 운영되고 있다. 또한 2004년 외부 전문기관으로부터 인적자원관리 컨설팅을 받은 후 순환제도를 도입하기로 결정하고, 8명의 임원관리팀(EMT, Executive Management Team) 일원이 의장을 번갈아 맡는 제도를 운영해 왔다. 2012년부터는 CEO 순환제로 확대 개편했다. 3명의 CEO가 6개월씩 돌아가며 '한시적(Acting) CEO'를 맡는 동안 나머지는 주요 의사결정에 집중한다. 3명의 CEO 중 1명은 재무를, 나머지 2명은 위기경영과 비상 상황에 대한 관리를 맡는다. 그 2명은 EMT 일원으로 의사결정에도 참여한다. 6개월간 CEO 임기를 마치면 다시 EMT의 일원으로 돌아가거나 임기가 연장되기도 한다.

미국의 〈포춘(Fortune)〉은 화웨이의 순환제를 고속 성장의 비결로 보았다. 이는 당·송·명·청 시대 황제들이 나라를 이끈 원리를 바탕에 두고 있으며, 뛰어난 직원이 무능한 관리자로 인해 빛을 보지 못하거나 한 사람이 회사의 운명을 결정하는 우를 범하지 않도록 조직의 능력과 지혜를 활용하는 것이라고 소개했다. 철저한 '기술 중시 경영'을 발판으로 하고 있는 화웨이는 이익과 역할을 공유하는 시스템을 기반으로 '패스트 컴퍼니'(Fast Company)가 뽑은 '2010년 가장 창조적인 기업(most innovative company)' 명단에서 페이스북과 아마존, 애플, 구글에 이어 세계 5위에 올랐다.

마윈(馬雲) 알리바바 그룹 회장은 "바로 오늘부터 우리는 B2B 서비스의 새로운 모델을 만드는 위대한 일을 하게 될 것이다."라고 말했다. 사회에 이익이 되는 위대한 일을 한다는 그의 사명감은 직원들의 열정과 애사심을 고취시킨다. 실제로 게임사업 진출을 포기하고 부동산 사업도 과감히 포기했다. 뉴욕증시에 상장하여 세계 2위의 인터넷기업으로 성장한 알리바바의 고속 성장에는 마윈 회장의 기업철학과 비전에 있다고 해도 과언이 아니다. "우리는 알리바바를 통해 많은 사람이 품고 있는 공동의 비전을 실현하는 데에 사력을 다할 것이다."

우리는 누구에게나 더욱 이롭고 가치 있는 일에 도전하고 싶은 '꿈'이 있다. 개인의 작은 '꿈'이 모여 조직의 '비전'이 된다. 공유된 공동 비전을 실현시키는 최고경영자의 능력은 가장 위대한 리더의 덕목이다.

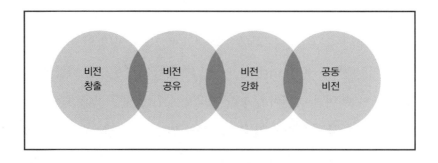

"구성원들의 마음을 사로잡고 싶다면, 그들의 성과를 더 높은 수준으로 향상시키고 싶다면, 이 점을 명심해야 한다. 가장 중요한 것은 리더의 비전이 아니라, 구성원들의 비전이다." (프랜시스 헤셀바인, 미래형 리더)

목표관리로 비전을 실현화하라

미션과 목표전략을 세워라

애플의 스티브 잡스(Steve Jobs)는 펩시콜라의 CEO 존 스컬리(John Scully)에게 한 영입 제안에 번번히 거절당하자 "평생 설탕물만 팔 겁니까? 나와 함께 세상을 바꿀 겁니까?"라고 강력한 비전을 제시했다. 후일 둘 사이에 갈등과 충돌이 있었지만, 스컬리는 그의 제안을 받아들여 애플의 CEO까지 오르게 되었다. 강력한 비전은 그만큼 매력적이다. 도전적이지만 실천 가능한 비전은 끌리기 마련이다.

공동 비전이 설계되었다는 것은 조직과 조직원이 추구하는 가치와 이념이 일치되었다는 것이다. 이것을 실현화하기 위한 방법이 바로 목표관리이다. 조직의 리더는 비전이라는 목적을(MBP, Management By Purpose) 위해 목표관리를 세울 줄 알아야 한다. 조직과 개인의 목표 달성을 통해 구성원의 흥미와 욕구를 만족시키는 관리방법으로, 결과관리(results management) 또는 목표관리(MBO, Management by Objective)라 부른다.

전사적인 비전과 미션이 있지만, 부서나 팀 별로 미션과 목표전략이 설정되어야 한다. 중요한 것은 조직원들이 과정에 포함되어야 한다는 사실이다. 자신들의 조직(팀)이 목표 달성을 위해 필요한 역량과 전략, 개개인의 역할을 세밀하게 숙지하고 대처해야 하기 때문이다.

비전이 조직의 존재 이유라면 미션은 조직이 가야 할 사회적 역할과 기능이다. 비전이 미래지향적이라면, 미션은 현재지향적이다. 현재 조직과 조직원이 해야 할 임무에 대한 정확한 가이드라인이 필요하다. 목표는 대개 단기, 중기, 장기로 나뉘며, SMART(Specific Measurable Achievable Result-oriented Time-bounded)원칙에 따라 구체적이고, 측정 가능하며, 달성 가능해야 한다. 또 결과 지향적이며, 기한이 정해져 있어야 하지만 수정과 시정조치가 뒤따른다.

내 리더십 과정에서는 다양한 팀 활동을 한다. 그 중 한 예를 들면, 실제로 현재 만년 2등인 기업이 1등 기업이 되기 위해 필요한 비전과 미션 목표전략을 설정해 보는 활동이 있다. 팀 별로 리서치를 해 가면서 조직의 핵심 역량을 바탕으로 부서별 필요한 목표전략을 세운다. 이 과정이 함께 공유되어 있었기 때문에 어느 팀원에게 질문해도 미션과 목표전략을 바로 말할 수 있다. 미션과 전략의 설정 과정이 공유될 때 조직원들의 사기진작과 동기부여의 상승효과를 얻을 수 있다.

목표관리는 실천적인 계획을 실현시키는 일이다. 높은 목표의식을 바탕으로 개별 구성원의 재능을 십분 살려 그 목표를 이루는 자가 바로 조직의 리더이다. 따라서 비전을 향한 미션을 정립하고 그에 맞는 목표를 설정한 후 목표 도달을 위한 전략을 수립하고 공유해야 한다. 비전에서 미션, 목표전략을 통한 개인의 성장과 더불어 조직이 발전할 때 그 조직의 시너지 효과는 놀라울 정도로 상승한다.

목표 관리 사전 체크리스트

- 우리 조직(팀)의 미션은 무엇인가?
- 우리조직(팀)의 핵심 역량은 무엇인가?
- 우리의 고객은 누구인가?
- 우리의 계획(단기-중기-장기)은 무엇인가?
- 얻고자 하는 결과는 무엇인가?
- 그 결과에 도달하기 위한 전략은 무엇인가?

알베르토 컬버((Alberto-Culver)는 글로벌 기업으로 식품, 가전제품을 제작·판매한다. 알베르토 컬버에서 분사한 샐리 뷰티 컴퍼니(Sally Beauty)는 세계 최대 미용 제품 전문 유통기업이다. 대표적인 상품은 알베르토 VO5 헤어 관리 제품이고 경쟁사로는 P&G, 유니레버(Unilever)가 있다. 이 회사는 기업문화를 바꿈으로써 9년 연속 판매고와 수익 면에서 상승했다. 문서 업무를 30% 절약했을 때 주차장에서 파티 열기, 직원들을 참여시킨 자선활동 프로그램, 직원 돕기 행사, 직원 자녀들의 대학 교육을 지원하는 점프 스타트(Jump start) 장학금 지급 등으로 애사심

을 고쳐시켰다.

또 하나 눈에 띄는 점은 왜 회사의 판매와 수익이 중요한가에 대한 인식 전환이었다. 한번은 전 직원을 '기업현황보고 연설'에 초대한 뒤 일부러 바닥에 1센트 동전을 흩뜨려 놓았다. 직원들은 바닥을 내려다 보기는 했지만 집는 사람은 없었다. CEO가 질문을 던졌다. "우리 회사 제품 중에 가장 잘 팔리는 제품은 무엇인지 아시나요?" 직원들은 "VO5샴푸요."라고 외쳤다. "그렇다면 회사 수익은 어떨까요?" 직원들은 답하지 못하고 혼란에 빠졌다. CEO는 그 상황을 잠시 지켜본 뒤 "여러분 주위의 바닥을 둘러보세요. 1센트짜리 동전이 보인다면 집으세요. 그 1센트가 바로 알베르토 VO5샴푸를 한 병 팔았을 때 얻는 총수입입니다." 조직원들은 왜 VO5샴푸를 많이 팔아야 하는지, 그리고 앞으로 어떻게 해야 하는지에 대해 느끼게 되었다. 이 일은 전 직원을 적극적으로 나서는 사업가로 전환시키는 계기가 되었다(도널드 설 외, 기업문화와 조직변화).

조직의 리더는 모든 구성원들이 성과 목표 달성을 위해 전투적일 뿐 아니라 한 사람도 빠짐없이 동일 목표에 초점 맞추기를 원한다. 리더는 그저 그런 뻔한 말과 슬로건으로 구호를 외치고 다짐하기보다 구성원들에게 실제로 현실이 와 닿게 해 주어야 한다. 리더는 직원들이 각기 자신의 업무에 대한 이해를 바탕으로 의미 있는 성과 목표를 설정하고 도달하도록 도와주어야 한다. 개인 한 명 한 명이 무엇을 어떻게 기여하고 있는지에 대한 성과 확인과 피드백, 보상문화 역시 고려해야 한다.

영국의 철학자 로크(John Locke)는 "리더십은 공동의 목표를 위해 행동을 취하도록 구성원들을 설득하는 과정"에서 이루어진다고 말했다. 리더의 역할은 목표 설정에 있는 것이 아니라 그것의 도달을 위해 함께 하는 행동 속에 존재한다. 좋은 결과를 원한다면 진정한 행동을 이끌어내는 계속되는 과정이 필요하다.

1911년 두 리더, 아문센(Roald Amundsen)과 스콧(Robert Falcon Scott)이 동시에 남극을 목표로 한 탐험에 나섰다. 아문센은 원래 북극을 최초로 정복한 사람이 되길 바랐다. 하지만 피어리(Robert Peary)가 이미 북극을 정복한 것을 알자 남극으로 목표를 수정했다. 그는 탐험에 나서기 전 세밀한 사전계획과 전략을 수립했다. 탐험 과정에서 생길 수 있는 우발사태를 대비하고 장비와 보급품은 개썰매를 이용하여 조달하기로 했다. 탐험대는 하루 6시간 24~32킬로미터를 이동하며, 힘든 일은 개에게 시키기로 했다. 탐험경로를 사전에 탐색하여 보급품 전담소를 설치하고 필요한 물품은 미리 모두 채웠다. 대원들에게 무거운 보급품 대신 최고의 장비를 제공했다.

반면에 스콧은 남극 탐험 경험이 있기 때문에 개썰매 대신 모터썰매와 조랑말을 준비해 갔다. 출발 5일째, 추위로 썰매의 모터가 고장나 버렸다. 조랑말도 움직이지 못해 모두 죽게 되자 보급품 썰매를 끄는 일은 탐험대 대원들 몫이 되었다. 장비 부족으로 부상당하는 대원이 늘어나고, 보급식량과 물 부족으로 고생하다 간신히 10주만에 남극에 도달했다. 아문센보다 한 달 늦은 도착이었다. 다시 집으로 향하는 길은 굶주림과 괴혈병, 동상으로 인한 고난의 연속이었고 한 명 한 명 죽어 가는 고달픈 여정이 되어 버렸다.

아문센과 스콧의 이야기를 통해 리더의 역할이란 단지 방향을 제시하는 것이 전부가 아니란 것을 알 수 있다. 미션과 목표 설정, 전략을 통해서만이 비전에 도달할 수 있다는 사실을 보여 주는 좋은 사례이다. 우리가 왜 그 일에 동참하는지에 대한 비전 이해, 앞으로 무엇을 해야 하는지에 대한 미션과 목표에 따른 역할 수립, 주먹구구식이 아닌 어떻게 행해질지에 대한 철저한 전략이 필요하다.

조성진 LG전자 부회장은 인공지능과 로봇산업을 미래 신성장동력으로 육성할 것이라고 밝혔다. 이미 생활가전 업계에서 명성이 자자한 그는 인공지능과 로봇을 활용한 제품의 다양화를 혁신과제로 삼고 있다. LG전자는 인공지능을 결합한 가정용 허브 로봇, 잔디 깎기 로봇, 공항용 로봇을 선보여 주목을 받고 있다. 4차 산업혁명을 바라보는 시대에 로봇개발을 미션으로 딥 러닝 기술이 탑재된 가전제품을 지속적으로 개발할 목표를 삼고 있다. 딥 러닝은 방대한 데이터를 분류해가면서 스스로 학습하는 시스템이다. 소비자의 행동 패턴을 데이터로 축적하여 퇴근시간에 맞추어 에어컨을 켤 수도 커피 머신의 향긋한 커피내음으로 아침을 시작할 수 있는 스마트홈 오토메이션 솔루션 시대의 가전 전문 기업의 위상을 달성하기 위한 전략적 계획을 추진 중이다. (포브스, 2017. 2월호)

네비게이토 선교회의 세계 전도 책임자인 리로이 아임스(Leroy Eims)는 "리더는 다른 사람들보다 더 많이 보고, 더 멀리 보며, 더 빨리 보는 사람이다."라고 말했다. 리더는 많은 경험으로 현상을 관찰하고 미래를 예측하는 자이다. 그러나 그것에 그쳐서는 안 된다. 더 많이 멀리 빨리 본 것을 현장에서 응용하는 자가 진정한 리더이다.

세부지침을 마련하라

전략적 목표 설정에서 필요한 것이 개념(concept), 원리(principle), 과정(process)에 대한 고찰이다. 이것은 자신이 속한 조직, 직업, 그리고 제품에 대한 정의를 내려 보는 일이다. 목표 달성에 필요한 내부 환경과 외부 환경에 대한 갭(원인과 해결책)을 분석해 보고, 전략 수립 – 목표 설정 – 분석과 해결 방안 수립 – 실행 – 측정 – 평가의 과정을 거쳐야 한다.

개념(concept) : 우리 조직의 '업'에 대한 개념, 직무별 역할에 대한 정의

• 화장품 회사의 경우

－정의 : 화장품 법에 규정된 화장품의 정의는 인체를 청결·미화하여 매력을 더하고 용모를 밝게 변화시키거나 피부·모발의 건강을 유지 또는 증진하기 위하여 인체에 사용되는 물품으로써 인체에 대한 작용이 경미한 것을 말한다.

위의 정의를 읽어 본 화장품 회사의 직원은 고객의 청결과 미를 창조하는 데에 기여한다는 미션을 얻게 되는 것과 동시에, 인체에 무해한 제품의 생산을 목표로 하는 사명감을 갖게 된다.

─마케팅 : 제품을 생산자로부터 소비자에게 원활하게 이전하기 위한 기획 활동. 시장 조사, 상품화 계획, 선전, 판매 촉진 따위가 있다. 마케팅의 개념을 익히고 있는 사원은 고객과 원활한 소통을 위한 네트워크를 활성화하고, 소비자에게 최대 만족을 주는 상품에 대한 기획력을 높임으로써 고객 만족에 대한 가치관을 확립하게 될 것이다.

원리(Principle) : 인과관계(Causality)

원리란 현상이 일어나고 있는 원인을 분석하고 문제 해결 방안을 수립하는 일이다. 기업으로 예를 든다면, 제품의 판매량이 급락했을 때 그 원인을 내부와 외부 차원에서 분석하고 해결 가능한 방법을 전략적 차원에서 도출해 내는 일이다. 정확한 원인을 알아내어 그에 해당하는 문제 해결 방안을 찾아내는 일은 원리적 사고이다.

과정(Process) : 단계

바람직한 목표 관리 과정은 전략에 따른 개인의 목표와 팀 목표, 부서의 목표가 서로 연결되어 전사적 미션과 비전으로 이어지는 일이다. 이를 위해서는 상사의 모니터링과 피드백이 중요하며, 계획된 목표치와 실적치의 갭을 분석하고 그 원인에 대한 해결 방안을 찾아 목표를 수정하고 시정 조치해야 한다. 해결 방안을 찾는 방법은 내부적·외부적 상황을 분석하여 대안을 찾아 최적안을 마련하는 것이다. 그리고 이에 따른 리스크가 있는지 살펴보고 대책을 마련해야 한다

모름지기 조직을 이끄는 리더는 '3P'를 염두에 두어야 한다는 말이

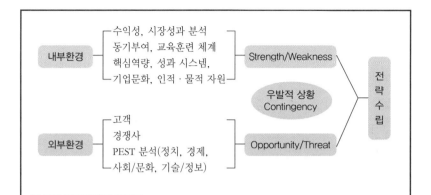

PEST 분석 : PEST는 Political, Economic, Socio-cultural, Technological의 머리글자를 딴 말로, 정치,
경제, 사회, 기술적 측면에서 분석하는 기법이다. 특정 환경하에서 기업, 시장 또는 산업에 영
향을 줄 수 있는 모든 외부환경과 리스크를 확인해 볼 수 있는 외부환경 분석기법이다.
SWOT분석 : 기업의 환경 분석을 통해 강점(strength)과 약점(weakness), 기회(opportunity)와 위
협(threat) 요인을 규정하고 이를 토대로 마케팅 전략을 수립하는 기법. 어떤 기업의 내부환경
을 분석하여 강점과 약점을 발견하고 외부환경을 분석하여 기회와 위협을 찾아내어, 이를 토
대로 강점은 살리고 약점은 죽이되 기회는 활용하고 위협은 억제하는 마케팅 전략을 수립하
는 것을 말한다.

있다. 3P는 Purpose(목적), Process(과정), People(사람)이다. 리더는 조직이 나
아가야 하는 목적과 달성해야 할 성과에 대한 충분한 인식과 달성하
려는 의지를 보여 주어야 한다. 목표 달성을 위해 효과적인 성과를 창
출해 내야 하지만 그에 따른 과정의 효율성 또한 간과해서는 안 된다.
또한 조직의 목적을 위해 조직원과 과정을 공유하여야 지속성을 유지
할 수 있다는 사실도 잊지 말아야 한다. 모든 일은 사람이 하는 일이기
때문이다. '함께'하는 과정 속에 목적도 달성된다.

협력으로 목표를 달성하라

　세계 최대 카드회사인 비자(Visa)의 조셉 선더스(Joseph Saunders) 회장은 21세기 변화 경영으로 '빠른 전환 능력'의 중요성을 역설했다. 비자는 기업 공개 후 각 지사 CEO와 수십 명의 임원을 해고하고 각양각색의 마케팅과 홍보 업무를 통일했다. 회장의 직접 관할 시스템으로 전환하여 부서 간의 불필요한 이슈 전파를 막고 목표별 업무 속도와 집중도에 중점을 두었다. 비자는 성장회사(growth company)여야 한다는 선더스 회장의 신념에 따른 결정이었다. 빠른 전환능력을 갖추기 위한 구조조정은 불가피했다는 것이 그의 설명이다. 대신 직원들 입장에서 그들의 역량을 키우는 데 전력을 쏟았다. 일례로 자신의 전문 분야와 전혀 다른 분야의 프로젝트에 참여, 얼마나 기여했는지 평가하는 '한계를 넘어(Go beyond)'란 상을 새로 만들었다. 또한 세계 어느 지사에 있든 회사 헬기로 직원을 데리고 와 라스베이거스를 관광시키고 회장과 점심식사 할 기회를 부여한다. '가서 나눠라(Go share)'란 프로그램은 개발도상국 지사 직원이 선진국 지사에서 일정 기간 일하며 전문성을 높이는 기회를 제공하는 것이다.

　조직의 규모가 커질수록 경영인이 직접 목표 달성을 위한 원활한 업무 속도를 챙기는 일이 쉽지 않다. 이러한 문제점을 근본적으로 해소하기 위해 만든 것이 일본 교세라 창업주 이나모리 가즈오(稻盛和夫)의 아메바 조직이다. 그는 회사의 규모가 점차 커지자, 어떻게 전 직원이 창업 당시처럼 회사의 발전에 집중할 수 있을까 고민했다. 그러다가 아메바 조직을 만들 아이디어를 내 놓았다.

어미 아메바가 보통 10명 이하의 새끼 아메바 조직을 키우는데, 어미 아메바 리더가 그 소임을 잘하지 못하면 훌륭한 어미 아메바 리더가 그 부실한 아메바 조직을 흡수·통합해 버린다. 훌륭한 어미 아메바 밑에서 훌륭하게 성장한 아메바는 분열하여 자신의 조직을 만든다. 훌륭한 어미 아메바의 정신을 계승하여 다른 새끼 아메바 조직에 그 리더 정신을 전수한다. 이나모리 회장은 이렇게 소단위로 조직을 나누어서 원하는 인재 양성과 리더 정신 고취, 목표 관리를 성공적으로 수행해 나갔다.

미션을 올바르게 수행하기 위해서는 먼저 업에 대한 개념적 이해가 바탕이 되어야 하며, 원리와 단계적 이해가 선행될 때 명확한 전략 수립이 가능하다. 완벽한 전략을 세워도 일을 하는 것은 역시 언제나 사람이다. 부서 간의 장벽을 낮추고 서로 협력하여 공동의 목표에 매진할 때 비전은 실현화된다.

농부가 밭을 갈 때, 쟁기만 보고 쟁기질을 하면 밭고랑을 반듯하게 정렬시키며 갈 수 없다. 숙련된 농부는 목표를 정한다. 먼 발치에 있는 소나무를 목표로 정한 뒤 소머리를 소나무에 맞추어 나가면서 쟁기질을 한다. 소나무가 목표라면, 소머리와 쟁기를 소나무에 맞추어 나가는 것이 행동 방침이다. 이렇게 농부가 밭을 반듯하게 갈기 위해 목표를 설정하는 것처럼, 기업의 리더는 목표 도달을 위한 행동 기준이 필요하다.

목표관리는 기업과 개인의 목표를 합치시키고, 종업원의 근로 의욕 향상을 꾀하며, 나아가서 전사적 목표 달성에 이바지할 수 있어야 한다. 전사적 공동 목표 도달을 위해 필요한 것이 조직원 간의 소통 능력이다. 의견 제시와 아이디어 공유를 위한 토론, 목표 이행과 개인 성장을 위한 건설적인 피드백을 통해 전 직원이 기업의 비전 달성에 동참해야 한다.

"만일 당신이 배를 만들고 싶다면, 사람들을 불러 모아 목재를 가져오게 하고 일을 지시하고 일감을 나눠주는 등의 일을 하지 마라. 대신 그들에게 저 넓고 끝없는 바다에 대한 동경심을 키워 주어라." 생 텍쥐페리(Saint-Exupery)가 한 말이다. 조직의 비전은 보이지 않는 바다를 미치도록 그리워하는 것과 같은 동경이다. 하지만 동경이란 것은 막연히 생각으로만 그리워하는 것에서 끝난다. 동경은 그리움을 표현하고 행동으로 옮길 힘이 없다. 리더는 동경심을 키워 주는 데서 끝나서는 안 된다. 바다 한 가운데로 조직원들을 데리고 나가야 한다. 바다의 아름다운 신비와 파도의 격동조차 함께 경험해야 하는 것이다. 리더는 선박 축조의 열망에서 멈추는 것이 아니라 목표를 향한 적극적 행동으로 움직이게 해야 한다. 더 중요한 것은 왜 함께 배를 만드는지를 자극하고 격려하는 일이다.

미국의 작가 워싱턴 어빙(Washington Irving)은 "위대한 인물에게는 목표가 있고, 평범한 사람들에게는 소망이 있을 뿐이다."라고 말했다. 최고의 리더는 평범한 사람들의 소망을 현실로 만든다.

- 모든 조직원이 조직의 비전에 대해 충분히 숙지하고 있는가?
- 부서에 따른 목표 설정과 전략은 체계화되어 있는가?
- 조직 내 건설적인 피드백 문화가 정착되어 있는가?
- 비전과 미션, 목표전략을 위한 사내 소통이 원만한가?
- 비전에 맞는 신입사원을 채용하고 있는가? 그 방법과 과정은 어떠한가?

Activity

- 조직 또는 부서별 비전과 미션 목표 설정하기
- 케이스 스터디를 통한 전략적 사고 연습하기

Reflection

- 중국의 가전업체 하이얼, 장 루이민 회장의 경영전략은 손자가 말한 병무상세, 수무상형(兵無常勢, 水無常形), 즉 '끊임없이 시장 변화에 적응해야 한다.'를 적용한다. 최고경영자로서 자신의 경영전략은 무엇인지, 그리고 그 전략이 부서별 전술로 이어지고 있는지 생각해 보자.
- 조직/기업을 선정하여 부서별(구매, 마케팅, 판매, 제조, 재무, 연구개발 등)로 필요한 목표 전술에 대해 토론해 보자.
- 공동 목표를 위한 부서 간 협력 방안에 대해 생각해 보자.

2
■
윤리성
Ethical Leadership

"성공이라는 것이 타고난 두뇌나 천성에서 나온다기보다는 올바른 원칙을 준
수하는 데서 나온다는 사실을 이해할 수만 있다면 우리도 비범한 리더가 될 수
있다."   – 패트릭 렌시오니

정보를 공유하고 지식을 생산해 내는 속도가 점차 빨라지고 있다. 자신의 생각과 의견을 공개하고 다수의 타인이 참여하는 소셜 미디어 시대를 살아가면서 정보 과다의 시대에 살고 있다. 노엄 촘스키(Noam Chomsky)는 미디어의 조작과 조절로부터 자신을 보호하기 위한 지적 자기방어 과목을 들어야 한다고 이미 언급했다. 인터넷 언론과 소셜 미디어 서비스는 전례 없는 힘을 행사하고 있으며, 거짓 정보와 더불어 세상에 숨길 것이 없는, 모든 사생활이 공개되는 투명성 시대에 살고 있다. 과거의 범죄와는 다르게 온라인을 통한 사이버 범죄와 국경을 넘나드는 각종 범죄로 조직화되어 발생하므로 국제적 공조하에서 범죄를 척결하기 위해 힘쓰고 있다. 정보화 시대에 새로운 범죄가 생겨남과 동시에 윤리적인 문제점 역시 대두되고 있다.

미래 사회에 예상되는 환경 오염과 지구 온난화 문제, 인간과 신의 능력에 도전하는 각종 테크놀로지 활용으로 야기되는 인간존엄에 위배되는 윤리문제, 실직과 실업, 빈부격차에 따른 사회갈등, 사생활 취약도 증가 등 미래의 인류 위기 현상으로 드러날 수 있는 4차 산업혁명 시대의 각종 리스크가 산재되어 있다.

테크놀로지는 발전하고 있지만 그것을 사용하는 인간에 대한 윤리적인 가치는 인간이 발전시켜야 할 영역이다. 미디어의 발달로 시민의 목소리와 요구와 주장은 점차 커져 가고 있다. 우리 사회에서는 가정과 학교, 기업과 정부 모두 자율과 책임을 고취시키는 시민의식과 준법과 규율을 통한 올바른 공동체의식을 발현시키는 윤리교육이 절실하다.

윤리의식이 공정사회를 만든다

마이클 샌델(Michael Sandel) 하버드대 교수가 서울시 명예 시민증을 받았다. 그의 《정의란 무엇인가》라는 정치철학서가 요즘같이 불황인 우리나라의 출판시장에서도 판매부수 100만 부를 돌파하고 베스트셀러로 자리잡았다는 것은 놀라운 사실이다. 이와 더불어 미국의 최고 명문으로 일컬어지는 하버드대학 석학의 명강의, 27세에 하버드대 교수가 된 마이클 샌델의 스토리, 수천 명의 학생들과 토론한 동영상이 화제가 되기도 했다. 플라톤의 《국가론》을 보면, '정의란 무엇인가'라는 주제로 서술된 내용이 600페이지가 넘는 분량을 차지한다. 존 롤스의 《정의론》도 800여 페이지에 달할 정도로 '정의'라는 주제는 무겁고 다루기 까다로운 어려운 주제이다. 비인기 분야인 정치철학 외국서적이 100만 부 판매를 넘어선 최초의 인문학도서로 기록된 데에는 또 다른 배경이 있다.

21세기는 테크놀로지의 급속한 변화, 금전만능주의, 경쟁과 성과주의, 출세지상주의를 통한 물질적 풍요 속에서 어느 때보다 윤리적 빈곤 현상을 맞이하고 있다. 어느 시대보다 물질적으로 살기 좋은 세상이 되었지만, 글로벌 경제 위기와 빈부양극화, 높은 청년 실업률과 조기퇴직으로 인해 현실은 늘 불안하다. 우리는 '위기'라는 단어가 개인, 기업, 국가 모두에 해당되는 그런 시대에 살고 있다.

인터넷의 발달과 모바일 기기의 적극적 활용으로 정보화와 글로벌화가 생활화된 21세기는 더욱 수평적 사회구조와 개방적이며 분권적인 의사결정 구조를 요구하고 있다. 인터넷과 SNS 매체의 발달로 사회에 직접 참여할 수 있는 방법이 다양해지고 용이해져서 정치 문제, 사회 이슈에 적극적으로 참여하여 의견을 낼 수 있게 되었다. 현대의 젊은이들은 지식 공유와 집단 지성의 활용으로 전문성을 보강하고, 다양한 채널의 플랫폼을 통해 자신의 콘텐츠를 자유롭게 업로드하는 시대에 살고 있다. 따라서 개인의 중요성이 부각되고, 조직의 성공 못지않게 자신의 행복과 삶의 보람 추구를 중요하게 여긴다.

현대사회는 생존이라는 1차적 욕구에서 자기 만족과 실현을 구현하는 고차원적 가치로 전환하는 시대이다. 젊은이들은 경제적으로 여유 있는 시대에 태어났기 때문에 경제적 고성장에 대한 자부심이 베이비붐 세대에 비해 현저히 낮다. 베이비붐 세대의 인생 가치가 경쟁을 통한 생존과 가족의 출세라면, 젊은이들이 생각하는 인생 가치 즉, '정의'는 자신들의 행복과 삶의 보람이 실현화되는 사회이다. 이러한 어젠다는 희생과 복종에 익숙한 과거 세대가 생각해 보지 못한 주제이다. 우리는 '과연 올바르게 사는 것이 무엇인가'에 대한 새로운 가치관적 해답을 얻고 싶어하는지도 모른다. "정의란 무엇인가"라는 책을 통해 인간의 존엄, 정의 구현, 윤리적 사고에 대한 새로운 관심과 염원을 표출하고 있는 셈이다. 철학자들의 이론과 사례를 통한 공감이라기보다 정의사회 구현에 대한 열망의 표현이다.

마트에서 카트를 끌고 계산대 근처를 두리번거리는 습관은 나만 해당되는 경우가 아닐 것이다. 계산대 앞에 서 있는 사람이 적은 줄을 찾기 위해서 누구나 다른 계산대와 비교하며 두리번거린다. 조금이라도 계산하는 데에 시간을 허비하고 싶지 않기 때문이다. 그만큼 우리는 손해 보는 일에 민감하다. 우리나라에서는 내가 먼저 매표소에 도착해 있어도 옆줄에 선 사람이 먼저 영화표를 사거나 음식을 주문할 수 있기도 한다. 미국의 경우 모든 구매자들이 한 줄로 서고 각 창구 직원이 '다음 사람'이라고 부르면 그제서야 창구로 간다. 즉, 먼저 온 사람이 우선적으로 서비스를 받는다(First come, first served). 번호표가 없는 경우에는 직원이나 관리자가 나와 질서를 유지시킨다. 미국인들이 선천적으로 우리보다 도덕적이라기보다 그들의 법과 규범이 요행을 바라지 못하게끔 제도화되어 있는 것이다.

2014년 4월 476명을 태운 세월호의 참상은 우리 사회에 과연 정의와 윤리가 존재하는가에 대한 회의를 안겨 준 사건이었다. 안전 불감증과 총괄적 시스템 부재, 선장과 선원의 무책임한 직업윤리, 돈벌이만 생각한 불법적 증축과 과적, 이러한 일이 용납된 부실 관리, 해경의 위기관리 능력의 낮은 수준은 우리 사회에서 그 동안 곪아온 각종 부패와 비리가 고스란히 한꺼번에 드러난 셈이다. 게다가 이어지는 정당 간의 정치공방과 여론 분열의 모습은 우리 사회가 얼마나 준법정신과 도덕적 성숙함이 부족한가를 여실히 보여 주고 있다. 참상 속에서도 타인의 생명을 먼저 생각하고 자신의 목숨을 희생한 세월호 의인들과 헌신적인 자원봉사자들이 우리 사회에 희망의 등불이 되어 준 점에 감사할 따름이다.

미국이 법질서가 체계화되어 있는 반면 취약한 부분은 총기 관련 문제이다. 술보다 총 사기가 더 쉬운 나라라고 불릴 정도이니 사고는 얼마나 많겠는가. 세계 어디에도 민간인들이 그렇게 많은 총기를 소유한 국가는 없다. 그러다 보니 미국에서는 총기 사고로 매일 평균 80명씩, 연간 3만 명이 목숨을 잃는다. 미국에서 벌어지고 있는 각종 총기범죄와 캠퍼스 난동 사건, 소위 묻지마 범죄로 총기규제법에 대한 목소리가 커지지만, 오래된 생활양식과 가치관으로 법규제가 쉽지는 않을 전망이다. 미국 공교육 현장의 총기 사고, 마약, 성범죄에 대한 증가 추세로 윤리 교육의 중요성이 강조되고 있다.

프랑스 정부는 2013년부터 고등학교 이하 전 과정에 1968년에 폐지된 윤리 교육을 부활하기로 결정했다. 윤리 교육은 1985년 '시민 교육' 이라는 이름으로 초등학교에서 시행되다가 중·고교로까지 확대되어 현재 완전히 다시 부활하게 되었다. 프랑스 내 각종 폭력과 인종차별의 사회문제가 점차 심각해지면서 올바른 국가관, 교사와 친구 간 존중의식을 고쳐시킬 목적으로 시행하게 된 것이다. 페이옹(Vincent Peillon) 프랑스 교육부장관은 "돈과 경쟁, 이기심보다는 지혜, 헌신, 더불어 사는 삶이 더 중요하다는 것을 깨닫게 해 주고 싶다."면서 "학생들은 양심에 따라 자신의 의사를 결정하는 법을 배울 것"이라고 말했다.

우리나라도 예외는 아니다. 흥사단 투명사회운동본부는 초·중·고교생 2천 명씩을 대상으로 윤리의식을 조사했다. 발표한 자료에 따르면 청소년 정직지수가 100점 만점에 초등학생 85점, 중학생 75점, 고등학생 67점으로 학년이 높을수록 낮은 것으로 조사되었다.

이를 평가하기 위한 질문으로는 첫째, '인터넷에서 영화 또는 음악 파일을 불법으로 다운로드 한다' 둘째, '10억 원이 생긴다면 잘못을 하고 1년 정도 감옥에 들어가도 괜찮다' 셋째, '부모님이 나를 잘 봐달라고 선생님께 촌지(선물)를 주는 것은 괜찮다' 넷째, 학용품을 산다고 부모님께 말씀 드리고 다른 용도로 사용한다'와 같은 항목들이다. 윤리의식과 정직지수의 결과를 놓고 볼 때 도덕의식은 고등교육으로 갈수록 더 낮아지는 현상이다. 남의 물건을 집어도 주인을 찾아 주지 않고 자신이 가져가고, 성적을 부모님께 속이고, 과제를 인터넷에서 베껴서 제출해도 괜찮다는 것이 설문에 대한 대다수 학생들의 답변이다.

두 번째 조항 '10억 원이 생긴다면 잘못을 저지르고 1년 정도 감옥에 가도 괜찮은가'라는 질문에 초등학생 12%, 중학생 28%, 고등학생 44%가 그렇다고 답했다. 아직 가치관이 형성되기 전인 초등학생들 가운데서 10명 중 1명 이상이 이처럼 생각하고 있다는 것도 놀랍지만, 학년이 올라갈수록 그 비율이 높아진다는 점은 우리 사회의 윤리의식의 심각성을 보여 주고 있다. 전과자가 되어도 10억 원의 가치가 더 높다고 여기는 배금주의적 태도는 우리 사회에서 보이고 있는 부정부패와 비리에 대한 잘못된 인식에서 기인된다.

한국교육개발원이 전국 성인 1,800명을 대상으로 실시한 여론조사에 따르면 정부가 가장 시급히 해결해야 할 교육 문제로 '인성, 도덕성 약화'를 제 1 당면과제로 꼽았다. 이는 잇단 학교폭력에 의한 우려의 목소리와 더불어, 경제 성장을 위한 능력 위주의 학습에서 더불어 사는 인성 교육에 대한 필요성의 인식이다. 우리의 교육 현장에서 올바른 국가관과 윤리관을 함양하는 전인 교육, 성숙한 시민사회를 성립하려는 움직임이 필요하다. 더불어 교육기관과 교사, 부모, 커뮤니티의 조화로운 협력이 요구된다.

영국의 협동조합대학(The Co-operative College)의 린다 쇼(Linda Shaw) 부학장은 "어린 시절부터 적극적으로 공동체 의식을 길러 줘야 한다."고 강조했다. 협동조합대학이 하는 일은 사람을 중심으로 하는 교육과 인재 양성에 있으며 초등학교와 중학교에서 협동조합신탁학교를 육성하여 운영한다. 학생들의 인성 교육을 위해 학습프로그램과 공동체 교육을 제공하며 학생, 교사, 학부모, 지역 사회 기관이 참여한다. 최근에는 주정부의 후원으로 학교협동조합 프로젝트를 실시하고 있는데, 매점 운영을 넘어서 학교 전체가 학생, 교사, 학부모 등 조합원들이 운영하는 형태로 진행된다. 자신의 역할을 체험하고 서로 협동하며, 학생들

스스로 공동체를 결성하는 등 어릴 때부터 공동체 의식을 체화해 나가고 있다.

2010년 다보스 포럼(Davos Forum)이 "세상을 더 좋게 만들기 위해 다시 생각하고 다시 디자인하고 다시 건설하자(Improve the state of the world; rethink, redesign, rebuild)."를 주제로 삼았다. 다보스 포럼은 경제 현안에 대한 이슈를 핵심 의제로 다루었지만, 세상을 더 좋게 만들기 위한 노력은 온 세계가 관심을 가지고 노력해야 할 듯하다. 더 좋아진 세상은 특정인을 위한 것이 아닌 바로 우리 사회 전체가 살기 좋아지는 일이기 때문이다.

윤리의식과 도덕적 책임

윤리(Ethics)란 말은 그리스어 'ethos'에서 유래된 말이며 이상적 인성과학(the science of the ideal human character) 혹은 도덕적 책임으로서의 과학으로 정의된다. 도덕(morality)은 라틴어로 매너, 생활양식과 행동이 포함되는 mos와 moris에서 유래되었다.

윤리와 도덕은 혼용되어 사용되고 있는데, 한자를 보면 좀더 구분이 용이하다. 한자로 윤리(倫理)는 '인륜을 다스리는 이치'라는 뜻으로 인간이 마땅히 지켜야 할 도리이다. 도덕(道德)은 '덕의 길'이란 뜻으로 인간으로 행동하는 올바른 선택 지침이다. 한자로 살펴 보았을 때 '윤리'는 당연히 지켜야 하는 도리로 규범적 강제성과 권위의 의미를 내포하고 있다면, '도덕'은 올바른 선택을 유도하는 자발적인 행동양식,

즉 예절을 나타내고 있다.

'삼강오륜(三綱五倫)'이란 유교에서 기본이 되는 윤리 지침이다. 세 가지 강령, 즉 마땅히 지켜야 할 도리인 삼강은 군위신강(君爲臣綱), 부위자강(父爲子綱), 부위부강(夫爲婦綱)을 말하며, 임금과 신하, 어버이와 자식, 남편과 아내 사이에 마땅히 지켜야 할 도리이다. 오륜(五倫)은 부자유친(父子有親), 군신유의(君臣有義), 부부유별(夫婦有別), 장유유서(長幼有序), 붕우유신(朋友有信)의 다섯 가지로, 아버지와 아들 사이의 도(道)는 친애(親愛)에 있으며, 임금과 신하의 도리는 의리에 있고, 부부 사이에는 서로 침범치 못할 인륜(人倫)의 구별이 있으며, 어른과 어린이 사이에는 차례와 질서가 있어야 하며, 벗의 도리는 믿음에 있음을 뜻한다(두산백과). 유교사상은 특히 관계중심적 실생활적 윤리지침을 강조하고 있다.

위의 한자 구분처럼 윤리의식에 의한 도덕적 책임이라는 말은 인간이 지켜야 할 도리(윤리)가 선한 목적임을 깨닫고, 올바른 선택으로 실천(도덕)하는 행동양식이라고 정의 내리고 싶다. 내 생각에는 과거 동양에서는 유교의 영향으로 윤리가 마땅히 지켜야 되는 기본 덕목이자 사회 질서를 유지하는 기본 원칙으로 여겼기 때문에 서양에서 말하는 자유의사와 선택을 원칙으로 하는 윤리보다는 더 강제성을 요구하는 덕목이었다고 생각한다.

영국의 법학자인 뮬턴(John Fletcher Moulton)은 윤리의 정의를 "강제되지 않는 것을 지키는 의무(Obedience to the unenforceable)라고 정의했다. 인간의 행동을 크게 둘로 나누어 '강제되지 않는 자기조절(unenforceable self-regulation)'인 윤리와 '강제되는 법적 규율(enforceable legal regulation)'인 법규 사이에 놓여 있다고 보았다. 윤리의식은 매너와 자유의사를 반영한다. 윤리의식이란 개인의 현명한 자유 선택이기 때문에 한 나라의 윤리 척도는 바로 국력이다. 그렇다면 매너와 예절 그리고 도덕과 윤리는 어떠한 차이가 있는가?

우선적으로 에티켓, 매너, 예절에 대해 말해 보자. 에티켓이 사회 구성원으로서 갖추어야 할 최소한의 규범이라면 매너는 구속력은 없지만 품위 있는 태도와 품격 갖춘 행동방식이다. 예절이란 예의 범절(禮儀凡節)로 서로 간 인격을 존중하는 마음가짐으로 지켜야 할 규칙과 품행을 일컫는다. 하지만 이 세 가지는 엄격한 구분 없이 혼용되어 사용된다.

현대에서 말하는 매너란 포괄적으로 누군가에게 폐를 끼치는지의 여부로 결정한다. 그러므로 식당이나 공공기관에서 지켜야 할 예절이 포함된다. 요즘은 휴대폰 매너에 대해 말이 많다. 실제로 약속 장소에 나가 보면 상대방이 휴대폰을 식당 테이블에 올려 놓고 수시로 문자를 확인하는 사람들이 많다. 극장에서 전화벨이 울리는 것도 모자라 전화를 주고 받으며 대화하는 사람도 실제로 보았다. 우리나라의 경우 유교적 전통으로 경로사상이 오랫동안 자리잡아 왔기 때문에 버스나 지하철에서 노약자에게 자리를 양보하는 것이 미덕으로 여겨졌다. 하지만 자리를 양보하지 않고 자는 척하는 젊은이가 있다고 가정해 보자. 이러한 행동은 부도덕하다고 말하기보다 '예의 없다' 혹은 '매너 없다'고 말하는 것이 맞다.

　도덕과 윤리 그리고 자유의사의 차이는 구분이 명확할까? 의류회사 베네통은 2011년 세계 정상 통치자들의 입맞춤 장면을 연출한 'Un-hate' 광고로 논란을 일으켰다. 이명박 전 대통령과 김정일 북한 지도자, 압바스 팔레스타인 자치정부 수반과 네타냐후 이스라엘 총리, 교황 베네딕트 16세와 이집트 아메드 엘 타옙 이맘의 입맞춤 광고 장면이 그 예이다. 이 광고는 불편한 관계의 국가 정상들이 화해하고 관용을 베풀기를 바라는 메시지를 담고 있다고 했으나 충격적인 사진들이 논란으로 증폭되자 결국 회수 조치되었다.

　우리나라의 경우 박근혜 전 대통령이 대선 후보일 당시 후보의 출산 장면을 그린 그림이 논란을 일으킨 적이 있다. 민중화가 홍성담은 "박근혜 출산설에서 착안한 그림이다. 박 후보의 신비주의 가면을 벗겨 내고 싶었다."고 설명했다. 여성 전체에 대한 모욕이라는 비판적인 의견과 예술에서 표현의 자유라고 하는 네티즌 간의 논박이 있었다. 혹자는 선거를 앞둔 특정 후보를 폄하하기 위해 예술이 동원된다면 이러한 예술은 예술이 될 수 없다고도 말했다.

　나는 베네통의 사진과 홍성담 화가의 사진을 대학생들에게 보여 주고 윤리, 도덕, 매너, 표현의 자유 어느 영역의 문제인지에 대해 토론을 시켰다. 학생들은 비윤리적, 비도덕적이라고 말하기도 하고, 매너와 예절의 문제, 혹은 표현의 자유라고 주장하기도 한다. 한 외국학생은 표현의 자유라고 했다가 교황의 입맞춤 장면은 종교에 대한 모독이라고도 말했다. 같은 상황이라도 상대방이 느끼는 정도와 수준은 다르다.

누군가의 명예를 의도적으로 훼손할 목적이었다면 그것은 비윤리적 행동이다. 당사자의 명예를 실추시킬 의도가 없었다 하더라도 그것을 본 당사자들이 자신의 명예가 훼손되고 이미지가 폄하되었다고 느낀다면 부도덕한 일이다. 반면에 자신이 추구하는 가치를 표현하는 수단이었다면 표현의 자유일 것이다. 이는 단지 내 소견일 뿐, 어디까지가 윤리이고 도덕이고 표현의 자유인지의 구분은 각자의 해석에 달려 있다. 이러한 주제의 토론은 서로 다른 견해와 해석으로 갑론을박(甲論乙駁)하다 다툼으로 발전하기도 한다.

내가 딸과 함께 미국 샌디에이고로 여행을 갔을 때의 일이다. 새로 건축된 호텔의 모던한 분위기, 근처 레스토랑에서 맛본 현지 음식, 올드 타운에서 바다 구경까지, 모처럼 흡족한 시간을 보내고 늦은 밤 잠자리에 들었다. 주말 결혼식이 많기로 유명한 호텔이라 토요일 오후는 젊은 사람들로 꽤 북적거렸다. 새벽 늦게까지 술 취한 사람들이 복도에서 소리를 지르고 떠들고 내 숙소 방문을 두드리며 문고리를 흔들어 대기도 했다. 여행지에서 돌아온 후 미국 친구들에게 샌디에이고에서 보낸 주말 경험을 말하면서 공공윤리가 없는 술 취한 미국 젊은이들이라고 흉보았더니, 그 정도야 매너의 문제이지 윤리적 잣대를 들이댈 정도는 아니라고 도리어 반박했다. 친구들은 내가 술을 마시지 않으니 그 부분에 대한 도덕적 기준이 더 야박하다고까지 힐난했다.

나의 주량은 맥주 반 잔 정도이다. 술 마신 후 만취해 행패부리고, 술김에 한 실수라고 변명하는 사람들, 그리고 숙취 상태로 출근하는 음주문화에 비판적이다. 음주운전에는 훨씬 더 강력한 법적 책임을 요구하고 싶다. 또한 여성이기 때문에, 여성에게 행해지는 각종 성폭력과 성범죄에 남성보다 더 흥분한다. 나는 한 아이의 엄마이기 때문에 아동학대나 아동 성범죄에 대한 처벌의 수위를 더 높여야 한다고 주장한다. 우리는 이처럼 윤리와 도덕, 매너의 정도와 척도를 자신의 성향과 처한 위치에 따라 평가하는 경향이 있다. 개인과 기업, 국가는 각자의 이익과 권익을 추구하기 때문에 같은 잣대로 도덕과 윤리를 논하기 힘들다. 각자가 속한 문화와 환경이 다르기 때문이다.

정의란 과연 무엇인가?

마이클 샌델은 《정의란 무엇인가》에서 제레미 벤담(Jeremy Bentham)의 공리주의, 존 스튜어트 밀(John Stuart Mill)의 자유론, 칸트(Immanuel Kant)의 덕과 의무, 존 롤스(John Rawls)의 공정으로서의 정의론을 다루고 있다. 행복한 개인, 더 나은 사회와 공동체 의식이란 무엇인가? 옳음의 선택(righteousness)과 미덕(virtue)을 통한 '선(goodness)'의 추구는 가능한 것인가에 질문을 던지고 있다. 모든 사람이 동의할 정답은 불가능하기 때문에 어려운 주제임에 틀림없다.

플라톤(Platon)은 '정의'에 대해 인간의 속성들이 각기 요청되는 덕목을 균형 있게 지키고 있는 상태라고 설명한다. 즉, 이성에 요구되는 지혜, 기개(氣慨)에 요구되는 용기, 욕망에 요구되는 절제 등 세 가지가 조화를 이룬 상태를 뜻한다. 나는 정의란 '선'의 추구라는 전제하에 상대방의 기본 욕구에 대한 인식, 가치관적인 삶, 현명한 실천, 이 세 가지가 조화를 이룬 상태라고 생각한다. 정의에 대한 정답은 없다. 하지만 무엇이 더 올바른 선택이었는가에 대해서는 충분히 고민할 필요가 있다.

2007년 김용철 변호사는 삼성그룹 비자금 의혹과 경영권 불법승계 의혹을 폭로하여 한 때 신문지상을 뜨겁게 만들었다. 양심고백이냐 아니면 내부고발자의 배신이냐 말이 많았지만, 조사 결과 이건희 회장은 집행유예를 받는 것으로 끝났다. 김용철 변호사는 2010년 《삼성을 말한다》라는 책을 출간하면서 재판 결과를 본 아이들이 '정의가 이기는 게 아니라, 이기는 게 정의'라는 생각을 하게 될까 봐 두려워 이 책을 썼다고 말했다. 하지만 김용철 변호사 역시 삼성 재직 당시 윤리적인 결단을 내릴 기회가 있었음에도 불구하고 차후 폭로성 고발이었다는 점에서 석연치 않은 점이 있지만, 우리나라에서 내부고발은 쉬운 일이 아니다.

종업원의 기업윤리에서 많은 논란이 일어날 수 있는 부분이 바로 내부자신고(Whistleblowing)이다. 내부자신고는 기업 내에서 직속상사를 넘어서 그 윗상사에게 내용을 보고하는 내부신고와 대외적으로 매스컴이나 정부기관에 폭로하는 외부신고를 말한다. 대부분 기업의 경영자는 내부자 신고에 절대적으로 반대하는 입장이고 노동조합 지도자나 소비자운동가는 찬성하는 경향이 높다. 이 문제는 종업원의 기업에 대한 충성도와 정의에 대한 사회적 의무에 대한 찬반의 논리로 볼 수 있다. 사회에 중대한 해가 발생할 것을 사전에 방지하려는 고발자의 순수하고 선한 목적으로 인한 윤리적 내부고발인 경우도 있지만 개인적 원한과 보복의 수단으로 악용되는 내부고발 사례도 더러 있기 때문이다.

내부신고의 경우 사회에 미칠 손해가 얼마나 위중한지에 대한 고려와 신고 내용을 입증할 충분한 증거가 필요하다. 우선적으로 회사의 불만 신고 규정에 따라 직속상사에게 보고하고 그래도 해결이 되지 않을 경우 그 위의 상사에게 보고하도록 되어 있다. 회사가 시정할 충분한 시간을 두었는지, 또한 신고의 동기가 순수한지에 대한 판단이 필요하다.

2002년 〈타임(Time)〉지는 '내부고발자(Whistleblower)' 라는 표지제목으로 에너지 회사 엔론(Enron)의 셰론 왓킨스(Sherron Watkins) 부사장과 미국 제2의 통신회사 월드컴(Worldcom)의 신시아 쿠퍼(Cynthia Cooper)를 올해의 인물로 선정했다. 사내 부정을 목격한 두 여성의 고발로 두 회사는 파산에 이르게 된 셈이다.

우리나라의 경우, 2003년 대한적십자사에 다니는 김용환 씨(공익제보자와 함께하는 모임 대표)는 에이즈와 간염, 말라리아 바이러스에 감염된 혈액을 수혈용과 의약품 제조용으로 유통시킨 사실을 KBS 〈추적60분〉을 통해 익명으로 제보했다. 그 동안 수혈 사고가 몇 차례 있었지만 대한적십자사의 혈액 관리 자체 문제로 알려지자 파장은 더욱 커졌다. 감사원의 감사 결과 오염된 혈액에 의해 20여 명이 에이즈와 간염, 말라리아에 감염되었다는 사실을 확인했다. 대한적십자사의 경우 감염 혈액 문제가 발생한 이후 정부로부터 혈액 관리를 위한 기금으로 3,200억 원을 지원 받았고, 더 이상의 혈액 감염 사고 등이 발생하지 않게 되었다.

내부고발자 김용환 씨는 적십자사로부터 에이즈환자 비밀누설 혐의로 고소당하고 징계위원회에 회부되었으나 후에 부패방지위원회 권고에 따라 징계가 철회되었다. 노동조합은 회사의 명예를 실추시키고 허위 사실을 유포시켰다는 이유로 김 씨의 해고를 촉구하는 서명 운동을 일으키기도 했다. 용기 있는 행동을 했지만 2년 이상 상당한 수준의 정신적 고통을 받았다.

우리나라 부패방지법에 따르면, 공직자가 부패행위를 알게 되거나 제의, 또는 강요 받을 경우 수사원, 감사원, 그리고 위원회에 신고하기로 되어 있다. 제보자는 어떠한 차별이나 불이익을 받지 않도록 보호받게 되어 있다. 하지만 실제적으로는 배신자라는 누명으로 따돌림 당하고, 징계받아도 관심 갖고 옹호해 주는 동료나 조직은 없는 실정이다.

미국은 사회에 유익한 일이었다고 생각되면 내부고발자가 올해의 인물로 선정되기도 하지만, 우리나라에서는 내부고발자에 대한 시선이 곱지 않은 것이 사실이다. 조직에서 블랙리스트에 들지 않으려면 쓸데없이 총대 같은 건 매지 않아야 한다고 말한다. '가만히 있으면 중간은 간다'는 명언 아닌 명언이 적용되는 예이다. 대한항공의 '땅콩회항' 사건에서 당시의 상황을 폭로한 사무장의 경우 여론의 공감과 응원을 받은 케이스이지만, 실제로 업무에 복귀한 후 부적절한 대우와 편견이 없는지 주목되고 있다. 현실에서는 누구의 말이 진실인지 밝혀지기 쉽지 않은 것이 사실이다.

2000년 주한미군 독극물 한강 무단 방류 사건은 주한미군이 시체의 본국송환을 위한 방부 처리용 포름알데히드를 기지 근처 하수구를 통해 한강으로 몰래 흘려 보낸 사건이다. 이 사건은 당시 집행자의 진술을 통해 미8군 34사령부에 보고되었으나, '물에 희석하면 아무런 문제가 없다'는 결론이 통보되었다. 실제 집행자는 약품 처리 후 두통과 메스꺼움 등으로 3주의 병가를 낸 것으로 확인되었다. 용역 노동자는 위 사실을 녹색연합에 알려 왔으며 위 사건에 대한 확인 조사 과정에서 녹색연합은 미군이 버린 포름알데히드의 일부를 확보하게 되었다. 신고로 인해 더 이상의 환경오염을 방지할 수 있었다.

공익제보자들은 삼풍백화점이나 성수대교와 같은 대형사고에 제보자 한 명만 있었어도 무고한 생명을 살릴 수 있었을 것이라고 말한다. '조직에 대한 충성', '사회적 정의' 어느 쪽이 더 중요하고 어느 쪽을 따라야 하는가에 대한 질문은 그 사회가 얼마나 제도적으로 개인의 권리를 보호하고, 조직이 얼마나 투명한 경영을 하며, 개인이 얼마나 공익정신이 투철한가에 달려 있다.

나의 결정은 윤리적인가?

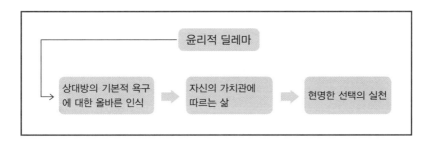

러쉬워드 키더(Rushworth Kidder)는 "좋은 사람은 어떤 힘든 결정을 내리는가(How good people make tough choices)"에서 올바른 사람은 윤리적 갈등에서 어려운 선택을 하는 자임을 강조했다. 선한 사람은 법적 제제 없이도 주변과 사회에 미칠 파급을 염두에 두고 처신한다. 때로는 자신의 이득보다 주변과 공공의 편익을 도모한다. 뮬턴(Shana moulton)이 말한 것처럼, 국민의 윤리척도가 곧 나라의 국력이고 재산이다. 우리는 성숙한 국민의식을 갖추기 위해 국민 윤리의식을 강화시켜야 하며, 옳은 결정을 선택하는 행동하는 리더의 육성에 힘써야 한다.

키더(Rushworth M. Kidder)는 윤리적 행동의 딜레마를 제시했다. 네 가지 딜레마는 사실(truth) 대 충성(loyalty), 개인(individual) 대 지역 사회(community), 단기(short-term) 대 장기(long-term), 정의감(justice) 대 자비(mercy)이다. 딜레마(dilemma)라는 말은 di(두 번)+lemma(제안, 명제)의 합성어로, 선택해야 할 길은 두 가지 중 하나로 정해진다. 그 어느 쪽을 선택해도 바람직하지 못한 결과가 나오게 되는 곤란한 상황으로 진퇴양난(進退兩難), 궁지(窮地)의 뜻으로 쓰인다. 결국 정의롭다는 것은 선택의 어려움 속에서 올바른 결정을 내리는 일이다.

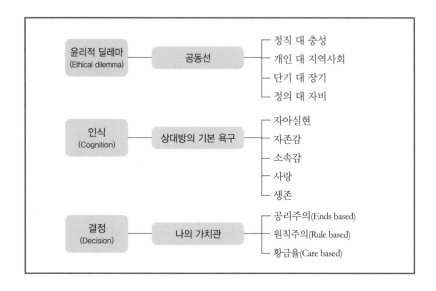

리더의 올바른 결정 단계에 대해 생각해 보기로 하겠다. 위의 도표에서 제시한 것처럼 첫번째, 윤리적 딜레마의 유형을 선택한다. 두 번째, 그 선택이 상대방의 욕구를 저해하는지 체크한다. 나의 행동이 매슬로우(Abraham Maslow)가 말한 인간의 기본 욕구인 자아실현감, 자존감, 소속감, 애정, 생존을 방해하고 있는지에 대한 깊은 고찰이 필요한 순간이다. 세 번째, 나의 신념과 가치관에 대한 결과적 책임을 확인하는 일이다. 이 방법은 자신의 행동이 정의로운 결정인가 하는 딜레마에 빠져 있을 때 대입해 보면 좋다.

우리가 살다 보면 내가 한 결정이 과연 윤리적인 행동이었을까에 대해 고민하고 때론 후회할 때가 있다. 리더 역할의 시작은 올바른 결정력에 있다. 중요한 결정일수록 단계적으로 생각하는 습관이 필요하다. 이러한 스텝바이스텝(step by step) 사고는 자신의 결정적 오류를 방지함과 동시에 자신의 신념에 대한 확신을 점검하게 되는 계기가 될 것이다. 리더는 결정의 순간 자신과 상대방, 사회에 미치는 영향을 순차적으로 고민해야 하며, 그 선택에 책임져야 한다.

사실(truth) 대 충성(loyalty)

사실 대 충성의 경우는 사실을 말하는 것이 정의로운지 아니면 조직에 충성하는 것이 더 정의로운지에 해당하는 딜레마이다. 특히 군대에 가 본 사람들이면 쉽게 이해할 수 있는 딜레마일 것이다. 공공기관이나 사기업에서 비윤리적 기밀을 발설해야 하는지 아니면 무조건 조직에 충성해야 옳은지에 대한 갈등도 같은 경우이다.

마이클 샌델의 《정의란 무엇인가》 중 이마누엘 칸트(Immanue kant) 편에 보면, 다음과 같은 일례가 나온다. 친구가 당신의 집에 숨어 있고 살인자가 문 앞에 와서 그 친구를 찾는다고 가정한다. 칸트는 진실을 말할 의무에는 변함이 없다. 사실대로 말할 것인가, 아니면 친구와 우정을 지킬 것인가에서 칸트는 사실을 알리는 것이 진실을 말하는 의무로 보았다. 하지만 내 경우 칸트와 다른 행동을 취할 수 있다. '사실'과 '충성'의 딜레마에서 친구의 경우 생존에 대한 인간으로서 가장 원초적인 욕구이며, 이러한 상황에서 진실과 정직보다는 우정과 신뢰에 대한 가치관을 선택하는 것이 좀더 현명한 선택이라고 여기기 때문에 황금률을 따르는 것이 나의 결정이다.

또 다른 예를 들어 보자. 회사의 동향 상사가 당신의 친한 학교 동료는 곧 구조조정의 대상자가 될 것이라는 암시를 해 준다. 상사는 절대 함구할 것을 명령으로 내리고, 그 친구는 혹시 선배로부터 인사 개편에 대해 들은 말이 없는지 물어 본다. 친구의 경우 몸이 아픈 부인이 있어서 구조조정의 대상일 경우 경제적 어려움에 처할 수 있다. 이러한 상황에서 어떤 선택을 내릴 것인가? 사실을 말해 줄까 아니면 상사에 대한 충성이 먼저일까? 친구에게 사실을 말하는 사람은 그 친구의 기본 욕구 중 생존에 대한 걱정을 고려한 것이고 정직, 우정이나 배려의 가치관이 앞서기 때문에 황금률이 정의로운 선택이라고 여길 것이다. 반면에 상사와 한 약속을 지킨 사람은 상사와 소속감의 욕구를 고려하고 자신의 충성, 신용에 대한 높은 가치관에 따라 결정한 원칙주의의 선택이다. 개인이 타인의 욕구를 인지하고 자신의 가치관에 따라 결정을 내리는 일이 다를 수 있다는 점이 바로 윤리적 딜레마를 이해하는 첫 삽이다.

개인(individual) 대 지역 사회(community)

개인의 권리를 생각해야 하는가 아니면 지역 사회의 이익을 고려해야 하는가에 대한 딜레마이다. 개인은 자신의 몸과 마음에 대해 주권을 가진다는 존 스튜어트 밀과 최대 다수의 최대 행복을 주장하는 제레미 벤담의 공리주의 사이에서 생기는 딜레마이다. 개인의 권리가 더 중요한 것인가 아니면 누군가에게는 권리 침해이지만 사회 전체의 행복에 긍정적 영향을 미치느냐의 문제이다.

2011년 부산에서 실제로 있었던 일이다. 윤락행위를 하는 외국여성들이 많은 한 동네의 목욕탕 주인은 각종 성병을 우려하는 동네 한국인 주민들을 위해 외국인 출입금지를 실시했다. 한국식 이름을 가진 우즈베키스탄 인은 귀화한 여성으로 단지 피부색이 다르다는 이유로 목욕탕 출입이 거부당하자 인권위에 부당함을 제소했다. 주인 입장에서는 외국인을 출입시키면 그 지역 주민의 출입이 제한적일 수 있기 때문에 영업 방해가 된다고 여기는 반면, 다른 관점에서 보았을 때는 엄연히 인종차별적인 처사이다. 목욕탕 주인은 개인의 자존감보다 지역 사회 주민 사이의 소속감을 우선적으로 생각했고, 결과에 우선하는 공리주의를 선택했다. 우즈베키스탄 여성 한 명의 인권과 지역 주민 전체의 이익 중 선택해야 한다면 법원은 어떤 결정을 내려야 정의로울까?

최근에 일어난 외국의 사례를 예로 들어 보자. 이슬람 수니파 극단주의 무장단체인 IS는 미국인 기자 제임스 폴리와 스티븐 소트로프에 이어 영국인 구호요원 데이비드 헤인즈를 참수했다. 미국 정부와 영국 정부는 테러리스트와 몸값 협상을 하지 않는다는 원칙을 고수했고, 결국 그들은 생명을 잃었다. 반면에 함께 납치됐던 이탈리아인 직원은 600만 유로 수준의 몸값을 내고 풀려났다. 일본인 고토 겐지는 협상 중에 살해되었다. IS 조직은 고토 겐지와 요르단에 억류되어 있는 이라크 여성 사형수 사지다 알리샤위의 맞교환을 요구했지만 이루어지지 않았다. 단 한 명이라도 자국민의 생명을 지키기 위해 노력하는 것은 당연한 일이다. 하지만 60명의 사망자를 낸 사건에서 생존한 과격 혁명전사인 알리샤위와 맞교환하는 것은 정의로운 일일까? 그녀의 IS 복귀는 더 많은 희생자를 예고하는 일이다. 요르단의 마즈 알카사스베 중위의 화형에 요르단의 보복 폭격은 정당한 일인가? 개인의 생명을 살리는 일과 지역 사회 이익 사이의 딜레마에서 내린 결론은 국가가 서로 달랐지만 선택은 힘든 결정이었음에 틀림없다.

단기(short-term) 대 장기(long-term)

다음으로 생각해 볼 딜레마는 단기적 이익과 장기적 이해관계 사이의 충돌이다. 늘 시간에 쫓기는 현대인의 삶에서 지금 당장 편리한 인스턴트 음식을 선택할 것인가 아니면 건강을 위해 귀찮지만 몸에 좋은 집밥을 해 먹을 것인가와 같은 경우이다. 운동도 마찬가지이다. 주말에 낮잠을 자고 쉬는 것도 좋지만, 그 시간을 이용해서 등산을 가는 사람이 있다. 간편하고 편리한 일을 싫어할 사람은 없다. 하지만 장기적 목표를 위해 현재의 달콤한 순간을 포기하는 사람들은 언제나 존재한다.

2013년 영화 〈링컨(Lincoln)〉으로 남우주연상을 받은 다니엘 데이 루이스(Daniel Day Lewis)는 15년 동안 다섯 작품만 연기하고 아카데미상을 세 번이나 가져갔다. 그는 〈링컨〉이란 단 한 편의 영화를 위해 관련 서적을 약 100권 가량 읽었고, 역사학자를 대동하고 링컨의 생가와 변호사 사무실을 방문했으며, 1년을 링컨처럼 말하고 행동했다. 그는 개인적으로 단기적인 부보다는 장기적 명성을 택한 셈이다. 장기적인 쪽을 선택하는 사람들의 특징은 순간의 욕구보다는 미래의 목표와 책임감, 가치를 추구한다.

조직의 입장이라면 지금 당장의 이익을 추구할 것인가 아니면 장기적으로 직원의 사기 진작을 위한 사원복지에 투자를 할 것인가에 관한 고민이다. 요즘같이 급변하는 시대 상황에서 기업은 단기적·장기적인 전략계획을 세우기 마련이다. 기업들은 단기적인 입장에서 명예퇴직이나 일시 해고로 구조조정을 단행해야 할 경우가 있다. R&D 투자 확대, 사회적 책임 준수, 글로벌 인재 양성에 투자하는 일은 장기적 전략인 셈이다.

샘표식품은 현재 직원 수의 10%를 매년 공채로 신규 채용한다. 그 이유는 직원들이 주 40시간 이상 절대로 일을 하게 하지 않기 위함이다. 박진선 대표는 "직원이 직장에서 40시간씩 일을 하게 되면 회사생활이 즐겁지 않게 된다. 근로시간을 줄이려면, 일하는 사람을 늘리는 수밖에 없다."고 말했다. 돈보다 더 중요한 것은 직원의 행복과 소비자에게 좋은 기업이 되는 것을 목표로 지금까지 인위적인 구조조정을 한 적이 없다. 샘표식품은 당장의 이익보다는 장기적인 측면에서 사원이 행복한 기업문화를 선택하고 있다.

국가적인 측면에서 생각해 볼 윤리적 딜레마는 바로 환경문제이다. 1997년 일본 교토에서 국제협약인 '기후변화협약'을 채택했다. 교토의정서(Kyoto protocol)란 지구온난화 규제 및 방지의 협약에 대한 구체적 이행 방안으로, 선진국의 온실가스 감축 목표치를 규정하였다. 하지만 선진국과 개발도상국 간 의무의 차별과 국익의 문제, 의무 감축으로 인한 막대한 비용 발생 등의 갈등으로 실효성은 낮아지고 있다. 장기적인 측면에서 지구온난화 현상을 대비하여 온실가스를 줄이고 인류를 위해 지구를 보호해야 하지만, 단기적 측면의 국익 앞에서는 유명무실한 뿐이다.

우리나라에서도 경제 개발과 환경 보호에 대한 이견으로 갈등이 있어 왔다. 원전 문제는 역시 정부와 환경 단체뿐만 아니라 더욱 공론화해야 한다고 관계자들은 말한다. 원자력 발전은 원자력(핵분열)에 의한 발열을 이용하여 증기를 발생시키고 이것에 의해 터빈을 돌리고 발전기를 운전하여 발전하는 것으로, 최근 수십 년간 가장 친환경적인 발전 방식으로 각광받아 왔다.

하지만 2011년 일본의 대지진과 쓰나미로 인한 후쿠시마 원전 사고로 많은 사람들이 원자력 발전에 대해 부정적인 입장을 취하게 되었다. 후쿠시마 원전 사고 이후 독일, 스위스, 이탈리아, 벨기에 등은 탈핵을 결정했고, 중국과 영국은 신규 원전 건설 및 허가를 잠정 중단했다. 우리나라는 원전의 의존도가 높은 국가이다. 영광 3, 5, 6기가 운영정비 중이고, 설계 수명이 곧 만료되는 월성 원자력발전소까지 고려하면 앞으로 전력난이 예상된다. 단기적 국가경제성장과 친환경성, 대체에너지 개발이라는 장기적 측면 모두 고려해야 하는 대표적인 딜레마의 예이다.

정의(justice) 대 자비(mercy)

시시비비를 따져 지켜야 할 도리를 따르는 것이 옳다고 여겨질 때가 있고, 가엾게 여기는 측은지심으로 용서하고 넘어가 주어야 한다고 판단될 때가 있다. 이제는 눈에 잘 띄지 않지만, 내가 어릴 때는 버스나 지하도, 육교에서 물건을 파는 앵벌이 아이들이 있었다. 조직 폭력배가 배후에 있어서 어린 아이들을 이용하여 착취한다고 가정하면, 구걸하는 불쌍한 아이들에게 적선하는 것이 자비일까 아니면 검은 돈의 원천을 차단하기 위해 못본 척하는 것이 정의일까?

세계적인 대문호 빅토르 위고(Victor Hugo)의 《레미제라블(Les Miserable)》이 뮤지컬과 영화로도 재탄생되었다. 과연 철저한 법 원칙주의자인 자베르 경감은 정의로운가에 대해 생각해 본다. 자베르는 법과 질서를 지켜야 한다는 사명감으로 투철한 직업의식과 정의감의 화신이었다. 한번 법을 어긴 자는 단죄해야 한다는 자베르의 무조건적인 법 수호 정신, 법은 어겼지만 사회의 약자를 돕는 데에 헌신한 장발장, 누가 더 정의로운가? 정의로운 사회, 정의로운 삶이란 무엇인가를 다시 한번 깊게 생각해 본 계기가 된 작품이다.

내가 대학교 다니던 시절의 이야기이다. 책 한 권 분량의 전공과목 기말 고사 날이었다. 시험을 보고 있는 중간에 교수님이 갑자기 내 쪽으로 점점 다가오시더니 내 뒤에 앉아 있던 학생의 시험지를 들어 그 자리에서 찢어 버리셨다. 그 학생은 몰래 준비한 답을 베끼다가 걸린 것이다. 곧이어 정학조치가 내려졌다. 교수님의 선택은 자비보다는 학칙이 우선인 정의였다. 실제 서구권에서는 단 한 번의 부정행위에도 관용은 없다.

무관용원칙(zero tolerance)이란 규칙 위반 시 어떠한 관용도 베풀지 않고 엄격하게 처벌하는 것을 원칙으로 한다. 뉴욕의 범죄율을 낮추는 데에 이 원칙이 적용되었고, 학교 교육의 범죄를 예방하기 위해 교육 기관에서도 도입되었다. 학칙에 어긋나는 행동에 대한 시시비비는 중요하고, 부정행위에 대한 조치는 반드시 필요하다. 서구사회에 비해 우리나라 교육기관에서 학생들의 부정행위, 표절, 교내 폭력행위에 대한 처벌이 관대한 것은 사실이다. 미국 사회에서도 교육자 사이에서 무관용법칙의 처벌이 과연 교육적인가에 대해 토론한다. 단 한번의 잘못과 실수로 인한 처벌이 학생들의 인생에 중대한 영향을 미치기 때문이다. 반면 우리 사회에서 벌어지는 각종 성희롱 사태, 논문 표절과 같은 비윤리적 행위들이 몇 년이 지나면 쉽게 잊혀지고 덮어지는 자비는 과연 정의로운 일인가 반성해야 한다.

윤리, 도덕, 정의에 대한 딜레마 해결 방안은 그리 간단하지 않다. 키더(Kidder)가 말한 것처럼 훌륭한 리더는 힘든 선택 상황에서 올바른 결정을 내리는 사람이다. 힘든 선택이라는 것은 자신의 이익보다는 이타적인 삶을 지향하고, 조직의 이윤 추구보다는 상생과 지역 사회에 대한 공헌, 좀더 장기적인 측면까지 고려한 결정이기 때문이다. 모든 리더는 윤리적으로 완벽하지 않다. 어느 누가 리더가 되도 그것은 마찬가지이다. 하지만 인간은 존중 받아 마땅할 존엄성을 지닌 존재라는 전제를 마음 속 깊숙이 담아 둔다면 우리의 선택은 앞으로 달라질 수 있다.

윤리적 리더로 가는 길

21세기 들어서 기업은, 이윤 추구를 목적으로 형성된 경제적 이익 집단이라는 개념에서 목적과 기능 역할에 부합하는 경영활동을 수행하는 조직이어야 한다는 목소리가 높아지고 있다. 이에 따라 기업의 사회적 책임(Corporate Social Responsibility)에 대한 필요성이 대두되고 기업 성과와 더불어 사회 공헌활동을 통한 사회적 성과를 동시에 추구하는 윤리경영이 강조되고 있다.

2010년 미국 에멀던 신뢰도 지표조사(Edelman Trust Barometer)에 따르면, 윤리의식이 가장 높다고 여겨지는 직업은 1위가 간호사(81%), 2위가 의사(66%), 그 다음이 경찰관(62%)과 성직자(53%) 순이고, 경영자는 응답자의 15%, 국회의원은 9%를 나타냈다(게리 하멜, 지금 중요한 것은 무엇인가). 미국에서는 경영자와 정치인에 대한 신뢰도가 낮게 나타났다.

국제투명성기구(TI=Transparency International)는 매년 세계 176개 국 공공

부문 청렴도 평가 지표인 부패인식지수(CPI, Corruption Perceptions Index)를 발표한다. 이는 개인이나 기업이 사사로운 이익을 위해 직권을 남용하는 정도를 측정한다. 우리나라의 순위는 2011년 43위에서 2012년 45위로 2단계 낮아지고, 2년 연속 하락을 기록했다. 북유럽 국가는 평균 90점, 스페인 65점, 유럽에서 가장 부패한 나라로 알려진 그리스가 35점, 우리나라는 56점이다. 국가 경쟁력과 정보 기술 수준에 비해 부패 인식 수치와 그것의 연속 하락은 우리 사회가 얼마나 윤리의식에 둔감해 왔는지를 보여 주고 있다.

2014년 부패인식지수에 따르면 1위 덴마크, 2위 뉴질랜드, 3위 핀란드, 4위 스웨덴, 5위 노르웨이, 6위 스위스에 이어 싱가폴이 7위로 유일한 아시아권 국가이다. 그밖에 미국이 17위, 한국 43위, 인도 85위, 중국 100위를 나타내고 있다. 아시아 국가들은 왜 부패한가? 개인적 능력과 비전보다는 인맥을 통한 관계성을 중시하는 유교적 가치관과 법률의 엄중함보다는 관용을 미덕으로 여기는 잘못된 풍토에 있다고 생각한다.

매년 시행되는 부패인식지수에서 우리가 눈여겨볼 대목이 있다. 2016년 예년처럼 북유럽 국가가 상위권이고 싱가포르가 8위로 상위 10위 안에 속한 유일한 아시아권 국가이다. 홍콩(18위, 2015년)과 일본(18위, 2015년)이 아시아권 국가로 싱가폴(8위, 2015년)을 따라가고 있다. 하지만 2012년~2015년의 4년간 평균치를 계산해 보면, 홍콩이 74점, 일본이 77점, 싱가포르가 84점을 나타낸다. 올해 우리나라의 부패지수가 김영란법의 시행과 연관이 있다는 보도를 읽었다. 김영란법이 생길 정도로 우리나라가 부패한 나라라는 것을 세상에 알린 셈이라 치더라도 우리나라의 4년치 평균점수는 55점에 불과하다.

엄격한 법률로 유명한 싱가포르가 늘 상위권을 차지했다는 것은 아시아 국가에 시사하는 바가 크다. 싱가포르는 작은 범죄도 용납하지 않는다. 바늘 도둑이 소 도둑이 되는 것처럼 작은 범죄라고 용납하면 반복되고, 더 큰 범죄로 비약한다는 것을 알고 있다. 싱가포르는 엄격한 법체제 안에서 강한 법적 통제력을 행사하기 때문에 많은 아시아 국가 사람들은 싱가포르에 가면 숨이 막힌다고 말한다.

아시아 국가들은 왜 부패한가? 유교적 전통을 가진 아시아 국가는 개인적 능력보다는 인맥을 통한 관계 중심적 사회로 혈연, 학연, 지연의 연줄이 중요한 사회적 가치로 자리잡아 왔다. 서구권도 사회적 자원(social capital)의 중요성을 인식하고 있지만, 인맥보다는 제도가 우선이다. 아시아 국가에서는 공정한 시스템적인 룰보다는 연줄을 통한 청탁이 만연해 왔다. 법률의 엄중함보다는 관용을 미덕으로 여기는 관습도 아시아 국가가 부패한 데에 한 몫을 하고 있다. "한 번만 봐 주세요." "이번 한 번만…" 하고 부탁하면 용서해 주는 것이 미덕이고, 무관용주의적인 조항은 인정사정없는 조치라고 여기는 것이 국가의 부패를 더욱 조장한다.

김영란법의 시행으로 이와 관련된 다양한 이야기가 연일 언론에서 쏟아져 나오고 있다. 김영란법이 각자 계산하는 문화를 촉진하고, 김영란법 시행으로 우리나라가 가진 고유하고 아름다운 '정' 문화가 사라질 것이라고도 한다. 오늘자 신문에는 학교 운동회를 치르며 선생님들이 교직원식당에서 따로 식사하는 모습의 사진이 실렸다. 생화 카네이션은 선물로 안 되고 종이 카네이션은 된다고 한다.

김영란법이 우리나라의 미풍양속을 어지럽게 뒤흔들어 놓을 듯이 생각하며 지나치게 겁먹을 필요가 있을까? 김영란법이 사회의 고유한 양식을 위축시키고, 경제에 악영향을 미칠 것인가? 나는 김영란법이 비정상을 정상으로 돌리고 잘못된 관행을 올바르게 바로 잡아, 질서를 지키고 국가경쟁력을 높이는 계기가 되리라 생각한다. 우리가 싱가포르처럼 부패인식지수의 수치를 높이기 위해서는 강력한 법적인 제재가 필요하다. 문화의 변화는 속도가 느리기 때문이다.

우리의 '정(情)' 문화는 한자 말 그대로 마음으로 뜻을 표시하는 일이다. 우리는 이제부터 마음으로 뜻을 전하는 올바른 '정(情)' 문화를 토착화시켜 나가야 한다. 부패로 성장하는 국가란 없다.

2010년 우리나라에서 위증죄로 기소된 사람은 일본의 66배, 일본 인구가 우리나라보다 2.5배 많은 것을 감안한다면 165배라고 한다. 우리나라에서 한 해 위증죄로 처벌받는 사람의 수가 영국에서 10년간 처벌받는 사람보다 많다. 남에게 누명을 씌우고 고소하는 무고(誣告)사건은 일본의 305배, 사기죄는 13.6배이다(조선일보 2012.3.16, 강천석 칼럼). 위의 데이터는 특수층만이 아닌 우리나라의 전반적인 부정직 지수의 심각성을 보여 주고 있다. 게다가 인터넷 사기와 탈세뿐만 아니라 불량식품 판매 등의 눈속임, 무단횡단, 불법주차와 같은 교통법규 위반 같은 질서의식 부족의 비정상이 만연하다. 보통사람인 우리 모두의 일상생활에서 벌어지는 소소한 법률 위반을 죄라고 여기지 않는 사회는 병들어 있다는 징조이다. 작은 죄악을 부끄럽게 여기는 시민의식이 절실하다.

고위층 인사들의 비리 역시 예외는 아니다. 우리나라의 경우 전 국세청장, 전 국세차장이 세무조사 무마를 대가로 재벌 그룹으로부터 3억 원 상당의 금품을 받은 혐의로 구속되었다. 국세청은 고위직 비리를 근절하기 위해 '국세행정 쇄신 방안'을 마련했다. 본청과 지방청 국장급 이상 고위직에 대해 100대 기업 관계자와 식사, 골프 등 사적인 만남이 금지되고 적발 시에는 처벌을 할 전망이다. 고위직 감찰반도 설치해 상시적인 감찰을 하기로 했다.

공직자가 대가성이 없더라도 직무와 관련된 금품을 수수할 경우 처벌하는 '부정청탁 금지 및 공직자의 이해 충돌 방지법' 이른바 '김영란법'이 2011년 발의된 후 2016년 상임위에 통과되었다. 이 법안은 직무와 상관없이 1회 100만 원, 혹은 1년에 300만 원을 초과해 수수할 경우 형사처벌에 해당되며, 현금뿐만 아니라 선물도 금품수수로 간주된다. 정부가 수정해서 국회로 넘긴 법안은, 대가성이 없어도 직무 관련하여 금품을 받은 공직자에게 '3년 이하 징역 또는 3,000만 원 이하 벌금'을 부과하는 내용이다. 직무 관련성이 없는 모든 금품수수를 공무원이라는 이유로 처벌하는 것은 과잉금지원칙에 위배된다는 반발로 형사처벌이 아닌 과태료 부과로 완화되었다. 국회 수정안은 공무원뿐만 아니라 국공립학교 교원, 사립학교 교원, 언론 종사자, 적용 대상자의 4촌 이내 친척으로 대상자를 확대시켰다. 이 법을 최초 발의한 김영란 전

권익위원장은 "공직선거법의 경우도 가족을 규제하고 있으며, 공직자가 못받는 선물세트를 가족이 받았을 경우 규제를 안 해도 되겠느냐, 이 법은 우리의 청탁문화를 건전하게 바꾸기 위한 취지"라고 말했다.

미국의 〈워싱톤 포스트(WP)〉지는 조셉 필 전 주한 미8군 사령관이 한국 근무 시절 부적절한 선물을 받은 사실이 국방부 감사에서 적발되어 중장에서 소장으로 강등 전역되었다고 보도했다. 그는 한 시민으로부터 1,500달러짜리 도금 몽블랑 펜 세트와 2,000달러 상당의 가죽가방을 선물 받고, 그의 가족 중 한 명이 현금 3,000달러를 받았다. 미국 '뇌물 및 이해충동방지법'에 따르면, 공직자가 정부 급여 이외의 금품을 받으면, 직무 관련성이 없더라도 1~5년 징역형 또는 벌금형으로 처벌된다. 미국 공직자 윤리 기준에 따르면, 공무원과 그 직계가족은 1회 20달러 이하, 연간 50달러 이내에서만 선물을 받을 수 있다. 이 범위를 초과할 경우 신고하기로 되어 있는데, 조셉 필 전 사령관은 신고 의무를 준수하지 않았다. 그는 한국 근무를 마치고 본국에 귀국하자 마자 국방부 감사실, FBI, 육군범죄수사대로 구성된 합동 조사팀의 조사를 받은 사실이 알려졌다. 미국 감시체계의 엄정함을 보여 주는 대목이다. 우리나라의 경우 미국의 공직자 윤리체계와 그들의 적용 기준과 비교해 보았을 때, 청탁과 뇌물수수에 대한 처벌 사항이 관대하다.

한국고용원은 윤리경영 제도와 윤리행동강령의 주요 내용을 소개하고 위반사례를 실어서 뇌물수여, 자기부패진단, 각종 금지된 향응에 대한 윤리적 지침과 공정한 직무수행에 대한 가이드라인을 제시한다. "밤에 잠이 잘 오면 선물, 그렇지 못하면 뇌물이다. 현재 직위를 옮겨서도 받을 수 있는 것이면 선물, 그 직위에 있기 때문에 받을 수 있는 것이면 뇌물이다." 한국고용원이 기관과 임직원의 부패 방지와 청렴도 제고를 위해 만든 윤리경영 가이드 북에 나온 말이다. 내가 하나 더 추가한다면, 받은 것을 남에게 떳떳이 자랑하면 선물이고 그 사실을 숨기면 뇌물이다.

대통령 임기 말이 되면 어김없이 나타나는 정치인 가족과 측근 비리, 횡령과 공금 착복, 경영진의 부의 편법 상속, 국회의원의 뇌물수수 및 외유성 해외연수 등 아직도 곳곳에 부정과 부패가 도사리고 있다. 정치인은 청렴결백으로 공직기강 확립 및 청렴도 향상에 본을 보여야 하며, 기업은 경영 투명성과 기업 지배구조 개선을 도모하고, 연구기관은 윤리적 학술 활동 강화를 제도화하여 실천해야 한다.

성실한 성품이 기본인 리더

존 달라 코스타(John Dalla Costa)는 윤리지향센터(Center for ethical orientation)를 창설하여 올바른 윤리 문화 보급에 앞장서고 있다. 그가 말하는 리더의 정직함이란 "지킬 수 없는 일을 약속하지 않고, 상황을 왜곡하여 전달하지 않으며, 숨기거나 변명하지 않는다. 책임을 회피하지 않는 것, 또한 조직이 생존하기 위해서 구성원의 권리와 인격을 희생할 수밖에 없다는 논리를 펴지 않는 것"이다.

조직의 리더라면 반드시 지켜야 할 리더의 품성이 있다. 윤리적 리더가 갖추어야 할 기본적인 덕목은 성실성(integrity)이다. 성실성이란 정직(honesty), 도덕성(morality), 신뢰(trustworthiness)의 의미를 내포하고 있다. 내가 생각하는 성실이란 먼저 자신을 속이지 않는 데서 시작한다. 거짓말과 거짓 행동을 일삼지 아니하며, 올바른 직업관을 바탕으로 수신제가(修身齊家)해야 한다.

닉슨(Richard Milhous Nixon) 전 미국 대통령은 도청사건과 백악관의 관계를 부인하였으나 진상 규명 후 대통령보좌관이 관계하고 있었음이 밝혀졌다. 대통령 자신도 무마공작에 나섰던 사실마저 폭로되면서 선거 방해, 정치헌금의 부정·수뢰·탈세가 줄줄이 밝혀졌다. 닉슨은 1974년 8월 하원 사법위원회에서 대통령 탄핵결의가 가결됨에 따라 대통령직을 사임할 수밖에 없었다. 바로 닉슨의 워터게이트 사건이다. 정직하지 못할 경우 대통령도 예외가 되지 못함을 일깨워 주는 대표적인 사건이다.

탄핵될 뻔한 위기를 모면한 미국 대통령이 있다. 1997년 빌 클린턴(Bill Clinton) 전 미국 대통령은 여비서였던 모니카 르윈스키와 스캔들이 터지고 만다. 그는 그녀와 맺은 관계를 부인했으나 거짓말을 했다는 것이 드러나고 청문회가 열렸다. 그는 '부적절한 관계'라는 표현으로 사실상 내연관계를 인정하게 되고 탄핵의 위기를 맞이했다. 하지만 1999년 르윈스키 사건 위증과 사법방해 혐의로 제출된 탄핵 동의안은 부결되었다. 개인적인 부도덕성에 초점 맞추어진 대통령 탄핵은 이루어지지 않았다. 악재 속에서도 국민들 대다수는 클린턴 전 대통령이 대통령직을 훌륭하게 수행하고 있으며 임기 끝까지 백악관에 남아 있어야 한다고 지지했다. 미국 국민들은 국가적 발전과 국익을 가져온 클린턴 전 대통령의 정책을 지지하고 그의 도덕적 과오를 용서해 준 셈이다.

존 에드워드 상원의원은 암 투병 중인 부인을 두고 외도한 사실을 부인하다 결국 인정하게 되었다. 그는 내연녀 사이에 생긴 아이의 존재를 은폐하기 위해 선거운동 자금을 불법 전용한 혐의를 받았다. 그는 한때 부통령 후보에까지 오른 주목 받던 정치 리더였으나 부도덕한 사생활로 존경 받지 못하고 입방아에 오르내리는 인물이 되었다.

미국의 경우, 리더의 자질을 논할 때 성실성(integrity)에 대한 도덕적 기준이 어느 나라보다 엄격한 편이다. 외신에 의하면, 미국의 영웅으로 대접받던 전현직 스타 장교들이 스캔들의 주인공으로 전락했다고 한다. 자신의 전기를 쓴 작가와 불륜으로 물러난 데이비드 퍼트레이어스 전 CIA 국장, 여성 자원봉사자와 부적절한 이메일 교환으로 조사받고 있는 존 앨런 아프카니스탄 사령관이 그 기사의 주인공이다.

미국에 비해 유럽의 국가는 개인적 스캔들에 너그럽다. 니콜라 사르코지(Nicolas Sarkozy) 전 프랑스 대통령은 영부인과 이혼하고 열세 살 연하 연예인과 연애를 하다가 비밀결혼을 했다. 그것도 재임 기간 중의 일이다. 우리나라의 정서상 쉽지 않은 일이다. 프랑수아 미테랑(Francois Mitterrand) 프랑스 전 대통령의 숨겨둔 딸 마자랭 펭조가 세간에 알려졌을 때도 프랑스인들은 일체 도덕성을 거론하지 않았다. 미테랑 전 대통령은 스웨덴 여기자와 혼외 관계로 딸을 낳았지만 프랑스 언론은 오히려 펭조가 성인이 될 때까지 함구했다. 프랑스는 정치와 사생활은 엄연히 별개라는 국민들의 신념이 확고한 듯 보인다.

그런데 좀 심한 인물이 있다. 전 IMF 칸 총재이다. 도미니크 스트로스 칸(Dominique Strauss Kahn) 전 국제통화기금(IMF) 총재는 파리로 향하는 에어프랑스 여객기에서 뉴욕 경찰에 연행되었다. 자신이 묵고 있던 뉴욕의 한 호텔에서 객실 청소원을 성폭행하려 한 혐의이다. 그는 부인과 변호사를 통해 사실이 아님을 거듭 밝혔고, 뉴욕에서 있었던 사건은 무마되었다. 하지만 그 후 〈르 피가로(Le Figaro)〉에 의하면, 프랑스 재판부가 확실한 보강 증거를 통해 스트로스 칸이 매춘 행위에 실질적으로 참여한 것을 확인했다. 〈더 타임스(The Times)〉 등 영국 언론에 따르면 스트로스 칸 전 총재가 성적 욕구를 충족하려고 매춘 여성을 정기적으로 고용했다고 밝혔다. 법원의 판정으로 이번에는 스트로스 칸에게 유죄가 선고될 공산이 크다고 했다. 하지만 2013년 5월 칸 영화제에 젊은 애인을 동반하고 외출한 모습이 언론의 카메라에 포착되었다. 프랑스 문화에서는 성적으로 부적절한 행위가 개인 사생활로 인정된다.

구약성서에 의하면 다윗 왕은 유부녀인 밧세바를 보고 첫눈에 사랑에 빠진다. 막강한 권력을 가진 다윗 왕은 밀사를 보내 밧세바를 왕궁으로 불러들이고, 그 후 그녀는 임신하여 아이를 갖게 된다. 그 사실을 알게 된 다윗 왕은 아무리 왕일지라도 법적, 윤리적 책임을 회피하지 못한다는 것을 알았다. 다윗 왕은 밧세바의 임신 문제를 해결하기 위해 뱃속에 있는 아이가 밧세바의 남편 우리야의 자식으로 보이게 하기 위한 술책을 강구한다. 우리야를 왕궁으로 불러들여 많은 선물과

술을 권하고는 부인과 좋은 시간을 보내라고 제의했다. 하지만 우리야는 자신만 편한 시간을 보낼 수는 없다고 거절했다. 다윗 왕은 자신의 부하 요압에게 편지를 보냈다.

"우리야를 전투가 가장 치열한 곳, 맨 앞에 배치하고 홀로 남겨둔 채 후퇴하여 전사하게 하라."

우리야가 전사한 뒤 밧세바는 궁으로 들어가 다윗 왕의 아들을 낳았다. 하지만 불륜으로 잉태되어 태어난 아이는 병으로 사망하고 만다. 다윗 왕은 죄책감과 슬픔으로 고통스러워하며, 자신의 부도덕에 대해 크게 반성하고 깊이 후회했다.

경영학 교수인 딘 러드윅(Dean C. Ludwig)과 클린턴 롱거네커(Clinton O. Longenecker)는, 지도층은 자신의 행동이 잘못된 것인 줄 알지만 특권의식, 자만으로 인해 윤리적 기준이 자신에게는 적용되지 않을 것이라고 착각하는 현상이 있다고 말했다. 이런 현상을 '밧세바 신드롬(Bathsheba Syndrome)'이라 부른다. 주로 고위층 엘리트의 도덕성 결핍증을 탓할 때 쓰이는 말이다.

우리나라 경영 후계자들의 비도덕적인 언행은 끊임없이 도마 위에 오르고 많은 비판을 받았다. 국제적으로 기업의 이미지 실추는 말할 것도 없고, 여론도 집중적으로 반감을 표했다. 재벌 3, 4세의 일탈을 통제하고 그들이 사회와 종업원을 대하는 자세에 근본적인 변화가 필요하다고 언론은 지적했다. 사회지도자들의 도를 넘는 비인격적 처사와 회사의 사태 수습 방법도 문제가 많지만, 가진 자에 대한 과한 여론적 정서도 우리 사회에서 지양되어야 할 부분이다.

내 딸이 미국의 뉴욕대학교를 다닐 때 동창생 중 케네디 집안의 손녀가 있었고, 마리나 아브라모비치 재단에서 일할 때는 록펠러 집안의 자손이 인턴으로 근무했었다. 딸은 이와 관련하여 두 가지를 언급했다. 첫째는 두 사람 다 수수한 옷차림에 전혀 상류층 자녀라는 분위기를 풍기지 않는 검소함이다. 둘째는 학교에서나 기관에서 그들을 전혀 특권 계층으로 인식하지 않는다는 점이다. 그들은 학생과 인턴으로서 다른 사람들과 똑같이 대우 받을 뿐, 부모의 위치에 따라 특별 대우를 받지 않았다. 우리나라에서는 고위층 자녀들이 어릴 때부터 학교 생활에서까지 특별 대우를 받다 보니, 자연스레 특권 의식을 가질 수밖에 없다. 우월한 계급의식은 일반 소시민의 생활을 이해하고 공감하는 데에 장애가 된다. 우리 사회는 신분보다 일이 존중 받는 사회로 전환되어야 한다.

독일의 자동차 브랜드 BMW의 최대 주주 콴트(Quandt) 가문의 자녀는 BMW에 입사하여 근무했지만 직원들은 최대 주주의 자녀인지 알아차리지 못했다고 한다. 스웨덴의 발렌베리(Wallenberg) 그룹은 가문의 후계자에게 특권의 행사가 아닌 책임과 의무를 강조한다. 후계자에게는 검소와 지혜를 강조하고 사회에 대한 책임의식과 애국심을 선행 조건으로 삼는다.

아시아의 최고 갑부 리카싱(李嘉誠) 회장의 후계자 양성 방식 역시 우리와 다르다. 그의 두 아들은 아홉 살, 일곱 살 때부터 어린이용 의자에 앉아 그룹 중역회의에 참관했다. 그 이유는 경영이란 어렵고 많은 노력이 필요하다는 것, 그리고 논쟁과 토론을 통한 많은 회의를 거쳐야 가능하다는 교훈을 주고자 했다고 한다. 젊어서 고생은 사서도 한다는 교육철학으로 아들들이 생활비를 손수 벌게 하고, 함께 대중교통을 이용하여 가판에서 신문을 팔며 고학하는 힘든 자들의 모습을 보여 주곤 했다. 그리고 아들이더라도 경영자 능력을 스스로 증명하도록 했다. 우리나라에서 능력이 입증되지 않은 오너 계승은 오너 리스크로 발전된다. 우리나라의 기업이 신뢰를 받기 위한 방법은 투명하고 공정한 절차에 따른 계승이다.

생선과 정치인의 약속은 3일이면 썩는다는 말이 있다. 대선 후보의 이상적인 공약이나 국회의원의 선거철 지역주민을 위한 머슴이 되겠다는 서약을 100% 믿는 국민은 물론 없다. 정치인의 대가성 뇌물 수수와 권력 남용으로 인한 비리 사건이 뉴스 한 토막으로 심심치 않게 들리게 된 지 오래다. 정치계뿐만 아니라 경제계의 주식 편법 증여, 학계의 논문 위조, 의학계의 논문 비리 및 리베이트 소식은 끊이지 않는다. 우리 사회는 정직하지 않아도 출세 가능한 사회악이 만연해 있다.

전도유망(前途有望)한 전 영국 무임소 장관 크리스 후너가 정치 위기를 맞이했다. 2003년 그는 과속으로 경찰에게 부과 받은 교통 딱지를 부인에게 운전 책임이 있는 것으로 떠넘겨 허위 신고를 했다. 영국은 범법 행위를 그냥 넘어가지 않았고, 검찰이 2012년 기소하자 그는 장관직을 사임하고 진실을 밝히겠다며 억울함을 나타내는 발표를 했었다. 2013년 2월 영국 법정은 크리스 후너 의원이 사법정의 방해 혐의로 유죄를 인정했다고 판결했다. 후너 의원은 의원직을 사임하는 것이 공직자의 도리라고 말했다. 한 장의 교통딱지와 거짓말의 결과로 정치 생명이 끝나는 영국의 높은 윤리의식과 준법정신을 보며 우리의 정치인들은 무엇을 생각할까? 후너 의원의 사례는 공직자의 자격이 바로 정직에서 나온다는 사실을 일깨워 줌과 동시에 영국의 윤리적 성숙도를 느낄 수 있게 해 준다.

컬럼비아 경영대학원과 콘페리 국제 연구 기관(Korn Ferry)에서 1,500명의 글로벌 CEO를 대상으로 한 질문이 있다. "21세기 최고 경영자에게 가장 필요한 자질이 무엇인가"라는 설문조사에서 88%를 차지한 항목이 바로 '윤리성'이었다. 존슨앤존슨(Johnson & Johnson)사는 빨간 얼굴 테스트(Red Face Test)라 불리는 자체 윤리 측정 방법이 있다. 이 테스트의 취지는 자신이 내린 결정은 자기 가족들에게 얼굴을 붉히지 않고 설명할 수 있을 정도로 떳떳해야 한다는 것을 알리는 것이다. 가족 앞에서 자신이 직장에서 한 일에 대해 정직한 결정이었음을 입증하는 통과의례이다. 미국의 전 사원을 대상으로 한 다른 기관의 설문에서도 85%의 응답자가 리더에게 원하는 것은 '정직성'과 '윤리성'이었다(한홍, 거인들의 발자국).

철학자 랄프 왈도 에머슨(Ralph Waldo Emerson)은 리더의 자질로 가장 중요한 것은 바로 '성실성(integrity)'이라고 강조했다. "리더는 항상 다른 사람에게 뭔가 모범이 될 만한 것을 보여 주기 위해 준비하고 있어야 한다."고 말했다(워렌 베니스, 워렌 베니스의 리더). 윤리적 리더십이란 먼저 내 자신의 품성을 도덕적으로 다스리는 데에 있다.

도덕적 책무로 무장된 리더

　책임감(Responsibility)이 주어진 일에 대한 업무 수행의 의무라면, 책무성(accountability)은 사회 정책에 대해 책임을 지는 직업적 공무 수행에 대한 의무이다. 어원상 자신이 한 결정과 행동에 대하여 필요하다면 설명 가능해야(account) 하는 공적 책임을 일컫는다. 따라서 책무성은 자신이 한 행동에 대한 영향까지 책임지고, 비판을 받을 때조차도 자신의 행동에 대해 설명할 수 있을 정도의 신뢰를 동반한 도덕성이 필요하다. 이는 자신의 가치관에 의거한 양심에 따른 책임이다. 리더십에서 책무성이 강조되는 이유이다.

　학교라는 공간은 교사가 가르치고 학생이 배우는 기관이다. 우리가 일반적으로 생각하는 교사의 책임(responsibility)은 법적으로 정해진 수업 시간을 엄수하고, 수업 준비를 하며, 학생들을 잘 가르치는 일이다. 그렇다면 교내 폭력에 대한 책임의 소재를 교육기관과 교장 혹은 교사에게 묻는 것은 옳은 일인가?

　서울 양천경찰서는 학교 폭력에 소극적으로 대처한 교사를 불구속 입건해 관심이 집중되고 있다. 경찰은 "학부모가 적극적인 요청을 했는데도 교사의 소극적 대처로 학생이 투신자살하는 상황에 이르렀다."며 "해당 교사에게 직무유기 혐의를 적용했지만, 현재로선 입건이 곧 처벌이라는 결과로 이어질지 예단하기는 어렵다."고 전했다. 정부는 '학교 폭력 종합 대책'을 발표하고, 앞으로 학교 폭력을 은폐하다 적발된 교사는 '중대범죄'로 간주해 가중처벌하는 등 학교의 책임을 대

폭 강화하기로 했다.

미국의 경우 학교 기관의 강령(doctrine)은 책임 있는 전문적 어른의 감독하에 학생들의 안전이 보호되는 곳이다. 교사의 부주의로 인하여 학생에게 사고가 일어났을 경우 법적 책임(liability)을 묻는다. 민사소송으로 이어지는 불법 행위(tort)로 간주된다. 교사의 부주의가 고의건 고의적이지 않건 간에 학생이 부상을 입었을 경우 피해자인 학생은 금전적인 배상을 요구할 수도 있다. 미국의 경우 교내 폭력이 증가 추세이기 때문에 학교 관계자의 법적 책임(liability)에 대한 의무와 직무상 유기에 따르는 불법 행위 논란은 뜨겁다. 하지만 미국 법정은 학교란 학생들의 안전을 도모하는 장소라는 강령에 근거해서 폭력 사태 판결에 더 엄중해지고 있다(Nathan Essex, School law and the public schools).

2008년 서브프라임 모기지로 촉발된 미국 투자 은행인 리먼브라더스의 파산, 메릴린치의 매각, AIG의 긴급 자금 지원 등의 사태가 전 세계적으로 충격을 주었다. AIG의 경우 미국 정부의 구제금융 액수 1,730억 달러 중 1,000억 달러를 원조 받으면서도 임직원의 업무 성과금을 지급하겠다고 발표했다가 여론의 비난으로 취소하는 해프닝이 발생했다. 구제 금융 받은 돈으로 회사 간부들의 보너스를 지급한다는 AIG사와 그 임원들의 비도의적 처사는 미국 국민들을 허탈하게 만들었다.

이 사건이 일어난 당시 나는 미국에 거주하고 있었고, AIG 사태에 대해 각 나라 친구들과 토론한 기억이 난다. 회사 입장에서 계약상 임원들에게 성과급을 지급하기로 되어 있으므로 약속을 지키려는 것이 비난 받을 처사인지 되물은 한 유럽 친구가 있었다. 설령 회사가 계약 상 성과급을 지급하기로 했다고 해도 정부로부터 구제 금융을 받는 상황에서 단 한 명의 임원도 성과금 철회를 건의하지 않았다면, 그들은 리더의 책무를 다하지 못했다는 것이 내 견해이다. 책임(responsibility) 이 반드시 하기로 되어 있는 업무 수칙을 따르는 일이라면, 책무(account-ability)는 반드시 해야 한다는 규약이 없이도 발생하는 모든 결과에 책임을 지는 일이다. 그래서 리더는 기꺼이 책무를 다하여야 한다(Leaders should welcome being held accountable).

한 조간 신문에 재미난 기사가 났다. 제목은 '공직자들도 시골 신문 배달원의 책임감만큼만 하라'이다. 시골의 작은 마을, 발목까지 빠지는 눈보라 속에서 보행하기 힘든 언덕길을 걸어 올라와, 어김없이 일정 시간 새벽 신문을 전달하는 한 신문 배달원의 이야기이다. 그의 책임감에 감동받은 글쓴이는 "공직자들이여, 더도 덜도 말고 신문 배달원만큼만 성실과 정직으로 일하라."고 강조했다. 어떠한 상황에서도 직무상 모든 책임을 다하는 공직자에 대한 바람의 글이다. 우리 사회에서는 어떠한 상황에서도 변명하지 않는 직업적 책임감이 필요하다.

해리 트루먼(Harry Truman) 전 미국 대통령의 직무실 책상 위에는 다음과 같이 쓰여진 액자가 있었다고 한다. "모든 책임은 내가 진다(The Buck Stops Here)." 결정을 수반한 어떠한 결과에도 책임을 지려는 자세이다. 책임 원칙에 일치되는 삶에는 많은 고뇌와 결단이 필요하다. 그것 역시 감수하는 것이 바로 최고위층의 삶이다.

미국 대통령 선거에 출마하려면 다섯 살부터 자기관리에 철저히 대비해야 한다는 우스갯소리가 있다. 대선 출마를 선언하면 유력 언론사에서 검증을 전담하는 기자들이 후보자를 대상으로 신상 조사에 들어간다. 후보의 성장 과정에서 혹은 정치 입문 후 작은 흠만 있어도 바로 공격의 날을 세우기 때문이다. 버락 오바마 전 대통령도 대선 출마를 선언한 직후 대학원 시절 미납했던 주차 위반 범칙금을 뒤늦게 한꺼번에 납부하는 곤혹을 치르기도 했다. 우리가 생각하는 것보다 미국의 검증제도는 통과하기 훨씬 까다롭다.

우리나라의 경우 헌법재판소장 후보자와 총리 후보자 그리고 전직 대통령의 도덕성 논란은 늘 세간을 시끄럽게 만든다. 언론의 파헤침이 심하다느니, 총리 후보자가 자진 사퇴하고 청문회 운영을 개선해야 한다는 목소리도 있다. 과거의 검증과 달리 인터넷과 SNS의 발달로 개인 신상에 관한 모든 것이 알려져 도덕성 검증이 더 까다로워진 부분도 있다. 털어서 먼지 안 나는 사람은 없다지만 국가 고위 공무원의 경우라면 더 엄격해도 된다고 본다. 남편이 장관과 같은 고위 관직에 천거되면 부인이 나서서 먼저 말린다는 말도 있다. 후보의 검증은 온 가족에 대한 검증으로 이어지기 때문이다. 하지만 무언가 씁쓸한 마음이 드는 것은 우리나라 최고위층의 자질로 윤리성에 대해 그만큼 무관심해 왔다는 점, 그 동안 높은 수준의 도덕성을 요구하지 않았다는 점이다.

1997년 대통령 선거 당시 승리를 눈앞에 둔 한나라당 후보의 발목을 잡은 것은 바로 아들의 병역 면제 논란이었다. 박근혜 정부의 초대

국무총리 후보 지명자의 두 아들도 모두 병역 면제를 받았는데, 그 사유에 대해 논란이 일고 있다. 두 후보 모두 정직과 청렴도에 있어서 모범적인 인물로 알려져 왔기 때문에 국민들의 실망이 더 컸다. 오랜 공직 생활의 업적은 무시하고 자녀 문제로 후보의 자질을 결정하는 데에 문제가 있다는 우려도 있다.

우리 사회에서 병역 면제 비리나 특례는 해당자의 신분과 지위를 막론하고 민감한 사안이다. 우연이라고 하기에는 너무 닮은 사안인 다음 국무총리 후보 아들 역시 병역 면제자로 드러났다. 물론 고의성이 없었다 하더라도, 공직자 아들의 연이은 병역 면제 의혹이 불거져 나올 때마다 공무원으로서 국방의 의무에 대한 인식 부족에 씁쓸한 마음이 든다. 왕립육군사관학교 출신에 전투기 조종 경력까지 있다는 압둘라 2세, 요르단 왕가 군복을 입고 IS 전투를 지휘하는 모습은 정치적인 목적일지라도 국민들에게 매우 고무적인 행동으로 비친다.

우리나라에서 6·25 전쟁 발발 당시, 미국 장성의 아들 142명이 그전까지 알지도 못하던 나라인 한국의 전쟁에 참전하여 35명이 전사하거나 부상당했다. 그 중에는 미국 아이젠하워 대통령(Dwight D. Eisenhower)의 아들 존 아이젠하워 육군 중령, 미8군 사령관 조지워커 장군의 아들 샘 육군 중위, 미 해병 1사단장 해리스 소장의 아들 해리스 해병 소령, 미 유엔군 총사령관 클라크 대장의 아들 빌 육군 대위가 포함되어 있었다. 아이젠하워는 아들의 참전 계획에 "네가 전사하면 우리 가족의 비극으로 남게 되지만 포로가 될 경우 나는 군 최고통수권자로서 임무를 수행할 수 없어 대통령직을 사임해야 한다."고 말했다. 아들 존 아이젠하워 육군 중령이 고집을 꺾지 않자 아이젠하워는 조건부 허가를 내준다. "만에 하나 포로로 붙잡히면 자결하도록 하라."였다. 결국 아들 아이젠하워는 자결각서를 아버지에게 내밀고 나서 한국전쟁에 참가했다(최익용, 대한민국 리더십을 말한다).

한국전쟁에서 북한을 도왔던 중국은 당시 모택동이 집권하고 있었고 "내 아들이 가지 않으면 누구도 가지 않을 것"이라며 맏아들 모안영을 참전시켰다. 전쟁이 난 그 해 1950년 모안영은 미군의 폭격으로 전사한다. 모택동은 작전 중 더 큰 희생을 막기 위해 아들의 시신 수습을 포기할 것을 명령했다. 국민들의 자식들만 전쟁터에 내보낼 수가 없어 최고지도자 자신의 자식도 전쟁에 내보냈다는 모택동의 말은 우리 정부 관리라면 한번쯤 깊게 생각해 봐야 할 점이다.

남의 나라 전쟁에 자신의 자식을 희생하고 싶은 지도자는 이 세상 천지 어디에도 없다. 자식을 먼저 보내도 된다는 부모 역시 더더욱 없는 법이다. 한국전쟁에서 미국과 중국의 최고 지도자는 자신의 자식들에게 특혜를 주기보다 도리어 공직자 자녀로서 강한 의무를 지워 주었다. 우리나라의 경우 자신의 아들부터 전쟁에 보내는 정부 지도자는 과연 몇 명이나 존재할 것인가? 그렇게까지 할 필요는 없는 부분까지 하는 것이 바로 책임이 아닌 리더의 책무인 것이다.

우리나라에서는 공직자들의 책무에 대한 규정을 어디까지 포함시킬 것인가에 대한 구분이 필요하다. 개인으로 국한시킬 것인지, 가족까지 확대시킬 것인지, 법질서 차원인지 아니면 윤리적 규약까지 들춰낼 것인지에 대한 확실한 인식이 필요하다. 우리나라의 정치와 언론 분야에서 유념해야 할 부분은 비난성 폭로가 아닌 절차 있는 사실에 입각한 비판적 검증이 수반되어야 한다는 점이다. 청문회(聽聞會)란 영어로 hearing이란 점에 주목할 만하다.

우리나라의 고위급 인사들이 흔히 하는 말이 있다. "관례대로 한 일이다." 옳지 않다고 생각한다면, 그리고 공직 남용이라고 여긴다면, 그 관례까지 행하지 않는 것이 바로 책무이다. 조직의 경영자는 직무 규약에 적혀 있지 않은 일이라도 기꺼이 그 이외의 모든 책임과 의무를 다하는 자이다. 업무적 책임감 그 이상을 고려하고 행동하는 자이다. 윤리적 리더십은 책무를 다하는 일이다.

서울과학종합대학원 윤리경영연구소가 발간한 《재미있는 윤리경영이야기》에 네슬레 회장에 대한 에피소드가 있다. 스위스에서 대사님을 모시고 네슬레 회장이 제공한 영접용 세단으로 공장 견학을 갔다. 견학을 마치고 만찬회장으로 이동하려는데 네슬레 회장이 자신의 조그만 폭스바겐 승용차의 옆자리에 타라고 권하는 것이다. 그때 시간이 오후 5시였는데, 공식 근무 시간 이외에는 회사 경비의 공용차량을 사용하지 않는다는 것이 그 연유였다.

우리나라의 경우 법인 차량 사용의 공과 사가 얼마나 확실한지 자문해 볼 필요가 있다. 확실한 공사 구분이 공적 책임감의 기본이거늘 책 제목을 《재미있는 윤리경영이야기》라고 한 점이 더 재미있다. 당연한 책무가 우리나라에서는 재미로 흘러가고 있다는 점은 참으로 아이러니이다.

일본에서 '살아 있는 경영의 신'이라고 불리는 이나모리 가즈오 교세라그룹 명예회장은 "돈이 돈을 버는 자본주의 사회에서 사자의 절제를 배우라. 어떤 일이든 돈만 벌면 된다는 식이어서는 곤란하다. 이익을 추구하되 올바른 일을 한다는 도덕감을 가져야 한다. 부처의 말씀처럼 욕심을 억제하고 만족을 알아야 한다. 사자는 배가 부르면 사냥을 하지 않는다. 배가 불러 사냥하는 것은 사람밖에 없다."고 말했다.

가즈오 명예회장은 '하나금융 드림소사이어티' 특강에서 기업의 사업 다각화에도 대의명분이 있어야 한다고 말했다. 단기적으로는 종업원의 행복을, 장기적으로는 사회를 위한 것이어야 한다. 자신이 KDDI라는 통신산업에 진출한 것은 일본전신전화(NTT)의 시장 독점으로 비싼 통화요금을 올바른 경쟁으로 낮추고자 하는 명분이 있었다고 설명했다. 우리나라의 기업 역시 기업 확장에 '대의명분'이 있는지, 장기적으로 사회에 유익한 일인지 한번 생각해 봐야 한다.

'노블레스 오블리주(Noblesse Oblige)'라는 말은 신분에 상응하는 도덕적 의무를 말한다. 로마시대 귀족의 투철한 도덕 정신과 먼저 앞장서는 공공정신에서 유래되었다. 기득권층인 지도자의 '나 먼저, 내 가족 먼저'라는 도덕적 실천이 필요한 시기인지도 모른다. 요새는 다자 채널을 통한 각종 미디어의 발달로 고위층 리더의 신상과 행동이 여과 없이 그대로 노출되고 있다. 훌륭한 경영자는 다양한 상황에서 사회에 미칠 영향과 파급까지 염두에 두고 행동하는 자이다. 리더는 윤리적 적용과 도덕적 실천으로 올바른 윤리 문화를 이끌어 나가는 자이어야 한다.

우리나라는 일제의 침략과 동족상잔의 비극을 겪으면서 최우선적인 과업이 물질적 인프라였던 것이 사실이다. 하지만 이제는 윤리적 인프라를 건설하여 좀더 공정하고 투명한 사회로 가기 위한 지표가 필요하다는 생각이 든다. 각 분야에서 정직한 사회 실현을 위한 제도적 장치가 강화될 필요성이 있다. 준법정신, 원리원칙 준수, 노블레스 오블리주 정신으로 리더들이 먼저 도덕적으로 무장하고 솔선수범하는 일이다. 동시에 윤리강령을 강화하여 이를 정착화시켜야 한다.

사회적 책임은 시대정신

자본주의 3.0시대, 기업의 규모는 점차 확대되고 그 영향력은 막강해져, 자만과 탐욕으로 얼룩진 각종 비윤리적 사건이 터질 때마다, 과연 기업은 이윤만을 추구하는 경제 집단인가 하는 우려의 소리가 터져 나왔다. 기업의 측면에서는 생산성 향상에 대한 경제성이 이제까지 기업의 목표였다면, 장기적 관점으로 사회와 공존하는 사회 관련성, 자연과 공존하는 환경 보호성을 추구하는 것에 대한 긍정적 혜택을 인식하게 되었다.

아나톨 칼레츠키(Anatole Kaletsky)는 신자유주의를 대체할 새로운 경제 패러다임으로 '자본주의 4.0시대'라는 말을 썼다. 이것은 시장이 주도한 신자유주의의 독단과 탐욕의 폐해에서 정부, 시장, 사회가 협업하는 '착한 자본주의'를 추구한다. 21세기 자본주의 4.0시대, 기업의 사회적 책임(Corporate Social Responsibility)에 대한 중요성이 강조되고 있는 이유이다.

2010년을 전후로 미국을 비롯한 서구권의 많은 유럽 국가들이 경제적 불황의 해를 거듭하고 있다. 부동산 가격의 폭락과 높은 실업률, 경제 성장의 정체, 빈부차의 확대 등 자본주의의 문제를 어떻게 해결해야 하는가에 관심을 갖게 되었다. 세계는 어느 때보다 전광석화처럼 빠르게 변화·성장·발전해 왔지만, 그에 따른 부산물인 글로벌 부익부 빈익빈 현상, 경제 산물과 생태계 문제, 평등과 불평등이 글로벌 구조 안에서 공존함을 공감하게 되었다.

글로벌 공동체 참여를 촉구하는 목소리가 높아지면서 2013년 다보스 포럼은 글로벌 리더의 도덕적 책임을 강조했다. 높은 윤리의식에 의한 도덕적 책임(moral responsibility)과 종업원, 주주, 지역 사회, 환경의 네 범주에 의거한 사회적 책임(CSR, Corporate Social Responsibility)의 인식과 실천을 모토로 하고 있다. 첫째, 글로벌 공공이익 실현을 위한 글로벌 시민의식(global citizenship) 둘째, 기업의 사회적 책임에 대한 범주를 넘어선 통합, 존엄성, 형평성의 윤리적 이슈를 해결하는 도덕적 책임을 강조했다. 이러한 취지로 우리나라의 기업 역시 글로벌 시장에서 생존하기 위해 사회적 책임은 필수로 인식하게 되었다.

현대의 기업 입장에서, 도태되면 사라지는 생태적 환경 구조에서 경제적·법적 수준을 넘어선 사회적 도의와 도덕적 책임의 요구는 부담일 수 있다. '사회적 성과(social performance)'를 이끌어 내지 못하는 '사회적 책임(social responsibility)'은 기업 입장에서 무의미한 일이기 때문이다. 기업의 입장에서는 고객 없는 기업 활동은 이루어질 수 없다. 기업은 소비자의 요구에 민감할 수밖에 없는 입장이다.

기업의 대규모화, 경영자 권력의 증대, 대량생산으로 인한 자원 낭비와 각종 오염, 매점매석 및 독과점으로 인한 부의 쏠림 현상으로 인해 사회 구성원의 의식이 전환되기 시작했다. 사회 구성원들은 기업 활동으로 인한 여러 가지 사회 현상에 기업이 개입하여 책임 있는 대응을 해야 한다고 목소리를 내고 있다. 대기업 입장에서는 소비자의 기업 선호도와 브랜드 이미지가 구매 형태로 연결되기 때문에 각종 사회공헌활동에 적극적이다.

선진국의 경우 기업의 규모, 업종, 특성을 고려한 CSR(기업의 사회적 책임) 지표를 개발해 왔다. 지난 2006년부터 IBM, 소니, 필립스 등 22개 글로벌 대기업은 통일된 CSR 지표를 사용하고 협력업체와 계약 시 이를 반영하고 있는 실정이다. 우리나라는 2010년 사회적 책임 국제표준 ISO 26000(International Organization for standardization)을 채택했다. 내용은 인권, 노동, 환경, 소비자, 공정거래, 지역 사회 공헌, 지배구조 등 7가지 분야의 기준을 제시하고 이에 대한 실행 지침과 권고 사항을 담고 있다.

우리나라에서도 선진국처럼 기업의 규모나 형태에 따른 좀더 공인된 CSR 평가지표가 필요하다. 또한 CSR 정책 수립이나 집행에 국내외 관련 법률 리스크를 관리할 시스템이 필요하다. CSR이 기업 이미지와 사회 공헌 홍보 효과를 넘어서서 국제적으로 기업 손실을 발생시키는 위험을 방지하고 관리하는 시대로 접어 들고 있다. 글로벌 시장에서 선도적 기업이 되기 위해서 CSR 국제 표준을 따르는 것은 선택이 아닌 필수이다. 규제나 법은 한계가 있고 빠져 나갈 술수가 있다면, 표준이란 마땅히 지켜야 하는 합의이다. 이것이 사회적 책임이라고 불리는 이유이다.

세계적 광고회사인 사치앤사치의 CEO인 케빈 로버츠(Kevin Roberts)는 "피터 드러커가 기업의 목적은 고객을 창조하는 것이라고 말했지만, 오늘날 기업의 역할은 세상을 모든 사람들이 살기 좋은 곳으로 만드는 것"이라고 강조했다. 국가의 차원을 넘어 전 지구를 행복한 곳으로 만드는 것이 바로 기업이며, 이를 지원하는 것이 글로벌 시민이라는 인식의 전환이 필요한 시점이다.

준법적 책임

내부자 거래, 인위적 시장 조작, 시세 조작 및 분식회계로 인한 회계 부정은 준법적 책임의식이 없는 것이다. 정부와 관계에 있어서 필요한 것은 바로 준법정신이다. 탈세와 돈 세탁, 뇌물, 덤핑, 법규 악용(유해물 수출, 공해 방지 시설 미비) 등으로 인한 불법 행위의 근절이다.

세계 탄산음료 시장의 양대 회사인 코카콜라와 펩시콜라는 그 경쟁이 수십 년간에 걸쳐 계속되고 있는 치열한 라이벌 회사이다. 콜라에 있어서 가장 중요한 것은 바로 원액 제조 비법이다. 2006년 코카콜라 본사 직원이 영업비밀을 펩시콜라에 150만 달러(약 15억 원)에 넘기겠다고 흥정을 걸어 왔다. 이는 신제품 개발 과정에 대한 중요 정보였는데 경쟁 업체의 전략에 관한 극비로 펩시의 입장에서는 중요한 정보였다. 하지만 펩시는 코카콜라에 이 사실을 알리고 범인체포를 위해 FBI에 적극 협조했다. 코카콜라는 펩시에 감사 인사를 하고 전 사원에게 알렸다. 이러한 반응에 펩시 측 대변인은 다음과 같이 말했다. "경쟁은 치열해도 공정하고 합법적이어야 합니다."

미국의 유력 경제 잡지인 〈포춘〉은 엔론(Enron)을 수 년간 '미국에서 가장 혁신적인 기업'이라고 극찬했다. 2000년에는 '일하기 좋은 100대 회사'에 꼽히기도 했던 엔론은 통신, 천연 가스, 전기, 제지, 플라스틱, 석유 화학, 철강, 심지어 기후 리스크 관리 분야에까지 손을 댄 에너지 기업이었다. 하지만 엔론의 자산과 이익 수치는 대부분 가짜였다. 어떤 경우에는 엄청나게 부풀려졌으며 아예 처음부터 끝까지 날조된 것도 있었다. 빚과 손실은 교묘하게 감추어져 있었다. 2002년 5억 달러가 넘는 적자를 숨기고 회계 부정(분식회계)과 주가 조작으로 결국 파산을 한다.

엔론의 CEO는 벌금형과 더불어 징역 24년 4개월 형을 선고 받았고, 부회장은 스스로 목숨을 끊었으며, 회사 직원들은 퇴직금도 받지 못하고 직장을 잃었다. 엔론의 파산 신청 직전 고위 경영진들은 자신의 주식 전부 또는 일부를 매각하였으며, 창업주 케네스 레이(Kenneth Lay)와 CEO 제프리 스킬링(Jeffrey Skiling)은 수천만 달러어치의 주식을 매각하는 등 회사 내부 정보를 활용한 부당 행위로 여론의 비난을 받게 되었다.

마사 스튜어트(Martha Stewart)는 자신의 최대 무기인 '좋은 가정, 좋은 아내'라는 이미지를 활용하여, 요리, 원예, 수예, 실내 장식 등 생활 전반의 라이프 스타일을 제안하는 책을 출판하고 잡지를 간행한, 미국에서 살림의 여왕이라고 불리는 여성 기업인이다. 1997년 그녀는 '마사 스튜어트 리빙 옴니미디어'라는 회사를 설립했으며, 살림에 대한 철학과 전문성으로 회사의 브랜드는 많은 사랑을 받았다.

그녀는 2001년 9.11 테러 이후 주식이 폭락하자 주주의 이익보다는 자신의 이익에만 치중하여 자신의 회사 지분을 싼 가격에 처분하고 결과적으로 주식 하락 현상을 초래하고 말았다. 이뿐만 아니라, 2001년 임클론의 신약이 FDA 허가를 받지 못했다는 사실을 사전에 포착, 내부자 정보를 이용하여 자신이 보유하고 있던 임클론 회사의 주식을 매각하여 주가 급락 전 시세차익 실현에 나섰다. 내부자 거래로 인한 불법적 주식 매각으로 그녀는 법정에 서야 했으며, 위증까지 하는 바람에 죄는 더욱 커졌다. 2004년 3월에 유죄 판결을 받고 5개월의 옥고를 치렀으며 5개월간 자택구금 처분을 받았다.

마샤 스튜어트는 그 동안 자신의 최대 무기였던 '좋은 가정, 좋은 아내'라는 이미지를 실추시켰으며, 그녀의 도덕적 해이에 따른 수감 사실에 대해 한동안 조롱을 받았다. 그녀는 도덕적 책임이 따르는 올바른 기업가 정신을 위배, 자신을 사랑하고 그녀의 회사를 믿고 투자한 사람들을 실망시켰다. 그녀의 몰락은 성공한 사람의 파멸로 인한 일반 사람들의 심리적 희열의 전형적 예로 '마서 프로이드(Marthafreude)'라는 신조어까지 나오게 되었다.

2013년 삼성경제연구소의 한 보고서에 의하면, 우리나라의 기업이 마주한 위협 요인을 원화 강세, 외국기업 규제 강화, 자국 시장 보호로 정의했고, 대응책으로는 비가격경쟁력 제고(제품의 가격이 아니고 품질·디자인·상표·특허 등의 면에서 본 기업 경쟁력), 준법경영, 현지화, 사회 공헌 확대로 요약했다. 삼성은 내부 준법 경영 지수를 활용해 계열사 CEO의 준법 경영 의지와 관련 조직 체계, 활동 결과에 대해 각각 점수를 매겨 CEO 평가에 이를 반영할 계획이다. 그렇게 하면 준법 경영 지수가 낮은 자는 CEO가 되지 못한다. 임원 평가는 임원 개인과 해당 부서의 준법 프로그램 참여를 점검하고 자발적인 준법 활동에 가산점을 부여하거나 법규 위반 시 감점하는 방식으로 이루어진다. 해외 사업 비중이 높은 삼성전자는 해외 지사나 법인에 대해 준법경영 등급을 부여하는 '컴플라이언스 프로그램(compliance program)' 인증제도를 실시한다. 컴플라이언스 프로그램이란 자발적으로 관련 법규를 준수하도록 하기 위한 일련의 시스템으로 기업윤리를 포함시킨다. 오늘날 공정 거래, 환경 문제, 뇌물 방지 등 다양한 준법 경영의 영역으로 확대되고 있다. 삼성뿐만 아니라 많은 대기업이 준법의식에 대한 엄격한 심사를 하여 인사고과에 반영하는 움직임이 활발하다.

하지만 우리나라의 일부 대기업 사주들은 계열사 자금 횡령, 뇌물 수수, 기업어음(CP) 부정 발행, 배임혐의, 시세차익을 노린 주식거래 등의 항목으로 재판에 회부되어 있다. 우리나라 기업은 많은 봉사와 기부에 앞장서고 있지만, 본보기가 되어야 할 대기업 총수의 불법적 태도가 사회 전반에 미치는 영향은 막대하다.

로사 전(Rosa Chun) 스위스 IMD(국제경영개발연구원) 교수는 "한국 기업들의 공통적 질문은 '사회에 많이 투자하고 기부도 많이 했는데 얻는 게 별로 없다.'는 것이다." 그는 "사회적 책임과 사회적 기여는 동의어가 아니다."라고 말했다. "기업 CEO가 불법 행위로 여러 번 조사 받고 감옥을 왔다갔다한다면 아무리 돈 많이 벌어서 기부를 해도 의미가 없다."며 우리나라 기업이 명심해야 할 점은 존경 받지 못하는 개인이나 기업이 사회봉사를 하고 기여하는 것은 진심으로 다가오지 않는다는 점이다.

알베르트 슈바이처(Albert Schweitzer) 박사는 "모범을 보이는 것이 다른 사람에게 영향력을 행사할 수 있는 유일한 방법이다."라고 말했다. 우리나라 대부분 기업의 경우 강력한 오너 경영체계를 유지하고 있다. "윗물이 맑아야 아랫물이 맑다."는 우리나라 속담이 있듯이, 투명하고 모범적인 모델이 되어야 할 사람은 바로 최고경영자와 그 가족이다. 위 아래 기업 구성원 모두의 일상적인 업무 활동이 준법 정신에 입각한 행동으로써 기업문화로 자리잡아야 한다.

윤리적 책임

윤리적·사회적 책임이란 윤리적, 사회적 책임이라는 신념과 철학을 바탕으로 기업 운영에 임하는 것이다. 고객과 관계는 유해 상품, 결함 상품에 대해 책임을 다하는 행동이다. 허위 과대 광고로 고객을 현혹시켜서는 안 되며, 성분 표시나 제조 일자의 투명화를 통해 고객에게 진실된 만족을 주는 행위이다. 한마디로 고객을 향한 신뢰 약속이다.

아모레퍼시픽 서경배 사장은 화장품 사업에서 가장 중요한 요소는 바로 고객과 관계라고 꼽았다. CEO란 마치 축구공 위에 선 사람으로 고객의 마음을 잃으면 쓰러진다고 설명했다. 운전할 때 80%는 앞을 보고 15%는 옆을 보고, 5%는 뒤를 보아야 하는데, 여기서 앞은 고객, 옆은 경쟁 회사, 뒤는 지나온 과거이다. 가급적 앞인 고객을 보며 경영해야 한다는 말이다. 창업주인 서성환 회장이 자주 하던 "거짓말 하지 마라."는 소비자를 속이지 않는 고객 경영을 강조한 셈이다(포브스, 2012.5).

고객을 속이지 않는 마인드를 실천한 회사는 토마토 케첩으로 유명한 미국 하인즈 식품회사이다. 창업주인 헨리 하인즈(Henry J. Heinz)는 자사 식품의 첨가제에 소량의 유독 성분이 포함되어 있다는 보고서를 받는다. 장기간 복용하면 인체에 유해할 수 있다는 사실에 하인즈는 고민에 빠졌다. 이 첨가제를 빼면 식품의 신선도가 문제였고 이 사실을 공개하면 같은 첨가제를 사용하고 있는 동종 업체들의 강한 반발이 예상되었다.

하인즈는 고위 경영진을 소집하여 긴급회의를 열었다. 회사의 사활이 걸린 문제이니 공개하지 말자는 의견과 언젠가 밝혀질 일이니 솔직히 공개하자는 의견으로 양분되었다. 하인즈는 숙고 후에 공개하기로 결정했다. 예상대로 경쟁 식품업체는 하인즈를 비난했고, 첨가제에 대한 공방은 그 후 4년이나 이어졌다. 파산 직전의 위기에 다다르게 되었지만, 소비자들은 하인즈는 신뢰할 수 있는 식품이란 이미지를 떠올

리게 되었다. 하인즈 제품은 믿고 사 먹을 수 있는 식품이라는 공감대가 형성되었다. 매출은 신장하기 시작했고, 짧은 시간 내에 예전의 두 배로 성장하였다. 하인즈는 2007년 미국 소비자 만족지수(ACSI, American Customer Satisfaction Index) 1위 기업으로 선정되었다.

2001년 한국네슬레는 분유 판촉 활동보다는 모유의 우수성을 홍보하는 윤리 마케팅에 나섰다. 국내 분유시장에 처음 진출하면서 "아기에게 가장 좋은 것은 모유입니다. 성장기용 조제식을 먹이기 전에 의사와 상의하세요."라는 문구를 분유깡통 상단에 적어 놓았다. 판촉용 분유를 소비자에게 나누어 주는 것도 자제했다. 이는 창업주인 앙리 네슬레의 창업 이념을 계승한 것으로, 생후 몇 달 동안 아기에게 가장 적합한 영양과 면역 공급원은 모유라는 사실을 일깨워 주는 일이다. 분유 회사임에도 오히려 모유 수유를 권장함으로써 아기의 건강을 최우선으로 여기는 기업 이미지를 심어 주게 되었다.

국내 분유 시장은 약 4,000억 원의 규모로 이 중 산양분유는 약 800억 원을 차지하며, 그에 대한 소비는 증가추세이다. 모유는 먹이지 못하지만 조금이라도 좋은 분유를 먹이려는 엄마들의 호응으로, 일반 분유보다 2배 가량 비싼데도 산양분유의 매출이 급성장했다. 하지만 시중에 유통되는 산양분유에 산양유 100% 제품은 없는 것으로 드러났다. 산양분유가 소화흡수와 아토피에 효과가 있다는 분유업계의 광고도 근거 없는 것으로 밝혀졌다. 네슬레처럼 소비자의 건강을 우선하지는 못할망정 최소한 소비자를 속이는 일은 사라져야 한다.

'위기경영'의 대표적인 사례로 나오는 존슨앤존슨의 타이레놀 사건은 기업의 윤리경영이 얼마나 중요한가를 일깨워 주고 있다. 1982년 미국 시카고에서 타이레놀을 복용한 환자가 사망하는 사건이 일어났다. 그 당시 타이레놀은 총매출의 7%, 순이익의 17%를 차지하는 주력 상품이었다. 존슨앤존슨은 원인이 규명될 때까지 타이레놀 소비를 금지하는 홍보를 전개했다. 누군가가 의도적으로 독극물을 주입했다는 경찰 조사에 따라 미국식품의약국(FDA)은 시카고 지역에 배포된 전 제품을 회수 처리할 것을 존슨앤존슨에 권고했다. 그러나 존슨앤존슨은 시카고 지역뿐 아니라 전국에 산재되어 있는 제품 3,000만 병, 총 1억 달러 상당의 전 제품을 빠른 시일 안에 수거 처리했다. 사내에서는 타이레놀 브랜드를 포기하자는 말까지 있었지만, 소비자들은 존슨앤존슨의 윤리적 태도를 잊지 않았고, 현재 타이레놀은 세계적으로 인정받는 해열진통제로 성장했다. 윤리경영 이론서에서 읽은 한 줄의 문구가 떠오른다.

"10년을 생각하면 이익창출이지만 100년을 생각하면 윤리입니다."

전 존슨앤존슨(Johnson & Johnson) CEO인 제임스 버크(James Burke)는 "인간은 기본적으로 성실하고 신뢰 요소를 가지고 있으며, 윤리적 행동을 하고자 하는 욕구를 가지고 있다. 따라서 기업은 종업원, 고객 등의 이해관계자에 대해 신의와 성실을 다해 만족시키고자 노력해야 한다. 윤리를 잘 지키는 기업은 결국 소비자로부터 선택 받아 더 성공할 수 있다."고 말했다.

세계 최대 PR그룹 에델만의 CEO 리처드 에델만(Richard Edelman)은 세상은 점차 복잡한(complicated) 곳에서 복합적인(complex) 곳으로 이동하고 있다고 말했다. 복합 세상의 답은 바로 '투명성'이라고 했다. 2006년 월마트의 홍보를 돕다가 자사의 평판까지 무너지게 되자 실수를 인정하고 PR 모토를 '급진성 투명성(radical transparency)으로 정했다. 정직만이 가장 빠르고 안전한 길이라는 것을 위기를 통해 깨달은 것이다. 그는 CEO의 역할이란 위기 상황에서도 자신들이 직접 공개적으로 사과하는 일이라고 말하면서 '에델만 신뢰지수' 결과 한국 응답자의 대다수가 경영 위기, 제품 리콜의 사태에 CEO가 직접 나서야 한다고 답했다고 전했다. 그는 위기에 직접 문제를 해결하는 것이 CEO의 책임이라고 말했다.

과거의 '공업용 우지(牛脂) 파동'이나 '포르말린 골뱅이 통조림 파동'처럼 재판 과정에서 무죄로 밝혀졌지만 기업의 명예와 매출에 막대한 손해를 끼친 사건도 있다. '쓰레기 만두소' 사건의 위생 문제, 발암물질과 이물질이 나오는 식품의 안전성 문제도 여전히 존재하는 것이 사실이다. 하지만 국내 기업에서 자사 제품에 문제가 있다고 미리 인정하고 조치하는 기업은 없고, 협력업체나 유통업체에 그 책임을 떠넘기기 바쁘다. 우리나라 식품의약품안전처의 발표도 일관성이 없어서 혼란을 가중시킨다. 2002년 식품위생법을 위반해 재판을 받은 1,741명 중에서 1심에서 유기징역을 받은 사람은 2.1%인 36명이다. 이는 식품위생범죄는 경범이라는 인식을 확산시키는 데에 일조하고 있다.

식품의 위생 문제, 업주의 양심 문제 같은 비윤리적 문제들이 신문에 불거져 나오면 우리나라 소비자는 그 당시 비난을 퍼부어도 시간이 조금만 흐르면 잊고 다시 그 제품을 소비한다. 그래서 우리나라의 기업이 하인즈나 존슨앤존슨처럼 자진해서 미리 약점을 폭로한다거나 결함제품을 미리 수거할 필요가 없다. 몇 달만 버티면 잊혀지기 때문이다. 손해를 보더라도 고객에게 신뢰를 다하는 윤리적 기업의 탄생을 위해서는 윤리적 경영을 원칙으로 하는 기업 제품을 더 많이 소비하는 시민의식이 필요하다.

우리나라에서 최초로 저온살균 우유를 도입한 파스퇴르 우유는 중견기업으로 성장했지만 경영난과 외환 위기로 1998년 부도 처리되어 현재 롯데삼강 계열에서 운영된다. 영재 육성에 대한 최명재 설립자의 교육열로 설립된 민족사관학교는 민족혼과 미래의 지도자를 양성하겠다는 취지로 정문에는 이순신과 정약용의 동상이 세워져 있다. 설립자인 전 최명재 파스퇴르 회장은 "기업 이윤을 혈족이나 연고자에게 물려주지 않고 전액을 민족 주체성 교육과 선진 문명의 한국화에 투자해 전 생애를 교육에 바치겠다."고 선언했다. 파스퇴르 우유의 영업 이익이 교육 투자로 이어지는 상황에서 회사의 부도 처리는 학교 재정에 커다란 타격이었다. 교사와 학생들은 광화문 거리에서 파스퇴르 우유를 돌리며 민사고 존립을 호소하기도 했다. 자사고 교육 커리큘럼은 자기주도적이며 능력과 자질을 바탕으로 한 발표와 토론 프로그램으로 구성되어 있으며, 학생의 꿈은 자신의 이익뿐만 아니라 타인의 이익에 부합되며 조국의 역량을 해외에 널리 퍼트리는 데 초점이 맞추어져 있다. 올바른 먹을거리를 추구했던 파스퇴르 유업의 매각은 안타까운 일이고, 소비자로서 지켜주지 못해 미안한 일이다.

서울대학교 사회발전연구소가 조사한 2003년 한국 사회 국민의식과 가치관에 관한 연구에 의하면, 우리나라 국민이 대기업에 호감을 가지게 되는 요인은 아직까지 국가 경제 기여도가 39.3%로 가장 큰 비중을 차지하고, 투명 경영(38.2%)과 사회 공헌(12.7%)이 그 뒤를 따르고 있다. 국내 기업은 근래 들어서 윤리 경영의 일환으로 준법 경영과 다양한 고객만족서비스, 나눔 활동으로 기업과 소비자 간의 바람직한 상호 관계를 도모하는 움직임이 활발하다. 우리 소비자가 국민 경제 기여도뿐만 아니라 투명 경영과 사회 공헌에 헌신하는 기업에게도 많은 지지를 보내야 한다고 생각한다. 모범적인 기업 경영을 적극적으로 실천하는 기업에 박수 쳐 주어야 윤리적 기업이 성장한다. 이것이 소비자가 가져야 할 책임과 의무가 아닐까 싶다.

부존자원이 없는 우리나라의 경우 기업은 국력의 상징이며, 국가 경제 건설과 지역 사회 산업화의 역군이다. 이러한 한국 기업의 업적을 부인하는 사람은 없다. 그러나 이러한 혁혁(赫赫)한 업적과 기여도로 인해 부도덕한 행위까지 용납되는 것은 아니다. 기업이 먼저 스스로 잘못된 관행을 타파하는 노력이 필요하며, 이익을 보면 의리에 맞는가를 먼저 생각해야 한다는 견리사의(見利思義)를 실천해야 할 것이다. 정부 역시 대기업의 동반 성장을 유도하면서 이들로 하여금 수출 및 투자, 일자리, 성장, 내수 회복, 장·중기동반성장의 주요 일꾼이 되도록 북돋아야 한다. 사회적으로 무조건적인 반기업 정서보다는 국가 건설과 사회 발전에 이바지한 국내 경제인과 기업은 인정하고 존경하는 것이 마땅하다.

사회에 대한 자선적 책임

자선적 책임이란 지역 사회와 국가 및 세계에 기업의 이익을 환원하는 행위이다. 이는 박애주의적 행동으로 2004년 아시아 지역의 쓰나미 피해에 쉘 석유회사가 수백만 달러의 구호금 지원과 구호물자 수송선의 연료를 무상으로 지원한 경우가 대표적이다.

세계적인 제약회사인 노바티스는 2011년 총매출의 3%에 해당되는 17억 달러(약 1조 8,000억 원)어치의 의약품을 아프리카와 아시아의 개발도상국에 무상으로 제공했다. 세계보건기구(WTO)와 협조해서 말라리아 환자를 치료하고 사망률을 낮추며, 사회적 기업을 세워 인도 전역 500여 곳에 헬스 캠프를 운영하여 무상 건강 검진과 보건, 위생 교육과 치료 약품을 제공한다. 클라우스 라이싱거 노바티스 재단 이사장은 한센병 퇴치에 기여한 공로로 '2012년 한센인 대상'을 수여했다. 노바티스는 헌신적으로 사회적 책임을 다하는 모범기업으로 알려져 있다.

삼성에버랜드는 희귀, 난치성질환 어린이의 복지 향상을 위해 의료비 지원뿐만 아니라 희망나눔 페스티벌을 개최하고 있다. 삼성전자는 저소득층을 대상으로 '희망공부방'과 장애인 대학생을 지원하는 '디딤돌 장학회'를 운영하고 있다. 의류 수출 전문기업인 한세실업은 한세베트남이 있는 구찌 지역 학교에 장학금을 지원하고 있으며, 인도네

시아의 어린이들에게 의류를 전달하는 등 기업의 이익을 사회에 환원하는 다양한 사회 활동을 하고 있다. 국내 수경 분야 1위 실적의 건설업체인 플러스 파운틴(Plus Fountain)은 설립 초기부터 다양한 사회공헌활동을 보이고 있다. '기업의 이익을 사회에 일정 부분 환원해야 한다.'는 경영철학에 맞추어 학생들에게 장학금을, 양로원에는 정기적 기부와 봉사활동을 하고 있다.

우리나라 많은 기업이 사회적 책임감으로 인한 각종 봉사와 공헌을 실천하여 이미 정착 단계에 있다. 기업의 의사 결정자는 기업의 이익과 전체 사회의 번영 모두 중시해야 하는 사명감을 안게 되었다. 이는 지역 사회에 대한 새로운 인식의 전환을 의미하며, 이해관계자와 지역 주민을 넘어서서 글로벌 기관에 대한 사회적 책임으로 발전하고 있다. 기업이 사회에서 차지하는 우위적 관점에서 봉사와 재능 기부 등으로 사회에 공헌함으로써 건전한 기업 문화 조성에 헌신하고 있는 점은 매우 고무적이다. 사회 공헌 활동은 조직원으로 하여금 자부심과 애사심을 고취시키며, 조직원 내의 단합을 도모하는 등 긍정적인 효과로 이어지고 있다.

지구 환경 보호 책임

환경 오염 때문에 일어나는 지구 온난화 현상으로 다양한 재해가 발생하는 것을 염려하면서, 우리가 살고 있는 지구를 더욱 깨끗하게 유지하여 후세에게 물려 주어야 한다는 각성이 일게 되었다. 기업도 단기적인 이윤 추구를 위한 시장 성장에만 초점 맞추는 것이 아니라 장기적으로 지구 환경을 고려해서 환경 공해를 줄이는 데 협력하고 있다.

각종 대기 오염과 수질 오염, 소음 공해 등으로부터 환경을 보호하는 환경 친화적 경영이 확산되고 있다. 이는 녹색경영이라 불리는데, 환경 보호, 건강 보호 및 재해 방지의 세 가지 개념을 포함하고 있다. 환경부에서는 '환경 친화기업 지정제도'를 실시하여 기업의 환경 친화 활동을 평가하고 그 결과에 따라서 혜택을 주고 있다. 친환경 경영 환경의 변화에 따라 국내의 기업들이 녹색구매제도를 실시하여 친환경 상품 구매를 늘리는 협약을 체결하여 환경 보호에 앞장서고 있다.

프랑스의 유기농 화장품 멜비타(Melvita) 창업자인 생물학자 베르나르 쉐빌리아(Bernard Chevilliat)는 양봉을 하다가 "벌(bee) 같은 존재가 되고 싶어 화장품 회사를 차렸다."고 말했다. 벌은 사람과 자연을 잇는 존재로 환경이 파괴된 곳에서는 살지 않듯이 그러한 자연 친화적 공장과 연구소를 희망했다. 창업철학을 바탕으로 한 멜비타는 라틴어로 꿀(Mel)과 삶(Vita)라는 의미를 함유한다.

"멜비타 제품을 사용하는 모든 분들이 진정으로 자연을 이해하고 즐거움을 느낄 수 있도록 최선을 다할 것입니다." (멜비타 홈페이지)

멜비타는 프랑스에서 최초로 공장 전체가 유기농 인증을 받은 회사로 제품에 화학 원료를 사용하지 않을 뿐만 아니라 공장 세척제 역시 유기농을 사용한다. 물은 폐수를 걸러 정제수로 만들어 재활용하며, 공장 조명은 대부분 태양열을 활용하고, 에어컨을 사용하지 않게 반지하 건물을 짓고 옥상 정원을 만들었다. 안전하고 깨끗한 재료에 재활용 가능한 용기만을 사용하고 고품질의 유기농 제품을 생산함과 동시에 환경 보존을 위한 다양한 활동을 전개한다. 쉐빌리아 회장은 아직도 직접 꿀벌을 친다. 누군가가 알아주기를 바라기보다 자연 보호를 위해 할 수 있는 일에 최선을 다하고 있다.

유한킴벌리는 우리나라의 대표적인 환경 친화기업이다. 우리나라 산지가 국토의 65%나 되지만 임목축적(우리나라 산림의 나무 총량)이 선진국에 비해 1/3에 불과하고, 연간 강우량이 1,300억 톤이지만 물이 부족한 현실의 심각성을 고려하여 1984년부터 '우리강산 푸르게 푸르게' 캠페인을 전개하여 나무를 심고 가꾸고 있다. 원료 선택에서 제품 설계, 생산, 유통 및 폐기에 이르기까지 환경보호 선도 기업으로 환경 방침을 수립하여 실천하고 있다.

"인간과 자연을 함께 사랑하는 고객 기쁨 경영"을 목표로 자연주의와 인간생명 존중 정신을 추구하는 풀무원은 실제로 지구 사랑 캠페인과 땅의 오염을 막고 건강한 땅을 지키는 운동을 넓혀 나가고 있다. 오염 예방에 주력하고 오염물질의 사용과 배출을 최소화하며 환경 보전을 생활화하고 있다. 지구촌 땅 살리기를 위해 지구 사랑 환경 감시단을 결성, 오염 상태와 이에 대한 해결책을 강구한다. 생명력 있는 땅 가꾸기를 위해 생명의 텃밭 가꾸기를 진행하고, 생명의 캠프를 열어 땅의 가치에 대한 체험의 장 실현과 올바른 먹을거리에 대한 홍보를 한다.

1994년 세계 최대의 카펫 제조업체 인터페이스는 미국에서 지속 가능 경영기업(CSM, corporate sustainability management)의 시작 기업으로 알려져 있다. CSM은 기존의 경제적인 수익성에만 집중했던 경영 방식에서 지속 가능한 발전을 위하여 기업의 사회적 책임과 환경 보호를 강조하는 신 경영 방식으로, 기업이 사회를 이끄는 역할을 해야 한다는 점에서 출발한다. 아래의 글은 CEO 레이 앤더슨(Ray Anderson)의 연설문이다. 발췌된 글에서 환경 보호 책임에 대한 강력한 의지가 보인다.

인터페이스는 미국을 기반으로 한 기업 중 최초로 환경 문제를 수용하여 실천한 기업이 되었고, 〈포춘〉이 선정한 '일하고 싶은 100대 기업', '최대 성장기업', '21세기의 주식회사'로 찬사 받았다. 앤더슨은 '미국 최고의 환경 CEO', '산업자본주의의 훌륭한 지도자'로 소개되고 전미과학원(National Academy of Science)이 주는 미첼상(Mitchell Prize)을 수상했다.

앤더슨의 업적은 '순환 자본주의'의 실천이다. 이는 기업이 자원의 원천인 지구를 고갈시키지 않고 개선하여 친환경적으로 경영하는 것을 말한다. 이전에는 소비자가 카펫을 10년쯤 사용하면 처분하였는데, 이 관행을 바꾸어 인터페이스는 카펫을 대여해 주고 사용 기간이 지나면 회수, 분해한 뒤 새로운 제품으로 제조하는 방식이다. 인터페이스는 폐기물 감소에 집중하여 폐기물 자체를 만들지 않겠다는 기본 원칙을 갖고 지속 가능성을 추구하는 친환경 기업으로 거듭나게 되었다(크리스틴 아레나, 휴렛팩커드가 산골마을을 찾은 이유).

미국에서만 7,000개가 넘는 기업이 환경 친화적 기업으로 탈바꿈하겠다는 의지를 분명히 밝혔습니다. 우리도 그 무리 중 하나입니다. 그러나 나는 우리가 아직 충분한 노력을 기울이고 있다고 생각하지 않습니다. 우리는 아직 문제의 겉핥기도 시작하지 못했습니다. 우리와 다른 기업 모두가 직면할 문제가 세 가지 있습니다.

지구로부터 무엇을 가져와 활용하는가?
무엇을 만드는가?
무엇을 폐기물로 쏟아 내는가?

우리는 다음 사실을 알아야 합니다.

우리 인터페이스는 지구로부터 석유를 채취해 나일론, 라텍스, 아스팔트 그리고 에너지의 형태로 사용합니다. 그것을 되돌릴 수는 없습니다. 따라서 우리는 지구로부터 더 이상 가져오지 않아도 될 때까지 더 노력해야 합니다.

우리가 만든 제품이 수명을 다한 뒤에는 매립지에서 지구를 오염시키며 일생을 마칩니다. 따라서 우리의 모든 제품이 지구를 오염시키지 않도록 더 노력해야 합니다.

우리는 전 과정에 걸쳐 폐기물을 만들어 냅니다. 우리의 산업폐기물은 오염성이 강합니다. 우리는 모든 폐기물이 생물분해와 재활용을 통해 먹이사슬로 돌아갈 때까지 더 노력해야 합니다.

미국의 조지아대 아키 캐롤 교수는 CSR 4단계 책임론을 역설했다. 1단계는 양질의 제품과 서비스를 생산·판매하여 이윤을 창출하는 경제적 책임, 2단계는 준법경영책임, 3단계는 윤리적 책임, 4단계는 자선적 책임으로 분류했다. 기업이 2단계와 3단계를 거치지 않고 4단계인 자선적 책임에 집중한다면, 아무도 그 기업의 책임 활동이 진정성 있다고 여기지 않을 것이다.

우리나라의 기업이 다른 나라의 기업에 비해 사회사업에 투자를 많이 함에도 불구하고 그 선행이 기업의 브랜드 가치로 고스란히 받아들여지지 않는 이유이다. 우선적으로 기업 내외적으로 공정한 규칙을 준수하고, 소비자와 종업원, 파트너, 지역 사회와 정부 등 모든 이해관계자에게 윤리적 가치를 실천하는 일이 선행되어야 한다. 기업 경영진의 비윤리적 혐의로 검찰이나 공정거래위원회의 수사를 받는 상황에서 일어나는 각종 자선행위는 진심으로 여겨지기 어렵다.

우리나라 기업은 각종 사회활동에 전념하지만, 중요한 것은 CSR에 대한 인식 전환이다. 일종의 전략이고 장기 투자로 인식되는 CSR에서 기업의 지속가능성과 책임에 따른 인식 전환이 우선이다. 기업의 비전과 이미지에 맞는 CSR로 기업이 지역 사회에 미치는 책임 있는 영향력으로 비추어질 때 소비자는 기업의 브랜드와 명성을 신뢰하고 존경하게 된다.

국회의원을 포함하여 고위급 공무원의 윤리성을 국민들이 기억하고 다음 기회에 올바른 선택을 해야 하는 것처럼, 사회적 책임을 다하는 기업을 원한다면 소비자도 달라져야 한다. 경제 수준이 향상되고 소비자의 가치관이 향상되어 사회적 문제에 자기 목소리를 내고 싶어지는 '새로운 문화를 창조하는 소비자'가 늘어나고 있다. 지속 가능한 발전을 위한 사회 책임성을 지향하는 소비자를 'LOHAS(Lifestyle of Health and Sustainability)' 스타일이라 부른다. 자신과 가족의 건강과 안전뿐만 아니라 지구 환경이나 인권 문제에 관심을 가지고 구매 시에 자신의 기준에 맞는 기업이나 상품을 선별하는 사람들이 사회성 소비자이다. LOHAS 소비자는 미국 성인의 약 30%에 해당되며 그 숫자는 점차 증가하고 있는 추세이다.

'에델만 신뢰지수' 조사에 따르면 "믿지 못하는 기업에 대해 12개월간 어떤 행동을 취했는가?"의 질문에 우리나라의 소비자는 '1. 해당 제품과 서비스를 구입하지 않았다 2. 주변 사람들에게 기업을 비난했다 3. 온라인에 그 기업에 대한 부정적인 글을 올렸다 4. 소유한 주식을 팔았다'의 순으로 대답했다.

우리나라에는 LOHAS 소비자에 대한 조사가 아직 활발하지 않다. 우리나라에도 올바른 윤리적 기업의 제품을 구매하는 소비자가 늘어나길 희망한다. 단지 자신과 가족의 웰빙에서 벗어나 공동체 의식을 가지고 지역 사회와 지구 환경에 관심을 가지는, 좀더 많은 숫자의 사회성 소비자가 증가하기를 기대한다. 이러한 LOHAS 소비자의 증대는 기업의 윤리적 경영 실천의 문지기(gatekeeper)역할을 하게 될 것이며, 결과적으로 기업은 소비자의 사회적 성숙도에 맞는 제품을 양산할 것이다. 소비자의 사회적 성숙도와 그에 따른 실천적 움직임이 기업의 사회적 책임 경영의 선순환구조(virtuous cycle)를 유도하게 되리라 생각한다.

동물학자이면서 환경운동가인 제인 구달(Jane Goodall)의 말이 생각난다. " 인간이 이 지구상에서 가장 지적인 영장이면서 어떻게 지구를 훼손하고 있는가?" 좀더 좋은 지역 사회, 좀더 깨끗한 지구를 만드는 일은 다음 세대를 위한 우리 모두의 책임이자 의무이다.

- 나는 매너가 있는가? 도덕적인가? 윤리적인가? 정의로운가?
- 법을 잘 준수하는 사람은 반드시 윤리적인가?
- 권리를 수호하는 것과 이익을 옹호한다는 것은 같은 뜻인가?
- 법에 복종하지 않는 행동도 이성적인 행동이 될 수 있는가?
- 도덕적으로 행동한다는 것은 반드시 자신의 욕망과 싸운다는 것을 의미하는가?
- 상사의 불법적 처리/비윤리적 상황을 목격했다. 자신의 선택은 어떠한가?

Activity

- 대형 마트의 휴무제에 대한 찬반 양론에 대해 토론해 보자.
- 미국의 소수 민족 입학제도인 'affirmative action'과 우리나라 기업이 신입 직원을 선발할 때 고교 졸업생을 일정 비율 할당 받아 선발하는 일은 정당한지 토론해 보자.
- 대기업 총수의 가석방은 법치주의의 원칙과 절차에 의거해 정당한 일인가? 아니면 경제 발전에 공헌할 기회를 주는 것이 사회적으로 이로운 일인가? 빅토르 위고의 《레미제라블》에서 장발장과는 어떠한 차이점이 있는지 토론해 보자.

- '공직자에게는 따뜻한 맥주와 차가운 샌드위치가 적당하고 그 반대가 되면 위험하다.'는 핀란드 격언의 취지에 대해 생각해 보기.
- 현재의 조직에서 이루어지는 비윤리적 문화에 대한 개선 방안 고민해 보기.
- 좀더 정의로운 사회를 위해 내가 할 수 있는 일은 무엇일까 생각해 보기.
- CSR 활동이 잘 이루어지고 있는 조직을 추천하고 사례 소개하기.

3
■
진정성
Authentic Leadership

"세상에서 가장 멋진 것은 따뜻한 가슴으로만 느낄 수 있다."

— 헬렌켈러

근래 들어 4차 산업혁명 시대를 예측하는 다양한 다큐멘터리가 방영되고 있다. 인공지능과 로봇의 발달로 인한 사이보그와 휴머노이드의 등장은 만물의 영장인 인간의 존재마저 무력화시킬지 모른다. 이런 미래에 대한 막연한 기대와 두려움 속에서 이세돌 9단과 알파고의 바둑 대결은 인공지능에 대한 관심을 더욱 촉발시켰다. 그는 1승 4패로 알파고에 패했지만 그의 도전과 집념이 오히려 많은 사람들에게 용기와 희망을 주었다. 인간은 패배자에게도 박수를 보내는 가슴 따뜻한 영혼을 가졌다.

테크놀로지의 발달로 대화 대신 문자가 범람하는 세상에 살면서 우리의 삶은 편리보다는 따뜻함을, 지식과 정보보다는 진심을 원하게 될 것이다. '업'의 가치를 가지고 일하는 사람들, 고객에 대한 진정성을 가지고 제품과 서비스를 제공하는 기업, 자신과 정당의 이익보다는 국민과 국가의 이익을 먼저 생각하는 정치인을 환호할 것이다. 투명해져 가고 있는 세상에서 한두 번을 속일 수는 있어도 진실을 숨길 수는 없기 때문이다.

경영의 대가 필립 코틀러(Philip Kotler)가 이성과 공감을 넘어선 영혼에 호소하는 3.0 시대의 도래를 예고한 것처럼 인공지능이 대신할 수 없는 것이 바로 인간의 영혼이다. 우리가 수많은 책을 읽고 영화와 드라마를 보아도 그 주제는 한결같이 인간이 추구하는 가치를 다룬다는 점이다. 우리는 '사랑'이라는 주제의 수많은 문화 콘텐츠를 시대와 상관없이 소비하는 것처럼, 인간이 절대 물리지 않는 주제는 인간의 고유한 가치이다. 사람들은 이론보다 스토리를 좋아한다. 진심 어린 메시지와 스토리는 인간이 가지고 있는 '가치'를 자극한다. 리더가 가지는 진정성은 최고의 가치이다.

진정성은 고유함과 유일함

진정성이란 무엇인가? 영어로 authentic이란 단어는 믿을 만한, 확실한, 진정한이란 뜻이다. 모조품이 아닌 진품이라는 뜻을 가지고 있으며, 흉내내지 않은 진짜를 말한다. 진품은 오리지널이기 때문에 가짜가 지니지 못하는 혼과 정신이 담겨 있다.

이태리를 여행하는 대부분의 사람들은 로마, 베니스, 플로렌스와 밀라노를 방문하지만, 바이올린을 연주하는 사람이 가장 가고 싶어하는 고장은 크레모나(Cremona)일 것이다. 300년 이상 최고의 바이올린으로 명성을 유지하는 스트라디바리우스가 만들어진 곳이다. 안토니오 스트라디바리(Antonio Stradivari)가 만든 악기는 1,100개 정도이고, 현재 650개 정도밖에 남아 있지 않아 그 값이 천정부지로 솟아 있다. 스트라디바리는 좋은 악기를 만들기 위해 나무 감별사를 두었는데, 나무 종류와 나이뿐만 아니라 계절, 풍향, 습도, 달의 위치까지도 염두에 두었다고 한다. 달의 인력이 작을 때 나무를 베어야 소리가 좋기 때문인데, 좋은 나무를 발견하면 날이 건조해지는 시기를 기다리고 의식을 치른 후 벌채했다. 이태리에서는 현재에도 스트라디바리우스 악기 재료가 되었던 단풍나무와 가문비나무 숲에서 관중이 아닌 나무들을 찬미하기 위한 콘서트가 열리고 있다. 진정한 악기는 쉽게 만들어지는 것이 아니며, 그 가치는 오래도록 전해질 것이다.

《워렌 베니스의 리더》에 보면, 진실은 자신의 삶의 주인이 되는 창조자를 말한다(진실함의 authentic, 창조자의 author 모두 그리스어에서 유래되었고, auth 는 self를 의미한다). 진정한 사람은 바로 진품으로서 창조적 자아이다. 참된 자아에 대한 의문은 철학적 사고를 수반한다. 니체(Friedrich Nietzsche)는 "인간의 삶을 가로막고 있는 모든 것으로부터 우매함을 떨쳐 버리고 인간이 주체적이고 창조적인 모습을 회복했을 때를 실존(authentic existence)"이라 했다. 하이데거(Martin Heidegger)는 자아성찰을 통하여 자기의 존재를 이해하기 위해 '현존재'라는 단어를 사용했으며, 사르트르(Jean Paul Sartre)는 실존주의적 휴머니즘에서 인간은 스스로 자유롭게 자신의 운명을 선택하고 개척해 나가는 존재로 보았다. 철학에서 바라본 진정한 자아란 깨달음과 성찰을 통해 남의 길이 아닌 자신의 길을 개척하는 사람이라는 것을 알 수 있다. 우리가 '참된 자아', '진짜 모습'을 잃어버리는 가장 주된 이유는 끊임없이 남과 비교하고 시대의 흐름에 편승하기 때문이다. 진정성은 겉으로 드러나지 않는 뿌리이고 보이지 않는 영혼이다.

JTBC의 프로그램 〈히든싱어〉는 오리지널 가수와 일반인 모창 도전자 사이의 서바이벌 매치 프로그램이다. 히든싱어 이수영 편에 출연했던 우연수 씨는 그녀의 가창 실력을 알아본 음반 기획사로부터 러브콜을 받았다. 앞으로도 이수영 씨의 음색을 모방할 것인지 사람들이 궁금해 하자 이렇게 답했다. "아뇨, 우연수의 길을 가야죠." 모창은 남을 흉내 내는 일이지 자신의 참모습이 아니기 때문이다. 진짜란 자기 다움에서 시작된다.

진정성이란 말은 진짜, 혹은 진품이라는 originality가 그 어원이다. 이 세상에 존재하는 단 하나(only one)의 개념이다. 우리들은 수많은 음식점 중에서 최초의 맛을 낸 원조식당을 찾아 나서기도 하고, 모조가 아닌 명품 브랜드 제품의 구매를 위해 고액의 소비를 저지르기도 한다.

남자 친구가 모조 반지를 선물하면서 티파니 매장 제품을 사느라 과용했다고 거짓말한다면 여러분은 어떻게 할 것인가? 사실을 안 이상 대부분의 여자들은 잔뜩 화내 버리거나 어쩌면 헤어지기로 결심할지도 모른다. 거짓말을 하는 남자 친구의 정직하지 않음에 대한 신뢰 상실이 첫번째 이유가 될 것이고, 두 번째는 남자 친구의 사랑이 가짜라고 여기기 때문일 것이다. 이는 자신의 존재 가치를 모조품과 대체시켜 버린 일에 대한 분노이다. 우리가 원하는 것은 가짜가 아닌 진짜이다.

남성과 여성의 초콜릿 구매에 대한 어느 리서치에 따르면, 남성이 여성보다 화이트데이에 2배가 넘는 비용의 선물을 하는 것으로 조사되었다. 여성들은 발렌타인데이에 자신의 연인을 위하여 손수 초콜릿을 만드는 사람이 늘고 있고, 남성은 당일 제과점이나 백화점에서 고가의 초콜릿을 구매한다. 남자들은 모든 여자들이 고가의 명품 선물만을 바란다고 생각할지 모르지만, 여자들은 자신이 '유일한' 존재로 여겨지기를 원한다.

어릴 때 읽은 오 헨리(O. Henry)의 소설 《크리스마스 선물》을 기억할 것이다. 너무나도 가난한 젊은 부부 짐과 델라는 크리스마스 선물을 살 돈이 없었다. 아내 델라는 자신의 탐스러운 머리를 잘라 돈을 마련해서 남편 짐의 시계줄을 사고, 짐은 자신의 시계를 팔아 델라의 머리빗과 머리핀을 샀다. 가장 아끼는 유일한 것을 처분해서 산 선물이 서로에게 쓸모 없는 물건이 되었지만, 진정한 사랑을 일깨워 준 행복하고 귀한 선물이 된 셈이다.

"당신은 살아가면서 자신의 우주를 창조한다."라는 윈스턴 처칠(Winston Churchill)의 말처럼 진정성 있는 사람이란, 자신의 삶의 주체이며 자신의 인생 항로에 책임을 지는 사람이다. 자신의 우주를 가진다는 것은 자신이 '하나'이며, 고유하고, 그래서 귀한 것이란 뜻이다. '진정성'이란 authentic과 original이 합쳐진, 흉내내지 않은 세상에서 단 하나의 믿을 만한 존재이다.

겉과 속이 일치하는 진정성

니코스 카잔자키스(Nikos Kazantzakis)의 《그리스인 조르바》에 이런 글이

나온다. "당신은 머리끝에서 발끝까지 조르바이다." 유일한 존재로서 육체와 영혼이 함께 변화하여 하나되는 존재, 보이는 것과 보이지 않는 것이 거짓없이 일치하는 것이 메토이소노(거룩하게 되기, 聖化)라 했다. 자신이 느끼는 참자아의 모습과 남이 인정하는 고유성이 일치될 때 진정성이 탄생한다.

인본주의 심리학의 로저스(Carl Rogers)는 성숙한 존재로서 자아를 실현해 가는 과정을 진실한 자아로 보았다. 매슬로우는 인간의 다섯 가지 욕구 중 마지막 단계인 자아실현의 욕구에 근접할 때를 삶의 진정성으로 여겼다. 에릭슨(E. Erikson)은 성실성이 타인의 관점에서 다른 사람에게 보이는 면이 강조된 자아라면, 진실성은 내면과 외면의 자아가 일치하는지의 여부를 반영한다고 보았다(윤정구, 진정성이란 무엇인가). 진정성이란 '너 자신 그대로(To thine own self to be true)'라는 그리스 철학에서 유래된 말이다. 우리는 겉과 속이 다른 이중적인 사람을 사기꾼이라고 부른다. 즉 진정성이란 '겉과 속이 다르지 않은 상태'를 일컫는다.

매튜 아놀드(Matthew Arnold)는 일상적인 자아(ordinary self)와 최선의 자아(the best self)라는 이분법을 사용했다. 최선의 자아는 마음의 표현 단계를 초월한, 깊은 가슴 속의 울림이다. 최선의 자아가 바로 진정성인 것이다. 롤랑 바르트(Roland Barthes)는 《카메라 루시다》에서 스투디움(studium)과 푼크툼(punctum)을 설명한다. 스투디움이 이성이나 오성이 지배하는 반응이라면, 푼크툼은 화살이 과녁 한복판을 가르는 감성학적 반응으로 지극히 주관적인 성격을 띤다. 영혼이 작용하는 진심이 깃든 내면 깊은 곳에서 작용하는 것이 바로 진정성이다(박성봉, 감성시대의 미학).

진정성이라는 단어는 철학, 심리학, 미학을 전공하는 학자들에 의해 오랫동안 사용되어 왔다. 최선을 다하는 자아실현적인 삶을 말하지만, 미학에서 말하는 것처럼 내면 깊은 곳의 울림이기 때문에 쉽게 보이지 않는 특성이 있다. 누군가는 진심으로 느끼고 또 어떤 이는 진정으로 여겨지지 않는 주관적인 개념이다. 오래 전부터 괴롭혀 오던 한 친구가 어느 날 갑자기 찾아와 자신의 과오를 진심으로 사과하겠단다. 만난 지 얼마 되지 않은 이성 친구가 진정으로 당신을 사랑한다고 고백한다. 이러한 상황에서 우리는 얼마만큼 '진정성'으로 받아들일까?

육체와 정신이 하나되어 고유성을 가지면서 진심으로 상대방에게 느껴지는 내면 깊은 곳의 울림은 모든 사람에게 동시적으로 일어나지는 않는다. 따라서 진정성이라는 존재가 연출에 의해 마음을 아련하게 만드는 심리학적 현상으로 다가오는지, 아니면 가슴을 관통하는 깊은 심연의 울림인지 구별하기 쉽지 않다. 하지만 우리는 시간과 경험을 함께 하면서 안팎이 똑같다고 느껴지는 사람들이 있다. 잠깐은 속일 수 있을지언정 영혼의 울림에서 뿜어져 나오는 진정성은 세월과 함께 드러나기 마련이다.

진정성에는 두 개의 축이 필요하다. 자신의 정체성과 가치, 삶의 목적과 인생에 대한 깨달음의 축이다. 이는 자신을 인식(Self-awareness)하는 데서 시작된다. 다음은 깨달음의 단계를 지나 행동의 축으로 나아가는 길이다. 자신의 업에 대한 정의, 관계적인 투명성, 진정한 행동으로 이루어진다. 이 때 필요한 능력은 자신을 조절(Self-regulation)하는 힘이다. 이

두 가지의 축이 균형을 이룰 때 진정성이 존재한다.

───────〜〜〜〜〜────────────────────────────────

어떤 리더도 거울을 보면서
"나는 진정성이 있다."고 말하지 않는다.
사람은 자기 자신이 진정성을 확보할 수 없다.
진정성이라는 것은 대부분
다른 사람들이 당신을 보면서 정의한다.
그렇지만, 이것을 상당 부분
당신이 제어할 수 있다는 것이 중요하다.

(Managing Authenticity; The Paradox of great Leadership, 하버드 비즈니스 리뷰, 2005)

〜〜〜〜〜〜〜〜〜〜〜〜〜〜〜〜〜〜〜〜〜〜〜〜〜〜〜〜〜〜〜〜〜〜〜〜〜〜

결핍에서 나오는 진정성

타인에 비해 무언가 부족한 결핍(Deficiency)이 있다는 사실은 자신을 위축하게 만든다. 이러한 결핍은 열등감으로 이어지기 쉽다. 분석심리학의 지평을 연 칼 융(Carl Gustav Jung)은 자신에 대해 부정적인 인식을 가진 것을 콤플렉스라 하였고, 때론 패배의식으로 이어진다고 여겼다. 융은 12세 때 넘어진 후유증으로 발작증세를 일으키고 부모는 병의 완치를 위해 많은 돈을 소비해 버렸다. 어느 날 아버지와 친구의 대화에서 융은 병 때문에 평생 직업을 가지지 못하게 될지도 모른다는 내용을 엿듣고 말았다. 그 말을 듣고 그는 오히려 더욱 학문에 정진하여 유명한 심리학자가 되었다. '결핍에너지'에서 나오는 헝그리 정신은 모든 사람에게 해당되지는 않는다. 베토벤처럼 청력장애를 정면으로 마주하고 도전하여 극복하는 사람들은 결핍의 상처를 에너지로 활용한다. 강력한 결핍은 더욱 강한 창조적 에너지로 승화되고 가치 정신으로 발전된다.

니체(Friedrich Nietzsche)

현대에 들어서서 더 많은 관심과 사랑을 받는 철학자 중 한 명인 니체는 한마디로 불우했다. 1884년 독일의 작은 마을에서 목사 아버지와 목사 딸인 어머니의 슬하에서 태어났으나, 다섯 살이 되었을 때 아버지의 죽음을 겪었고 이어 어린 남동생도 병으로 잃었다. 아버지 사망 후, 어머니는 남은 자식에 대해 집착했고 그로 인한 갈등은 커져 갔다. 니체는 불우한 가정 환경과 비사교적인 성격으로 어린 시절부터 고독과 사색을 즐겼다. 전쟁터에서 전염병을 얻어 제대한 후, 35세에 교수직을 그만 둘 때까지 니체의 건강은 점점 나빠졌다. 니체는《짜라투스트라는 이렇게 말했다》에서 '모두를 위한, 그러나 아무도 위하지 않는 책'이란 소제목을 달았다. 자신도 엄청난 내용이라 쉽게 일반인에게 받아들여지지 않을 책이란 것을 알아챘지만, 사회적 반응은 기대보다 더 냉담했고 그는 점점 더 우울과 고독의 늪으로 빠져 들어갔다.

1888년 44세의 니체는 한 해에 여섯 권의 책을 써 내려갔고 "나 자신의 때는 아직 오지 않았다. 몇몇 사람은 사후에야 태어나는 법이다.

언젠가는 내가 이해하는 삶과 가르침을 다른 사람들에게 가르치는 기관들이 필요하게 될 것이다."라고 말했다. 니체가 쓴 《이 사람을 보라》의 한 대목인 〈나는 왜 이렇게 좋은 책들을 쓰는지〉에 나오는 말들이다. 그 다음해인 1889년 이탈리아 토리노 광장에서 마부에게 매맞는 말을 끌어 안고 울다가 졸도해 버린다. 그 후 정신적 발작에 따른 정신상실증세로 오랜 생활 투병하다가 1900년 56세의 나이로 숨을 거두게 된다.

니체는 외부에서 오는 자극은 반작용(reaction)이며 내부에서 오는 힘이 바로 힘의지(action)의 근원이 된다고 보았다. 바로 '초인'이라 불리는 위버멘쉬(Übermensch)이다. 니체가 말하는 초인은 내면에서 나오는 충동을 인정하고 자신의 삶을 긍정적으로 창조하고 변화시키는 적극적이면서 주도적인 존재(Amor Fati)였다. 시대를 앞서간 니체의 삶은 평탄하지 않았지만, 그의 철학은 비관보다는 긍정과 희망의 메시지를 담고 있다. 자신의 불우한 역경적 세월과 대중에게 이해 받지 못하는 저서의 집필로 인한 고독함 속에서, 니체의 삶에 대한 투쟁과 인간다움에 대한 초인 지향적 정신은 우리의 가슴 속에 '진심'으로 자리잡고 있다.

빈센트 반 고흐(Vincent van Gogh)

최근에 본 한 뉴스 프로그램에서 미국의 유명 배우 브래드 피트가 안면인식 장애를 고백했다고 보도했다. 캐나다 맥매스터 대학의 안면인식에 관한 실험에 의하면, 여성은 본능적으로 사람의 얼굴을 더 자주 보고 그 덕분에 사람의 얼굴을 남성보다 더 잘 기억한다는 결과이다. 빈센트 반 고흐의 편지를 분석한 의학자들은 고흐에게 안면인식 장애가 있었다는 걸 밝혀냈다. 고흐는 젊은 시절부터 우울증을 앓고 있었다고 전해져 오는데, 우울증이 악화되면 뇌의 퇴행성 변화가 일어나고 결국 안면인식 장애와 공간인지 장애로 발전된다고 연구팀이 설명했다. 고흐는 대인관계로 인한 심한 우울증으로 힘든 삶을 살았고, 이러한 결핍성이 강렬한 색채와 필치로 표현된 독보적인 작품 세계로 펼쳐졌다.

1853년 목사의 아들로 태어난 네덜란드의 화가 고흐는 아버지의 영향으로 성직자의 길을 가기 위해 전도 활동에 열중했다. 하지만 신학대학에 낙방하고 교회에서도 전도사로 받아들여지지 않아 그 상실감으로 그림을 시작했고, 그 길만이 자신을 구원하는 유일한 방법이라고 믿고 프랑스에 가서 미술 공부를 하게 되었다.

종교에 대한 반감으로 아버지와 갈등, 어떠한 비판과 충고에도 상처받는 성격으로 그림을 지도해 준 안톤 모베와 절교하는 등, 동생 테오를 제외한 주변 모든 사람과 관계가 쉽지 않았다. 1888년 가을, 아를르에서 고갱과 공동 생활 중 병의 발작에 의해서 자기의 왼쪽 귀를 자르는 사건을 일으켜 정신병원에 입원하게 된다. 생 레미(Saint-Rémy)의 정신병원에 입원해 있는 동안 몰두해서 그린 〈붓꽃(Iris)〉, 폴 고갱과 함께 작업하기를 기대하면서 고갱을 위해 작은 집을 빌려 노란색으로 페인트를 칠한 후 그렸다는 〈해바라기(Sunflowers)〉라는 작품을 실제로 본 적이 있는가? 고흐의 꽃은 자신의 감정이 투사되어 뜨겁고 격정적인 자신의 모습을 재현한다.

고흐가 자신의 귀를 자른 데에 대해서는 여러 추측이 있다. 1888년 고갱과 예술에 대해 심하게 논쟁한 후 상처를 심하게 받고 귀를 잘라 창녀 레이첼에게 보냈다는 말이 있다. 그 후 그렸다는 고흐의 자화상에서 보이는 이글거리는 눈빛에서는 마치 "다시는 사람들 말에 상처받지 않겠어." 하는 당찬 강인함과 각오가 보인다. 하지만 마을 사람들은 그를 미치광이로 여겨 탄원을 하고 경찰은 그의 집을 폐쇄해 버렸다. 정신병원에 스스로 다니게 된 고흐는 1890년 봄, 파리 근교의 전 수도원 자리에 정착했으나 좌절과 실의, 망상으로 인한 우울증으로 그해 7월 37세 젊은 나이에 권총으로 자살했다. 동생 테오 앞에서 숨을 거둔 고흐의 마지막 말은 한동안 가슴을 먹먹하게 만든다.

"슬픔은 영원히 지속될 것이다(Sadness will last forever)."

뉴욕의 모마 미술관(MOMA, The Museum of Modern Art)에 가면 가장 많은 사람들이 사진을 찍는 그림이 있다. 바로 고흐의 〈별이 빛나는 밤(The Starry Night)〉이다. 자살하기 1년 전, 정신병과 싸우다 완성한 작품으로 끊임없는 발작 상태에서 그린 그림이라고 하기에는 매우 생동성 있는 작품이다. 정신적 고통 속에서 생 레미 정신병원 철창에서 바라본 밤하늘의 별빛 소용돌이가 역설적일 만큼 역동적이다. 그의 불 같은 정열과 화가로서 가진 사명감과 절망적인 고통이 작품으로 승화되어 우리에게 진심으로 전해진다.

고흐가 그린 많은 작품들이 복제판으로 보급되어 오늘날 일반 가정의 실내에서도 흔히 감상할 수 있다. 이는 고흐가 원했던 일이다. 그는 자신의 그림이 돈 많은 감식가들의 예술적 취향을 만족시켜 주는 세련된 예술이라기보다 모든 평범한 사람들에게 기쁨과 위안을 주는 소박한 예술이기를 갈망했다. 그의 예술에 대한 진정성은 오늘날 세계적으로 가장 사랑 받는 화가로 영원히 지속될 것이다(곰브리치, 서양미술사).

유산으로 내려오는 진정성

사람의 성격과 특질을 보면, 유전적인 영향을 많이 받지만 주위 환경에 의해서도 변화된다. 기질은 문화적 환경 영향을 받는데, 그 중에서 부모의 교육과 양육 태도는 자녀의 성품이나 성향, 가치관과 밀접한 관계가 있다. 부모는 DNA와 더불어 가풍을 전수해 주기 때문에 자손에게 미치는 영향은 클 수밖에 없다. 아이에게 최고의 스승은 부모이다. 기업을 경영하는 경영자뿐만 아니라, 정치인, 학자와 종교인, 문화 예술인의 상당수가 부모의 직업을 따라가는 경우가 많다. 자녀가 자신의 직분에서 진정성이 있느냐의 여부는 선대의 조상이 얼마나 정신의 가치에 시간적으로 투자하고 모범적으로 또 행동으로 실천했는가에 달려 있다. 대를 잇는 선행과 자선으로 존경 받는 일은 거저 이루어지는 것이 아니다.

경주 최부잣집

경주 최씨의 종가, 99칸으로 지어진 최부잣집의 고택은 지역 마을에 1700년경 지어졌다고 전해지며, 12대에 걸쳐 300여 년간 부를 유지했다. '과거를 보되 진사 이상 벼슬을 하지 마라', '만 석 이상의 재산은 사회에 환원하라', '흉년에는 땅을 늘리지 마라', '과객을 후하게 대접하라', '주변 100리 안에 굶어 죽는 사람이 없게 하라', '시집 온 며느리는 3년간 무명옷을 입어라'의 '육훈(六訓)'이 바로 최부잣집의 가훈이다. 삼대가 가기 어렵다는 부자가 12대를 이어올 수 있었던 것은 대를 이어 가훈을 지키며 부를 쌓아 '노블레스 오블리주'를 실천했기 때문이다.

간송미술관 전형필

일제강점기에 자신의 사재를 털어 나라의 국보와 보물을 수집한 간송 전형필은 문화독립운동가로 불린다. 1938년 성북동에 세운 보화각은 우리나라 최초의 사립 미술관으로 1961년 전형필의 사후 그의 아호를 따 '간송미술관'이라 부르게 되었다. 국보 68호 청자상감운학문매병, 제 70호 훈민정음 등 국보 12점과 보물 10점, 겸재, 현재, 단원, 추사, 혜원의 작품을 소장하고 있는 간송미술관의 존재는 당시 우리 문화재를 지키겠다는 간송의 확고한 사명감 없이는 불가능한 일이었다.

간송은 당대 최고의 부잣집 아들로 태어났다. 23세의 나이에 65세 노대가 위창 오세창 선생을 만나게 되었고, 우리의 문화와 정신을 체계적으로 정리하는 일이 일제로부터 민족을 지키는 일이라고 믿는 위창과 생각을 같이했다. 간송은 위창이 선사한 호이다. 편안하게 살 수 있는 환경이었지만 민족을 생각하고 문화를 수호해야 한다는 사명감을 갖게 되었다. 자신의 재산을 털어 민족자산을 수집하는 열정을 보이고, 뛰어난 안목으로 문화재를 지키고 관리하는 데 헌신했다. 일본에서 20년 가까이 고려청자를 수집하던 영국인 존 개스비를 만나 흥정한 후 논 1만 마지기를 처분하여 당시 기와집 400채 값을 지불하고 청자 20점을 얻었다. 조선의 문화재가 일본인에 의해 처리되는 것이 안타까웠던 개스비는 마침 조선의 수집가가 있다는 말을 듣고 기뻤지만 이렇게 젊은이인 줄 몰랐다고 하면서 작은 수집품 2개를 제외하고 모두 간송에게 팔았다. 이 때 얻은 유물이 고려의 보물로 등재된 접시, 사발, 유병, 향합, 주배 등 고려 귀족문화를 대표하는 작품이다. 그는 귀중하다고 여기는 문화유산에는 자신의 가산을 처분하는 일을 서슴지 않았다.

간송은 골동과 서화를 취미로 하는 수집가가 아니었다. 그는 문화유산을 보존하고자 하는 강한 목적의식을 가지고 민족의 정체성을 확립하는 데 기여하고자 했다. 그는 우리 민족사의 맥을 잇는 거의 모든 시기의 작가의 작품을 소장하고 있었다. 고려와 조선의 유물로 이민족 침략기의 작품에서 영정조의 문화 번성기의 사화까지 체계적으로 연구 관리하고자 하였다. 그 결과가 보화각(葆華閣), 빛나는 보물을 모아 둔 집이다.

6·25 전쟁 당시에는 귀중한 유물을 챙겨 부산으로 피난을 가고, 부

산의 창고 앞에서 아들들이 직접 창고를 지켰다. 서울 수복 후 파손되고 흩어진 유물을 다시 모으고 정리했다. 휴전 후 우리나라의 문화재를 체계적으로 연구하고, 문화재 보존위원으로 전국의 유적지를 답사하며 발굴에 힘썼다. 이후 고고미술동인회를 결성하고 학회지 〈고고미술〉을 창간했다. 간송의 아들 전성우 간송미술문화재단 이사장과 전영우 관장은 문화재를 지키는 일을 가업으로 여기며 그의 민족문화 애호 정신의 뜻을 이어받고 있다.

홀트아동복지회의 홀트 家

'홀트'라는 이름은 우리 사회에서 입양이라는 단어를 떠오르게 만드는 대명사이다. 현재 홀트아동복지회는 1956년 홀트해외양자회(Holt Oversea Adoption)에서 시작되었다. 미국인 해리 홀트 부부는 오리건 주에서 제재소를 운영해 모은 전 재산을 입양사업에 쏟아 부었고, 그들의 1남 5녀 자녀들은 부모의 결정을 당연한 일로 여겼다. 이는 부모가 죽어도 절대 자신들의 재산을 물려주지 않는다고 말해 왔기 때문이다. 그리고 그들에게는 이미 부모가 입양한 8명의 한국 혼혈 동생들이 있었다.

> "더 많은 고아와 버려진 아이들을 굶주림에서 구하고 좌절감을 극복할 수 있도록 가족을 만들어 주자." (2013.8.17. 조선일보)

해리 홀트는 6·25전쟁 다큐멘터리를 보고 버려진 한국 아이들에게 후원금을 보내다가 자신이 입양을 하기 시작했고, 입양 6개월 후에 입양단체 결성을 추진한다. 그는 자신의 이익이나 명예보다 버려진 아이들에게 울타리가 되어 주겠다는 간절함을 가지고 한국에 와서 입양사업에 몸담게 되었다. 1964년 홀트 작고 후 친척들의 반대 속에서도 그의 유언대로 한국 땅에 남겨졌고, 부인 버다 홀트 여사 역시 2000년 홀트아동복지회에 묻혔다.

1956년 부모와 함께 한국에 온 딸 말리 홀트 이사장이 아동복지회의 일에 헌신 중이다. 그녀는 미국에 있는 입양 가족을 모아 야유회를 열기도 하고, 입양이 되지 않는 장애아동을 돌보며 '사랑을 행동으로' 보여 준 부모의 정신을 이어 나가고 있다. 현재 골수암 투병 속에서도 홀트 출신 장애인들이 살 집을 지을 수 있기를 기도하고 있다. 53년이란 긴 시간을 이역만리 한국에 남아 버려진 아이들과 장애인의 복지 향상을 위해 사랑을 실천하고 있다.

사람들은 자신이 한 일은 대단하게 생각하고 남이 한 일에 대해서는 비난하기 쉽다. 홀트아동복지회가 하는 일이 '아기 파는 사업', '고아 수출'이라고 말하는 사람들에게 묻고 싶다. 당신은 자신의 일생과 재산을 누군가를 돕는 일에 얼마나 묵묵히 몰두해 보았느냐고 말이다. 우리나라의 경제는 각 분야에서 많은 성장을 이룩했지만 미혼모가 낳은 아이나 장애인을 입양하고 내 아이처럼 키우는 일에는 인색한 편이다. 세상에 남기고 갈 건 옷 몇 벌과 책 몇 권이라는 말리 홀트 이사장은 한국의 버려진 아이들의 어머니로 차별과 학대가 아닌 좀더 나은 삶과 교육을 제공해 주고 싶어했다. 홀트아동복지회 홈페이지에 적힌 문구가 가슴 깊은 곳을 울리고 있다.

"아이들은 사랑 받을 때 가장 아름답습니다."

영성에서 나오는 진정성

영성이란 그리스도인으로 하느님의 마음과 정신을 닮아가 그 분을 영적으로 만나는 일이다. 삶의 발자취가 나의 중심에서 그 분의 중심으로 옮아가는 일이다. 아리스토텔레스(Aristoteles)는 세상과 경험도 정신만큼 중요하게 여겼고, 인간만이 가진 이성적인 사고로 신과 세계를 알 수 있다고 믿었다. 이러한 철학적 사고에 영향을 받은 사람은 토마스 아퀴나스(Thomas Aquinas)이다. 아퀴나스는 인간이 가장 행복한 길은 신을 직관하는 일로 신이 우리에게 심어 놓은 자연법을 깨닫고, 선을 쫓고 악을 피하는 생활을 할 때 개인의 행복과 사회의 공동선을 이룬다고 여겼다.

나는 영성이란 성직자나 소수의 신앙인에게만 보이는 현상이라고 생각하지는 않는다. 신앙인이 영성을 갖추기 용이한 이유는 그리스도의 인도와 성령의 도움을 받아 영적인 세계관의 가르침을 받기 때문이다. 세상의 잣대에서 좀더 영적인 존재로 나아가는 길이고 어떠한 종교를 가졌든 간에 자신이 믿는 신이 제시하는 지혜와 사랑을 세상에서 실천하는 데에 있다고 본다. 가치 있는 삶을 향해 가는 인간 본연의 정신(spirituality)인 것이다.

테레사 수녀

"하느님의 연필, 그것이 바로 나이다. 하느님은 작은 몽당연필로 좋아하는 것을 그리신다. 하느님은 우리가 아무리 불완전한 도구일지라도, 그것으로 너무나 아름다운 그림을 그리신다." 가난한 사람들의 어머니라고 불리는 테레사(Theresa) 수녀가 한 말이다. '허리를 굽혀 섬기는 자는 위를 보지 않는다'며 가난하고 불우한 사람들을 향해 자신의 몸을 가장 낮은 데로 낮추어 다가간 분이 바로 테레사 수녀이다.

테레사 수녀는 마케도니아공화국의 수도 스코페에서 부유한 집안의 딸로 태어났다. 하지만 아버지는 정치적 소용돌이 속에서 사망하고, 홀어머니의 손에서 자랐다. 그리스정교와 이슬람교가 그 지역 종교였음에도 어머니는 카톨릭 신앙 안에서 자녀를 교육시켰다. 신앙심이 깊었던 어린 테레사는 고향을 떠나 로레타 수녀회에 들어갔고, 성마리아 수녀원 부속학교에서 교사 생활을 하다가 교장이 되었다.

1946년 어느 날, 콜카타에서 다즐링으로 피정을 가던 기차 안에서 고통 받는 인도인을 돌보라는 하느님의 부르심을 듣는다. 로레타 수녀회는 그녀의 결심을 환영하지 않았고, 그녀의 활동이 정치적 의미와 종교적 문제로 확대되는 것을 우려했다. 하지만 테레사 수녀는 '부르심 속의 부르심'에 응답하여 2년의 청원 끝에 혈혈단신 인도의 거리로 나섰다.

2차 대전 이후 200년 만에 영국으로부터 독립한 인도는, 분쟁과 반목으로 투쟁하는 불안정한 사회 속에서 굶주림과 빈곤으로 보살핌 없이 죽어가는 난민의 수만 늘어났다. 힌두교를 믿는 인도인은 테레사 수녀가 내미는 봉사의 손길이 선교 목적이라고 오해하고 적대시하였다. 그녀는 검은 수녀복 대신 가장 가난하고 미천한 인도 여인이 입는 흰색 사리 옷을 입고 인도 국적을 취득했다.

테레사 수녀는 가난한 아이들을 가르치는 것 이외에 환자를 간호하고, 무료 호스피스, 미혼모와 고아의 집 설립 및 나병환자의 재활마을을 만드는 등 헌신적인 희생과 박애정신으로 철저하게 낮은 곳에서 임하는 삶으로 마더 테레사라 칭송 받게 되었다. 가톨릭 교단과 교황의 지원을 받을 뿐 아니라 세계 각지에서 기부금이 모였지만, 그녀의 삶은 여기저기 깁고 낡은 사리 옷만 걸친 채 자신의 도움을 필요로 하는 곳 안에 있었다.

모금 활동을 위해 캐나다 오타와 대주교의 초대를 받아 간 곳에는 성대한 오찬이 준비되어 있었지만, 그녀는 부엌에서 식사할 것을 고집했다. 자신의 사진을 촬영하는 것을 좋아하지 않았지만, 모금에 도움이 된다면 언제나 응한 테레사 수녀이다. 일생을 자신보다는 가난하고 병든 사람들을 위해 구호 활동을 하였고, 철저한 자기 희생의 삶을 살아온 진정한 종교인이었다. 사랑을 몸소 실천한 '빈자의 성녀'로 전 세계적으로 추앙 받는 이유이다.

"강렬한 사랑은 판단하지 않는다. 주기만 할 뿐이다." (마더 테레사)

이태석 신부

아프리카 수단의 슈바이처라고 불리는 고 이태석 신부는 작은 마을 톤즈에서 교육 활동과 의료 활동을 통해 진정한 사랑이 무엇인지 보여 준 성직자이다. 한국에서 더 쉬운 삶을 살 수 있었음에도 톤즈 마을 주민과 함께 병원을 세우고 진료소를 만들어 하루 200~300명의 환자를 진료하고, 인근 80여 마을에서 질병 치료와 예방 접종을 위해 순회 진료를 했다. 학교를 만들고 기숙사를 건립했으며, 브라스 밴드(brass band)를 통해 음악을 가르쳤다. 그의 밴드는 수단 남부에서 유명해져서 정부 행사에 초청되어 연주하기도 했다. 톤즈 지역 사람들의 삶을 개선하기 위해 농경지를 개간하고, 콜레라에 걸리는 지역 주민을 위해 우물을 파고 식수난을 해결하고자 했다.

이태석 신부는 가난하지만 늘 감사하고 행복한 사람들을 통해 많은 것을 배웠다고 말했으며, 톤즈 사람들을 진심 어린 사랑으로 대했다. 발 모양이 기형으로 변한 한센병 환자들이 맨발로 다녀 상처가 끊이지 않자 그들의 발 모양에 맞추어 신발을 만들어 신겨 주었다. 가난과 질병 속에 희망이 없던 톤즈 마을은 단 한 명의 희생으로 어린 아이들이 꿈을 갖게 되는 변화를 일으켰다. 톤즈 사람들은 그를 아버지라고 부른다.

톤즈 지방 주민의 전쟁에 대한 두려움과 가난과 질병의 고통을 보듬고 살펴 주던 이태석 신부는 자신의 건강을 돌보지 못한 채 대장암 판명을 받고 48세의 짧은 인생을 마쳤다. 그는 대장암 판명을 받은 후에도 수단에 우물을 파러 가야 한다며 걱정했다. 투병 중에도 늘 밝은 모습을 잃지 않은 신부는 톤즈에 학교를 짓기 위한 후원금 마련을 위해 음악회를 열고, 톤즈 아이들을 그리워하면서 《친구가 되어 주실래요?》라는 에세이집을 출간했다. 그의 사후에 많은 변화가 일어났다. 사랑과 나눔, 공동체 의식이라는 정신을 기리기 위해 자발적으로 '수단 어린이 장학회'가 결성되었다.

모교인 인제대 백병원에서는 톤즈 어린이를 지원하기 위하여 수단에서 의료 활동을 하도록 후원하기로 했다. 또한 이태석기념사업회는 국제의료봉사단을 해외에 파견하고 있다. 이뿐만이 아니라 인제의대는 의학과 1학년 정규 교육과정으로 고 이태석 신부의 생애를 살펴보는 '이태석 기념 과정'을 개설한 데 이어 매년 '이태석 기념 심포지엄'을 열어 '좋은 의사'를 양성하는 데 앞장서고 있다. 2014년, 4회째 맞는 심포지엄은 '좋은 의사 : 생명 존중과 인간 사랑'을 주제로 열렸다

나는 이 글을 쓰기 위해 다시 한번 KBS 스페셜 〈울지마 톤즈〉를 시청했다. '인간이 인간에게 꽃이 될 수 있다는 것을 보여 준 한 남자의 이야기'라는 자막이 보인다. 영혼 깊이 숨겨진 보이지 않는 진심이 우리에게 큰 의미와 울림으로 전달되는 것이 진정성이 아닐까 생각해 본다.

인간 본성을 탐구해 온 매트 리들리(Matt Ridley)는 리처드 도킨스(Richard Dawkins)의 《이기적 유전자》 이론을 좀더 보완하여 《이타적 유전자(The Origins of Virtue)》를 썼다. 인간은 종족 생존과 확장을 위한 이기적인 유전자를 가진 존재이다. 이타적인 행동은 이기적 유전자의 확장으로 유전

자의 이익에 도움이 되기 때문에 일어난다. 대부분 인간의 이타적 행위들은 집단의 이익을 위해서 행해지는 것이며, 그것은 유전자의 명령이다. 그의 이론에 의하면, 인간은 본성적으로 자신의 이익을 추구하며, 상호 호혜성에 입각하여 도덕을 정하고 사회를 형성해 나갔다.

개미를 연구한 곤충학자 에드워드 윌슨 (Edward Wilson)은 개미, 흰개미, 벌과 같은 진사회성 곤충이 인간과 마찬가지로 도시를 건설하고, 가축을 기르고 농사를 짓는 수준의 진화 단계에 도달해 있다고 말했다. 그의 저서 《인간 본성에 대해서》에서는 곤충 집단과 인류가 고도의 사회성을 가진 개체로 진화했고, 혈연으로 인한 이기적 유전자뿐만 아니라 조직을 위한 이타적 유전자를 전달해 왔다고 주장했다.

위 학자들의 주장처럼, 본래 인간은 이기적인 동물일지 모른다. 사회구조를 유지하는 데 필요한 각종 법률과 도덕은 그 이기심을 유지하기 위한 방편이며 도구일 수 있다. 하지만 개인이나 자손의 이익을 추구하는 사적 이기심보다 사회적 복리를 위하는 큰 의미의 공적 이기심은 이타심과 연계된다. 나는 생물학자가 아니므로 이타심이 주로 유전자에 의한 전달인지 환경적인 동인에 의한 결정인지 알지 못한다. 하지만 이타적인 사람들은 자신들만의 원대한 비전과 가치 철학에 따라 행동한 것이지, 이타적인 행동으로 파생된 결과를 기대하지 않는다. 성과보다 과정 속 발자취의 이타적 흔적들이 결과로 나타날 때 진정성으로 와 닿게 된다.

어릴 때 호기심으로 단감을 먹고 나면 그 씨를 이빨로 깨물어 보는 장난을 좋아했다. 그 딱딱한 씨앗이 갈라지면서 보이는 수저 모양의

하얀 '배(胚, Embryo)'는 바로 생명의 실체 그 자체인 것이다. 지금 나는 마음의 한 구석에 자리잡고 있는 하얀 수저 모양의 핵심(core)은 무엇일까에 대해 고민해 보곤 한다.

"나는 세 부류의 사람이 있다고 생각해요. 소위 살고 먹고 마시고 사랑하고 돈 벌고 명성을 얻는 걸 자기 생의 목표라고 하는 사람들이 있어요. 또한 부류는 자기 삶을 사는 게 아니라 인류의 삶이라는 것에 관심이 있어서 그걸 목표로 삼는 사람들이지요. 이 사람들은 인간은 결국 하나라고 생각하고 인간을 가르치려 하고, 사랑과 선행을 독려하지요. 마지막 부류는 전 우주의 삶을 목표로 하는 사람입니다. 사람이나 짐승이나 나무나 별이나 모두 한 목숨인데 단지 아주 지독한 싸움에 휘말려 들었을 뿐이다, 이렇게 생각하는 사람들. 글쎄, 무슨 싸움일까요? … 물질을 정신으로 바꾸는 싸움이지요."

(니코스 카잔차키스, 그리스인 조르바)

진정성 있는 사람들은 자신의 삶의 목적을 물질에서 정신으로 바꾸기 위해 끊임없이 헌신하고 투쟁했다. 진심, 진실 같이 보이지 않는, 거짓없이 참된 마음인 진정성은 진정한 자아 주도적인 삶, 사랑, 행복을 추구한다. 진실된 자는 삶을 추구하는 동인이 결핍, 가훈, 이타심, 영성 등 어디에서 기인되었든 간에 보이지 않는 인류애적인 가치를 지켜내는 일을 한다.

가치를 추구하는 진정성 리더

권택명 외환은행 나눔재단 상근이사는 8년의 임기를 마치면서 기업의 사회 공헌에서 중요한 두 가지가 '진정성'과 '전략성'인데 그 중 제일이 바로 '진정성'이라고 말했다. 8년간을 '공부하는 리더'로 개인 시집을 발간하고 집안 가득한 책을 읽으며 공익 사업의 재단 이사로 일하면서 남긴 말은 섬김을 실천하고 싶다는 것이었다. 진정성을 기반으로 전략이 세워져야지 전략성을 우선으로 한 진정성을 추구하는 데는 한계가 있다.

국내 기업 중 가장 대표적으로 진정성 있는 기업과 리더를 꼽으라면 유한양행의 유일한 박사가 있다. 유한양행의 창업자 유일한 박사는 조국의 근간을 세우고자 기업을 건립하고 사회사업과 교육에 전념한 존경 받는 경영인이다. 일본의 침략으로 황폐해진 국가의 기강을 마련하기 위해 식품회사를 세웠지만, 헐벗고 굶주려 제대로 병을 치료하지 못하는 모습을 보면서 국민 건강을 위해 유한양행을 세웠다. 직원의 어려움을 알기 위해 매해 정기적 노사협의회가 열렸으며, 창업 이후 단 한 차례도 노사 분규가 일어나지 않았다. 종업원의 이익을 도모하기 위해 '종업원 지주제'를 도입했고, 전문경영인 제도를 정착시켜서 유일한 박사의 친 인척은 유한양행에서 몸담고 있는 사람이 없다. 지연, 학연, 혈연에서 벗어나 능력 위주의 인사를 단행했으며, 기업의 이윤을 사회에 환원하고자 했다.

1971년 4월 유일한 유한양행 창업자의 유언장 기록은 물질적인 부를 추구하며 살아가는 현대인들에게 많은 경종을 울리고 있다.

첫째, 손녀 유일링(당시 7세)에게는 대학 졸업 시까지 학자금 1만 달러를 준다. 둘째, 딸 유재라에게는 유한공고 안의 묘소와 주변 땅 5,000평을 물려 준다. 그 땅을 유한동산으로 꾸미되 결코 울타리를 치지 말고 유한 중·공업고교 학생들이 마음대로 드나들게 하여 어린 학생들의 티없이 맑은 정신에 깃든 젊은 의지를 지하에서나마 더불어 느끼게 해달라(실제로 유재라 씨는 전 재산을 사회에 환원하고 사회 공헌 활동에 매진했다). 셋째, 내 소유 주식 14만 941주는 전부 한국 사회 및 교육 원조 신탁기금(현 유한재단)에 기증한다. 넷째, 아들 유일선은 대학까지 졸업시켰으니 앞으로는 자립해서 살아가거라.

유일한 박사는 일본에 주권을 빼앗기고 가난과 질병으로 고생하는 민족을 위해 제약회사를 설립했고, 국민 건강 개선과 사회적 책임이라는 경영 이념으로 투명 경영을 실천했다. 유한양행은 '기업 규모, 성장성, 수익성, 안정성, 주주 중심 경영 등 5개 부문에 대한 평가에서 '대한민국 최고 기업 대상'을 4년 연속 수상했으며, 김윤섭 전 대표는 제약 부문 최고 CEO 대상도 동시에 수상했다.

창사 90년을 맞는 유한양행의 이정희 대표는 유일한 기업가의 정신을 계승하여 경영혁신을 달성하겠다는 포부를 밝혔다. 유한양행의 이사회에서 결정을 내리지 못하고 갑론을박이 길어지면 "유일한 박사님은 어떻게 했을까?" "이것이 유일한 정신에 맞는가?" 질문을 던지면 답이 나온다고 했다. 애국애족, 납세보국, 인재제일주의, 사회적 책임의 유일한 박사의 기업정신은 유한의 전통과 유산(legacy)이 되어져 있다 (포브스 2016. 5월호).

유한의 상징인 버드나무처럼 국민이 쉴 수 있는 큰 그늘이 되겠다는 바람으로 기업을 경영했던 유일한 박사는 우리 사회에서 보기 드문 귀한 기업인이다.

인도의 타타(Tata)그룹은 철강, 자동차, 정보통신기술, 에너지 등의 분야와 자회사 100여 개를 거느린 거대 기업이면서 국민을 감동시키고 존경 받는 착한 기업으로 인도 최고의 재벌이다. '사회로부터 받은 것은 사회로 환원한다.'는 창업주의 가치 철학 아래 직원과 협력업체, 고객, 국가와 사회를 위해 헌신하는 자세로 경영에 임하고 있다. 국가 발전에 기여함은 물론 직원의 복리후생, 상생경영, 인재양성, 이익금의 사회 환원으로 사회적 책임의 대표적 위대한 기업이다. 이 그룹이 100년째 인도인의 존경을 받는 이유 뒤에는 진정한 리더의 모습이 담겨 있다.

창업주의 증손자인 라탄 회장은 자신의 자동차가 펑크 나자 소매를 걷어 올리고 땀 흘리며 운전사와 함께 타이어를 교체하는 소탈한 성격의 소유자이다. 초등학교 때는 롤스로이스를 타고 등하교를 했지만, 사치스러움을 좋아하지 않는 그는 평범하고 검소한 생활을 하고 있으며, 술, 담배, 골프도 마다하는 독신의 일벌레 생활을 즐기는 특이한 재벌 회장님이다.

2002년 회계부정 사건이 일어 났는데, 물의를 일으킨 장본인은 타타그룹의 금융 자회사인 타타 파이낸스였다. 내부고발이 사건의 시작인데, 타타 파이낸스를 고발한 자가 바로 타타그룹의 지주회사 타타선

스라는 점이다. 타타그룹은 망설이지 않고 자회사인 타타 파이낸스를 당국에 자발적으로 고발했고 타타 파이낸스는 파산해 버렸다. 타타그룹은 손실을 메우기 위해 약 1,750억 원이 투입되었다. 정직과 용기 그리고 신뢰와 존경을 받는 타타그룹의 윤리적 결단의 결과였다.

2008년 인도 뭄바이의 타지마할호텔에 최악의 테러가 발생했다. 호텔의 모회사인 타타그룹은 직원의 희생에 파격적인 보상을 실시했다. 해당 직원이 사망한 시점에서 은퇴 나이 60세까지의 연봉을 지급하고 유가족 자녀의 평생 학비를 지원하였으며, 사망 직원의 모든 부채를 탕감해 주었다. 상상을 초월한 엄청난 금액의 보상이었다. 타타그룹의 라탄 회장은 테러로 사망하거나 부상당한 80여 명의 가족 집을 모두 방문하고 위로했으며, 장례식장에도 직접 찾아가 조문했다. 이러한 회장의 행보는 모든 직원을 감동시켰으며, 기업과 리더에 대한 강한 신뢰를 심어 주게 되었고, 직원들의 주인의식을 다짐함으로써 신뢰경영의 모범적 본보기가 되고 있다.

"저에게 희망이 있다면, 그것은 인도인들의 삶의 질을 높이는 것입니다. 단순히 돈을 버는 게 목적이 아니라 돈이 없는 곳에 부를 창출해 이로 인한 행복을 보는 것입니다."

정치인이 아닌 어느 기업의 최고 총수가 부를 창출해 국민의 행복을 추구하겠다는 가치관을 가지겠는가? 라탄 회장은 특이한 소유 구조를 가지고 있다. 자산의 2/3를 타타가문이 출자한 자선단체가 가짐으로 타타그룹이 이익을 많이 낼 수록 그 이익금은 자선단체, 즉 국민에게 환원되는 셈이다. 타타그룹은 착하게 사는 기업이 지속 성장성도 동시에 가능하다는 것을 보여 주는 대표적인 모범적 기업 롤모델이다. 이윤 추구의 기업 활동보다 사회에 환원하여 인도인이 행복하게 되는 날을 꿈꾸는 라탄 회장의 가치 철학과 이타적인 삶의 목적은 기업 경영의 방식에서 실제로 고스란히 실현되고 있다. 그는 2012년 말 은퇴하고 그룹 회장직에서 물러났지만, 100년 넘은 인도 최고 재벌회사 타타그룹 라탄 회장의 국민을 향한 진정성은 인도인의 마음 속에 오래 남아 있으리라 여겨진다.

고유성과 독창성이라는 측면에서 가장 먼저 떠오르는 인물은 다름 아닌 애플의 스티브 잡스(Steve Jobs)이다. 잡스는 관계성은 부족했지만, 진정성 있는 인물이라 평하고 싶다. 입양과 학업의 중퇴, 자신의 회사에서 쫓겨나고 재기하며, 세상을 떠나기까지 수많은 스토리와 어록을 남긴 21세기 혁신의 아이콘이 바로 스티브 잡스이다. 그를 만나 본 사람들은 한결같이 그를 독특하고 특이하며 뭔가 특별한 게 있다고 술회했다. 그는 어릴 때부터 호기심으로 부모를 괴롭혔다. 집안 구석에 놓인 바퀴벌레약을 마셔 응급실에 실려가기도 했고, 전기소켓에 금속 머리핀을 넣어 화상을 입기도 했다. 어린 시절 그는 말썽꾸러기에 고집불통, 아이들과 어울리지 못할 정도로 별났지만 도전심과 집중력만은 대단했다.

홈스테드 고등학교 시절 알게 된 전자공학 분야의 천재 스티브 워

지니악(Steve Wozniak)과 공동 창업을 한 스티브 잡스는 오리건 주 사과농장에서 선(禪)애호가들과 보낸 시간을 회상하며 회사 이름을 애플이라고 지었다. 그는 맨발에 낡아 빠진 청바지를 입고 다니면서 남의 시선에 개의치 않았다. 전자 회로기판을 조립하는 회사의 딕 올슨은 훗날 다음과 같이 회상했다.

"난 전자 사업에서 중요한 것 한 가지를 알게 됐다. 나이가 어리다거나 차림새가 허름한 것으로 사람을 판단할 수 없다는 것이다. 최고의 엔지니어는 정해진 틀에 맞지 않는다."

"우린 돈 때문에 일하는 게 아니다. 세상을 바꾸기 위해 일한다."는 비전의 힘으로 조직원들은 용기를 얻고 어려움 속에서도 단합할 수 있었다.

스티브 잡스는 '매킨토시'를 통해 퍼스널 컴퓨터의 시대를, 픽사의 〈토이 스토리〉, 〈니모를 찾아서〉로는 새로운 3D 장편 애니메이션의 세계를, 첨단 기술과 디자인이 응축된 아이팟으로는 새로운 문화 창조를 하여, 세 분야에 혁신을 불러 일으켰다. 또한 자신의 회사에서 쫓겨났을 때에도 새로운 회사 넥스트를 차려 존재 가치를 알렸고, 소프트웨어의 가능성을 깨닫고 소프트웨어와 하드웨어의 결합이라는 혁신을 일구어 냈다.

잡스는 팀원들 간의 관계에 늘 말썽이 많았고, 까다롭고 인색하게 굴었다. 스트레스를 받으면 변기에 발을 담그고 물을 내리는 습관이 있을 정도로 특이했고 수시로 마음을 바꾸는 종잡을 수 없는 성격으로 함께 일하기 힘든 상사였다. 경영을 담당한 마쿨라나 스코티가 아닌 잡스를 상사로 모셨더라면 회사에 남아 있을 직원은 없었을 것이라고 할 정도였다. 하지만 잡스의 비전은 강렬했고 어떠한 장애물도 개의치 않았으며, 자신들의 일이 가치 있다고 믿었다. 괴짜임에도 불구하고 잡스는 호소력 넘치고 설득력이 강했다. '모든 사람의 책상 위에 컴퓨터 한 대'씩을 싼 가격에 제공하고 싶었던 스티브 잡스는 췌장암으로 사망한 후에도 여전히 21세기의 아이콘으로 사랑 받는다.

"우리의 영웅들에게도 결점은 있기 마련이다. 결점 없는 영웅들은 오히려 성공하지 못할 것이다. 하지만 우리가 기억하는 것은 그들의 결점이 아니라 업적이다." (제프리 영, 윌리엄 사이먼, icon 스티브 잡스)

우리나라에서 스티브 잡스와 같은 인물이 태어났다면 어떤 평가를 받았을까 하는 문제에 대해 우리는 진지하게 고민해야 한다. 남과 다른 사고와 행동을 하는 사람들에 대해 배타적인 우리나라의 문화에 대한 반성과 개선이 필요하다. 누구는 똑똑한 척해서 같이 있기 불편하고, 또 다른 누구는 예쁜 척, 고상한 척해서 싫다. 그들은 척이 아니라, 실제로 똑똑하고 잘난 사람인 경우가 많다. 남 흉보기 좋아하는 것도 일종의 습관이다. 누구에게나 결점은 있으며 결점만을 비난하기보다 장점과 업적 또한 진정성으로 평가 받아야 한다.

진정성 리더는 착하고 선한 사람만을 의미하지 않는다. 진정성 리더는 첫째, 다른 사람을 흉내내지 않는 고유한 정체성을 확립한다. 정체성은 독창적인 브랜드를 갖추고 있기 때문에 상징성을 내포한다. 둘째, 자신이 정한 가치 철학을 실천하고 행동을 준수함으로써 사회에 긍정적인 영향을 미친다.

진정성 리더들은 고유한 삶의 목적으로 자신의 이상을 추구해 나간다. 모든 리더가 진정성을 가진 것은 아니지만, 진정성을 갖춘 리더가 세상을 변화시킨다.

'업'을 추구하는 가치경영

경제학 저서로 유명한 제프리 삭스(Jeffrey Sachs) 컬럼비아대 교수는 부를 축적하기 위한 성장을 지양하고 사회적 책임과 문화 발전, 환경 보존 등 다양한 가치를 기반으로 하는 지속 가능한 성장을 강조했다. 근래 들어 기업들의 화두로 떠오르는 단어가 바로 '가치 경영'이다. 국내의 기업도 고객의 가치를 읽고 감동시키는 가치 경영에 따른 착한 기업과 좋은 성장에 관심이 많다. 경영의 목적이 매출액과 시장 점유율을 통한 수익 창출에서, 기업 가치의 향상을 목적으로 소비자의 만족과 신뢰를 바탕으로 하여 브랜드 이미지를 높여 가고 있다. 기업 자체의 이윤 추구를 넘어서서 지역 사회를 활성화시키고 좀더 나은 사회를 위해 공헌하는 가치 경영에 대한 관심이 확대되고 있다.

아시아의 제1갑부 리카싱은 현재 54개 나라에 CEO만 500명이 넘는 청쿵그룹의 회장이다. 비즈니스 영역은 생명과학, 부동산 신탁, 에너지, 호텔, 인프라 건설 등 방대하지만 거대 기업의 횡포에 대한 말이 없다. 홍콩 국민들은 정정당당하게 번 리카싱을 존경한다. 그는 의롭지 못한 부귀는 뜬구름과도 같다고 말하면서 정직과 신뢰를 통한 평판을 가장 중요하게 여긴다. 1980년에 '리카싱기금회'를 마련하여 교육, 의료, 학술 지원 사업 등을 목표로 봉사 활동을 하고 있다. 그 밖에 소외된 자들을 돕기 위한 기부 활동과 병원, 농촌, 학교 현장에 직접 방문하여 개선점을 찾는다. 리 회장은 동양의 전통적 사고가 재산을 자녀에게 상속하는 일이지만, 이러한 구습을 고쳐 사회에 돌려주면서 얻게 되는 보람과 즐거움이 확산되어야 한다고 강조했다. 그러면서 자신의 재산 3분의 1을 사회에 환원하겠다고 공표했다. 개인 재산이 약 30조에 이르면서도 검소하게 생활하고 절약하여 아시아에서 가장 기부를 많이 하는 인물이 되었다. 그것도 회사의 명의가 아닌 개인 재산을 팔아서이다. 그는 진정한 부는 자신의 금전을 사회를 위해 쓰려는 마음이라고 믿으며, 사회에 기여하는 것, 그리고 힘든 자들을 도와 더 나은 삶을 살도록 하는 일이 인생에서 가장 중요한 가치라고 말했다.

노르웨이의 작가 요스타인 가더(Jostein Gaarder)는 "그것은 장난감이 아니라 철학이다."라고 말함으로써 '레고(LEGO)'의 진정한 가치를 인정하였다. 덴마크의 시골 목공소에서 시작된 레고는 현재 3대로 이어진 성공적인 가족 기업이다. 완성되지 않은 미완의 형태를 어린이들에게 제공함으로써 그들의 창의력과 상상력을 마음껏 키워 주는 것이 바로 '레고'의 철학이다. 레고는 자그마한 블록으로 연결되는 아날로그 창조 문화를 고수함으로써 컴퓨터의 디지털 놀이 세상과 경쟁하고 있다. 레고는 어린이들이 자신의 창의력을 바탕으로 잠재력을 탐구하고 도전하도록 영감을 주고 있다.

그들의 가치 철학은 일관성에서 나온다. 레고는 신상품을 만들 때 지켜야 할 몇 가지 원칙이 있다. '첫째, 제품만 봐도 레고가 만든 것인지 알아차릴 수 있는가? 둘째, 어린이들이 놀면서 배울 점이 있는가? 셋째, 경쟁사보다 우수한 품질인가? 넷째, 아이들이 가지고 놀 수 있도록 부모들이 거리낌 없이 허락할 수 있는가? 다섯째, 아이들의 창의성을 자극할 수 있는가?' 이 다섯 개의 기준을 만족시켜야지 신상품 출시가 가능해진다. 레고는 독창성과 일관된 원칙을 준수함으로써 브랜드 가치를 유지하고 있다.

20세기 기업은 품질과 제품의 차별화에 역점을 두어 왔다. 하지만

레고의 브랜드 가치

상상력 : 호기심은 "왜?"라는 질문을 던지고는 그에 대한 설명이나 가능성을 상상한다. 놀이성은 "이러면 어떨까?"라는 질문을 던지고는 평범함이 특별함, 환상, 때론 공상으로 변하는 모습을 상상한다. 꿈은 실천으로 나아가는 첫 걸음이다. 자유로운 놀이는 아이들에게 창의력의 기초가 되는 상상력을 어떻게 개발할 것인지 알려 준다.

창의력 : 창의력은 새롭고, 놀랍고, 가치 있는 생각과 사물을 찾아내는 능력이다. 체계적인 창의력은 놀이성과 상상력에 논리와 추론을 결합한 창의력의 특별한 형태이다.

재미 : 재미란 무언가에 완전히 빠져들 때 느끼는 행복이며, 익숙해지면 더 큰

재미를 느낄 수 있다. 주어진 과제와 이를 풀어낼 능력이 균형을 이루면, 목표를 향해 나아갈 수 있다. 재미는 과정과 성취에서 모두 느낄 수 있다. 재미란 모험의 짜릿함, 아이들의 즐거운 열정, 아이들이 하거나 만든 것으로 자신뿐 아니라 다른 사람들까지 느끼는 놀라운 기쁨이 합쳐져 만들어진다.

학습 : 학습은 실험, 즉흥적인 처리, 발견의 기회를 제공하는 것으로서, (실천과 집중을 통해) 생각과 사고를 넓혀 주며, 다양한 관점을 보고 인식할 수 있게 도와준다.

배려 : 배려는 아동의 삶에 긍정적인 차이를 만들어 주는 행동이며, 레고의 파트너와 동료, 우리가 살아가는 세상에서 모든 일에 상대방의 관점을 고려하는 것이다. 다른 사람들을 위한 노력은 '그래야 해서 하는 것'이 아니라, '그것이 옳다는 마음'으로 우러나와 하는 것이다. 배려는 우리의 자존감을 버리는 것이 아니라 우리를 낮추는 겸손이다.

품질 : 탁월한 제조 기술을 바탕으로 모두의 평판과 신뢰를 얻기까지, 레고는 품질이 모든 것을 말해 주며, 품질로 모두의 찬사를 받을 수 있으리라 믿었다. 레고에게 있어 품질이란 최고의 장난감, 아이들과 이들의 발달을 위한 최선, 레고의 공동체와 파트너들을 위한 최선을 이루기 위해 꾸준히 자신을 가다듬는 숙제와도 같다.

(출처 - 레고 홈페이지)

글로벌 기업의 확산과 경쟁으로 유사한 제품이 얼마 안 되어 시장에 선보이고 있다. 언제까지나 선두그룹으로서 시장을 이끌기는 쉽지 않다. 21세기에 중요한 것은 제품의 '차별화'보다 기업의 '차별화'이다. 제품의 질은 점차 평준화되어 가고 있다. 기업의 '차별화'란 소비자에게 제품 이상의 가치를 전파하는 기업, 정의로운 사회 구현에 힘쓰는 기업으로 존경 받는 기업의 탄생이다.

경영의 대가 필립 코틀러(Philip Kotler)는 자신의 저서 《마켓 3.0》에서 "소비자의 이성에 호소하던 1.0의 시대와 감성·공감에 호소하던 2.0의 시대에서, 소비자의 영혼에 호소하는 3.0의 시대가 도래하였다."며 미래 시장의 경영 전략을 제안했다. 기업이 수익 창출 이후에 사회 공헌 활동을 하는 것이 아니라 기업 활동 자체가 사회적 가치를 창출하면서 동시에 경제적 수익을 추구할 수 있는 방향으로 이루어지는 행위를 말한다. 기업의 경쟁력과 주변 공동체의 번영이 상호 의존적이라는 인식에 기반을 두고 있다.

탐스(TOMS)슈즈는 2006년 블레이크 마이코스키(Blake Mycoskie)에 의해 창립되었고, 불과 몇 년 사이 세계적인 브랜드로 급성장했다. 마이코스키는 세탁 서비스 사업과 TV 네트워크 사업을 했던 창업가였다. 하지만 번번이 실패하고 말았다. 그는 2002년에 2인 1조로 전 세계를 돌며 경주하는 CBS 방영 리얼리티 쇼인 〈어메이징 레이스(The Amazing Race)〉 시즌 2에 참가했는데, 거액의 상금이 걸린 우승을 단 5분 차이로 놓쳤다. 이후 2006년 1월 촬영을 위해 방문한 아르헨티나는 그에게 깊은 인상을 남겼고 휴가로 떠나는 그곳에서 삶의 전환을 맞이했다. 그는 아르헨티나의 마을을 여행하며 아이들이 신발조차 신을 수 없는 극심한 빈곤에 관심을 갖게 되었다. 그리고 현지에서 친분을 쌓은 폴로 강사인 알레호 니티(Alejo Nitti)와 함께 아르헨티나 전통 신발인 알파르가타를 현대적으로 변형한 신발을 제작했다.

"제가 탐스를 시작했을 때, 가난한 사람을 도와주는 방법이 무엇인지 잘 몰랐습니다. 저는 단순히 아이들에게 신발을 주고 싶었습니다." 탐스슈즈는 한 켤레의 신발을 팔 때마다 신발이 필요한 아르헨티나와 다른 빈곤국 아이들에게 한 켤레를 기부하는 '일대일(One for one) 운동'을 펼쳤다. 전 세계인들은 일대일 기부공식을 현실화시킨 탐스의 브랜드 철학에 열광했고, 광고나 프로모션 없이 입소문만으로 제품은 인기리에 판매되었다. 판매된 개수만큼 기부하겠다는 약속 또한 철저하게 실행되었다. "사람들은 기부하고 싶어합니다. 그런데 그들은 여행도 좋아합니다. 그것이 우리가 추구하는 라이프 스타일이에요. 그것이야말로 진짜(authentic)입니다. 전 진짜란 단어를 많이 쓰는데, 그것은 무언가 내게 진짜로 느껴지지 않으면 시간 낭비이기 때문입니다."(조선 위클리비즈 28887호)

2011년 마이코스키는 안경 사업을 시작했고, 신발과 마찬가지로 일대일 기부정책을 적용했다. 탐스 안경 하나를 구입하면 제3세계 어린이들에게 시력 교정용 안경을 처방하거나 시력 보존을 위한 수술 등 의학적 서비스를 제공하고, 시력 보존을 위해 백내장 수술도 이루어진다. 신발을 신을 수 없는 어린이들에게 신발을 제공하는 것처럼, 안경 기부로 시력 회복을 위한 예방과 지원에 도움을 주고 있다. 마이코스키는 자신의 인생 사명은 사람들의 삶을 개선하는 것이고 비즈니스를 통해 그 일을 한다고 말했다. 탐스의 홈페이지 첫 화면에 쓰여진 문구이다.

"우리는 모두가 더 나은 삶을 살도록 돕습니다(We're in business to help improve lives)."

"자본주의는 포위돼 있다. 비즈니스가 사회, 경제, 환경적 문제를 일으키는 주요 원인이라는 시각이 강해지고 있다. 기업은 공동체를 희생시키면서 번성하고 있다는 인식도 확산되고 있다." 공유가치창출(CSV, Creating Shared Value)을 강조한 하버드 경영대학원 마이클 포터(Michael E. Porter) 교수의 말이다. CSV의 핵심은 사회적 문제를 혁신적으로 해결하는 데 따른 경제적 이익을 추구하는 방식이므로 기부를 전제로 상품을 판매하지는 않는다면서, 탐스슈즈는 이익의 잉여를 나누는 CSR과 사회 문제 해결을 통해 이익을 얻는 중간이라고 말했다. 그는 2011년 동아비즈니스 포럼에서 대기업의 이익을 중소기업에게 나눠주는 일에는 한계가 있다고 지적하면서 CSV를 도입하고 실제로 적용해야 한다고 강조했다.

마이클 포터(Michael E. Porter)와 마크 크래머(Mark R Kramer)는 CSV가 구글, IBM, 인텔, 존슨앤존슨, 유니레버, 네슬레, 월마트에서 시작되고 있지만 아직은 초기 단계라고 하면서 그 주요 개념을 소개했다.

첫째, 제품과 시장에 대한 재구상(By reconceiving products and markets)이다. "과연 우리의 제품은 고객에게 유익한가?", "우리는 건강에 유익하고 친환경적인 제품을 만드는가?"에 대한 질문이다. 또한 저임금자와 개발도상국가의 구성원들을 위한 제품의 다양화 및 가격 단가를 낮추기 위한 차별화된 유통 시장 구조의 개선이 주요 사항이다.

둘째, 가치사슬 안에서 생산성 재정의(By redefining productivity in value chain)이다. 천연자원과 물 사용, 건강과 안전, 작업 환경과 공정한 대우에 대한 사회적 이슈와 연관된다. 사회적 문제를 적극적으로 해결하고자 할 때 기업의 경제적 비용 역시 감소될 수 있다. 실제적으로 월마트는 지나친 포장재를 자제하고 플라스틱 제품을 재활용하며 배달 노선 구조를 개선함으로써 비용이 절감되었다. 코카콜라는 2004년부터 시작된 물 절약운동으로 2012년에는 물 사용량을 20% 절감시켰다.

셋째, 지역 클러스터 개발 지원(By enabling local cluster development)이다. 그는 기업이 비즈니스와 사회가 함께 나아가기 위한 선봉적 역할을 해야 한다고 강조했다. 기업의 성공은 그 기업을 둘러싼 협력 업체와 여러 기반 시설, 서비스 제공자로부터 영향을 받는다. 클러스터는 이외에도 지역 사회의 학교와 비영리단체, 깨끗한 물, 투명성, 공정거래법 등 기업 활동이 일어나는 주변의 모든 공적 자산을 포함한다. CSV는 클러스터의 범위 내에서 실패했거나 부족한 간극(gap)을 해소하기 위해 노력함과 동시에 기업의 생산성을 확대시키는 일이다.

네슬레는 커피콩을 재배하는 각 지역에 필요한 농업적·기술적·재정적·운송적 문제를 감당할 기관을 건설하여 양질의 커피를 제공받기 위한 효율적 지원을 전개한다. 고수익을 제공하기 위해 양질의 커피를 생산한 소농작인들에게 보너스를 지급할 뿐만 아니라 은행 대출을 보증해 주고 있다. 농작물 활동에 필요한 정보와 조언하기 위한 교육 프로그램을 연계하고, 병충해 방지와 비료, 관개 장비를 지원한다. 독자적인 비영리 국제기구인 열대우림연맹(Rainforest Alliance)과 파트너십을 맺어 농작물의 고수확을 위한 실습과 훈련을 병행한다. 네슬레는 지역 클러스터를 지원함으로써 지역 주민의 삶을 더욱 풍요롭게 변화시킴과 동시에 기업의 생산성을 향상시키고 있다.

사회적 기업(Social Entrepreneurs)은 새로운 기업 마인드를 바탕으로 사회적 요구를 충족시킬 만한 제품과 서비스를 제공하기 위해 시장을 개척해 나가고 있다. 중요한 것은 사회적 이익을 제공하는 것 못지않게 공유가치 창출을 위한 자생적 지속 가능 능력을 갖추는 일이다. CSV는 CSR을 대체해야 한다. CSR이 기업의 명성(reputation)에 초점 맞추어져 있다면 CSV는 사회적 가치를 창출함에 의한 경제적 가치 창출이다. CSR은 그 사용 예산이 정해진다면 CSV는 기업 행위 전반이 예산과 재편성되어야 한다. 기업은 자신들의 자원과 노하우 그리고 유통망을 통해 전반적으로 사회적 진화를 선도함과 동시에 경제적 이익과 존경을 얻게 되는 자본주의의 새로운 개념이라 할 수 있다(Michael E. Porter& Mark R. Kramer, Creating Shared Value, Harvard Business Review).

사회적 책임과 자선적 박애주의, 혹은 지속 경영의 차원이 아닌 기업 사고방식의 변혁을 앞세우는 진보적 발상이 CSV이다. 기업의 활동이 사회적 구조의 발전과 동시에 연관되는 자본주의의 확장적 사고 개념이다. 즉 기업 활동 자체가 사회 공헌이며 기업의 목적이 공익적 목적을 공유하는 개념이다. 이는 상생이고 동시 성장을 뜻한다. 사회적인 문제를 해결하기 위해 정부와 NGO, 사회적 기업에서 많은 시도가 이루어지고 있다. 포터 교수는 기업의 목적이 단순히 영리 우선적이라기보다 공유 가치를 전개함으로써 재정의되어야 한다고 주장했다.

연세대 경영학과 박흥수 교수는 "CSR과 CSV의 극명한 차이는 가치 창출에 있다. CSR은 선행을 통해 사회에 기업의 이윤을 환원하기 때문에 기업의 수익 추구와는 무관하다. 그러나 CSV는 기업의 비즈니스 기회와 지역 사회의 니즈가 만나는 곳에 사업적 가치를 창출하여 경제적·사회적 이익을 모두 추구하는 것이다. 다시 말하면, CSV는 CSR보다 진화한 개념이며 기업과 지역 사회가 상생하는 개념이라 할 수 있다."라고 말했다.

CSV 개념은 포터 교수가 2011년 〈하버드 비즈니스 리뷰〉를 통해 발표한 논문에서 시작된, 몇 해밖에 되지 않은 개념이지만, 우리나라의 기업은 발빠르게 CSR에서 CSV 전략으로 옮겨 가고 있다. LG그룹은 '시장 선도 가치'를 강조하고, SK텔레콤은 '최고의 고객 가치 지향'이라는 슬로건을 내걸고 있다. CJ그룹은 사회에 도움이 되는 가치를 만드는 CSV 활동을 위해 CSV 경영실을 두고 있다. 그 이유는 기존의 CSR을 통한 사회공헌이 기업의 이미지 향상에 그리 성공적이지 않았기 때문이다. 그 대안적인 전략이 바로 CSV라는 신드롬에 편승하는 일이다.

국내 대기업의 사회공헌 비용은 앞으로 3조 원 시대라고 한다. 비용이 아닌 투자라는 개념으로 최근 1년간 1조 원이 늘었지만, 대중은 기업의 사회공헌 활동에 '모른다'는 응답이 57.7%에 달했다. 부정적인 입장은 65.6%를 나타냈다. 즉, 기업이 투자하고 있는 사회공헌 활동과 고객이 원하는 가치와는 차이가 있음을 알 수 있다. 기업이 사회적으로 지속 가능 경영으로 성장하려면 사회공헌 활동에 대한 새로운 인식의 전환이 필요하다. 그만큼 기업의 사회공헌 활동이 진정성으로 수행되지 않으면 안 될 '당위적이면서도 필연적'인 요구가 되어 버렸다.

기업의 막대한 투자로 이어지는 사회공헌과 공유가치 활동이 대중에게 사회공헌과 공유가치로 여겨지지 않는 것은 진정성이 보이지 않기 때문이다. 우리나라 기업의 가치경영 활동은 어느 기업이나 유사하다. 연말의 산타 행사와 김장 거들기, 고아원과 양로원 봉사, 청소년 및 노인 복지 지원, 어린이 환자 봉사와 장애인 봉사, 멘토링과 꿈 프로젝트, 각종 장학사업과 예술문화 지원 등 어느 기업의 사회공헌 활동인지 차별성이 보이지 않는다. 각종 사회공헌 사업 중 절반이상이 1~3년 단기성이며, 10년 이상 지속된 경우는 12%에 불과하다. 기업은 자신들만의 기업 가치에 어울리는 독특한 가치경영 활동을 전개해 나가야 한다. 공헌 프로그램에 독창성이 없으니 진정성이 보이지 않는 것은 당연하다. 어느 기업이나 비슷비슷한 사회공헌보다는 자신들의 분야에 따른 차별화된 선택과 집중된 나눔 활동에 주력해야 한다.

김종대 인하대 교수는 포터 교수가 논문에서 언급한 기업 중에서 네슬레만이 CSV를 언급하고 나머지 구글, 코카콜라, 인텔, 유니레버를 포함한 11개 기업의 지속가능경영 보고서에는 CSV 용어에 대한 언급이 없다고 지적했다. 우리나라에서 지나친 CSV 열풍은 사회공헌 활동에 대한 투자에 비해 기업 이미지 향상과 무형 자산 가치 창출에 성공하지 못했기 때문에 CSR 활동의 대안적 전략이 CSV 신드롬의 배경이라고 말했다. 전략적 CSR을 CSV로 어설프게 포장하는 것이 오히려 진정성 결여로 인식될 위험이 있다고 제기했다.

나는 우리나라에서 CSV를 추구하는 대기업이 실제로 포터 교수가 주장한 CSV 세 가지 요소를 충족시키고 있다고 생각하지 않는다. '가치'를 공유한다는 것은 높은 목적의식을 가지고 새롭게 경영 구도를 재편성해 나가는 일이다. 시대의 트렌드를 좇기보다 새로운 용어로 재편성하기보다 중요한 것은, 국내 기업이 '업'에 따른 공유가치를 인식하고 시도해 나가야 한다고 생각한다.

- 보험업의 성공 여부는 사람들에게 보험이 필요하든 말든 무조건 상품을 판매한 영업이익에 따른 결과로 결정된다. 그러나 보험업에 종사하는 직원은 사람들을 자기 자원의 훌륭한 청지기가 되도록 도와주는 가치를 가진다.
- 스포츠용품업의 성공은 스포츠 상품을 많이 판매한 숫자로 결정된다. 그러나 사람들에게는 건강과 재충전을 위해 여가 시간을 잘 활용하도록 돕는다.
- 요식업의 성공은 다른 경쟁업체에 비해 많은 손님을 받아 높은 이익을 내는 일이다. 그러나 고객들에게는 좋은 먹을거리를 제공한다는 장인정신으로 건강과 영양을 책임진다.

프록터 앤 갬블(P&G)의 마케팅책임자(CMO) 경력을 지닌 짐 스텐겔 UCLA 경영대학원 교수는 고객을 중심으로 한 기업의 신념과 가치를 강조하고 이를 브랜드 이상(Brand Ideal)이라고 명명했다. '브랜드 이상이란 기업이 경영의 지표로 삼아야 하는 북극성'이라면서 사람의 삶을 더욱 좋게 개선하려는 브랜드 이상을 핵심 가치로 삼는 기업은 큰 성공을 거두고 있다고 말했다. '브랜드 이상'이란 고객의 삶을 바꾸는 일을 최우선으로 내세우는 일이다. 바로 '업'이 가지는 목적에 충실해야 한다. 이러한 기업의 가치가 단지 홈페이지에 기재되어 있는 문구가 아닌 실제 기업활동에서 녹아져 나올 때 고객들은 특정 브랜드에 열광하고 기업의 경영가치를 함께 나누는 일에 동참하는 것이다.

2013년 전경련 조사에 따르면 국내 기업의 84%가 '업' 연계형 사회공헌 프로그램을 개발하고 있다고 한다. 생명보험사는 자살예방 사업에 주력하고, 자동차 업계는 장애인 차량을 개발하며, 교육사업기업은 불우한 어린이를 위한 장학사업을 지원하는 식이다. 실제로 맥도널드는 패스트푸드의 대명사이지만, '세계어린이날'을 지정해 행사를 개최하고, 어린이 축구교실 지원 및 어린이병원 방문 등 아동복지 활동에 전념하고 있다. LG유플러스는 IT를 활용해 소외 계층 청소년에게 IT 프로그램 '스마트 플러스'를 시범 운영한다. 대학생 멘토들이 PC나 스마트폰을 통해 청소년들에게 언어, 외국어, 수리, 사회탐구, IT 자격증 등의 과목을 가르친다. 또한 '글로벌 IT 챌린지' 대회에서는 아시아, 태평양 지역의 장애 청소년들이 IT 실력을 겨룬다.

"아모레퍼시픽은 할머니의 부엌에서 문을 열었습니다. 변변한 기구 하나 갖춰 있지 않았음에도 불구하고, 할머니는 정성과 성직(聖職)으로 동백기름을 만들었죠. 저 역시 그분들의 뜻을 이어가는 게 도리라고 생각합니다." (권선복, 행복에너지)

우리나라에서 선택과 집중으로 '업' 연계적인 사회공헌 활동을 전개하며 한 우물을 파고 있는 대표적 기업은 아모레퍼시픽이다. '업'에 대한 서경배 회장의 사명감은 선대의 유산을 이어 나가는 마음에서 시작되고 있다. 여성들의 건강한 아름다움을 최고의 가치로 여기는 기업철학과 아시안 뷰티 크리에이터(동양적 미의 창조자)'라는 경영 목표에 맞춰 '아모레퍼시픽 메이크업 유어 라이프', '핑크리본 캠페인'을 열어 여성암에 대한 관심을 일깨우고 있다.

"수혜자 중심의 사회공헌 활동으로 수혜 받는 대상에게 진정 필요한 것이 무엇인가를 늘 고민하고 이를 바탕으로 모든 활동을 전개한다."라고 말한 서경배 대표이사는 가장 잘할 수 있는 일이 무엇인가를 고민한 결과 아름다움을 전하는 나눔의 활동이 진정한 공헌이라고 생각했다. '메이크업 유어 라이프' 행사는 암 치료 후 외모 변화로 인해 고통 받는 여성 환자의 상실감을 회복하는 데 도움을 주고 있다. 이 행사는 중국으로까지 확장되었고 캠페인 횟수와 수혜 대상을 확대시킬 예정이다.

아모레퍼시픽은 여성의 아름다움을 추구하는 것을 넘어 '아름다움의 문화'를 선사하는 기업의 이미지로 문화예술을 지원하는 각종 메세나

활동에 적극적이다. 한국 고유의 원료식물도록 〈Beyond Flowers〉, 〈한국의 차 문화 천년〉 시리즈 출간을 지원함으로써 우리나라의 전통을 보존함과 동시에 단편영화제와 현대미술을 기획·전시하며 성장 가능성 있는 젊은 작가의 발굴과 지원 역할을 담당하고 있다.

미국 잡지인 〈브랜드 위크(Brand Week 1999. 2. 22)〉는 시장조사 전문기관인 로퍼 스타치(Roper Starch)의 흥미로운 조사 결과를 발표했다. 가격과 품질이 같다면 선행을 많이 하는 기업의 브랜드로 바꾸겠다는 소비자가 76%에 달한다는 내용이다. 응답자의 3분의 2는 상품 구매 시 그 기업의 사회공헌 여부를 고려한다고 응답했다. 다우존스 지속가능경영지수(DJSI) 평가에 따르면 투자자 역시 '착한 기업'에 더 많이 투자하기 시작했다는 결과이다.

사람들은 점차 '착한 기업'을 좋아하게 될 것이다. 기업의 부조리와 정의롭지 않은 관행적 갑을관계의 청산을 요구할 것이다. 고객의 SNS 활동은 더욱 집요하고 짓궂어질지 모른다. 나와 가족에서 우리와 지역사회로, 이익과 더불어 나누고 공생하는 공유가치 창출은 변화의 목소리이다. 남 보여 주기 위한 사회참여가 아닌 진심 어린 실질적 공헌이 사회적 신뢰를 얻게 될 것이다. 존경과 사랑 받는 기업은 '진정성'에서 나온다.

스코틀랜드의 발렌타인(Ballentine) 위스키 회사는 'Stay true' 캠페인을 통해 "자신만의 진정성을 유지하면서(Stay true), 깊은 인상을 남겨라(Leave an impression)."는 자신들의 기업철학을 전하고 있다. 창립자 조지 발렌타인(George Ballantine)의 정신과 철학을 대변하는 이 메시지는 기업이란 결국 자신의 업을 기초로 한 장인정신을 통해서만 지속 가능하다는 것을 말해 주고 있다. 가치경영기업으로 인식되고 싶다면 핵심은 '진정성'에 있다. 진정성만이 영감과 감동을 주고 사람들의 기억 속에 남는다. 잠깐은 속여도 영원히 속이지 못하는 것이 바로 '진정성'의 힘이다.

- '나'의 진정성(고유성과 독창성)은 무엇인가? 그 뿌리는 어디에서 기인하는가?
- 내가 생각하는 진정성이란 무엇인가? 진정성이 느껴지는 경우는 언제였나?
- 우리 조직은 어떠한 가치를 준수하고 있는가? 그 원칙이 얼마나 철저하게 지켜지고 있는가?

Activity

- 내가 가장 감동받았던 문학작품, 영화, 미술품에는 어떠한 것이 있는지 살펴보고 적어 보기
- 선정된 작품에서 보이는 공통된 주제는 무엇인지 알아보기
- 자신이 가장 중요하게 여기는 공통된 가치와 진정성에 대해 토론하기

Reflection

- 내가 생각하는 진정성 있는 리더는 누구인지 그리고 선정한 이유는 무엇인지 적어 보기
- 기업의 성공적인 가치경영 사례 공유하기

4
■
관계성
Relational Leadership

"리더십은 사람에 관한 것이지 조직에 관한 것도 계획에 관한 것도 전략에 관한 것도 아니다. 즉, 사람들로 하여금 그 일을 하게 하는 동기부여다."

– 콜린 파월

인공지능 로봇은 인간 뇌의 인지구도를 바탕으로 구성되어 인간의 언어와 표정까지 비슷해져 가고 있다. 단순 작업에서 벗어난 AI 로봇의 등장은 인간 직업의 많은 영역을 침범할 것이다. 미국인 37%가 인간 상사보다 소프트웨어 로봇을 더 선호하고, 인공지능 의사 왓슨의 처방을 더 신뢰한다는 기사 역시 충격적이다. 오류 없는 기계의 정확성이 이유라지만, 응답자의 38%는 인간 상사보다 로봇을 선호하는 이유가 의사결정 단계에서 편견이 없어서라고 밝혔다. 반면에 덴마크인들은 5%만이 인공지능으로 상사를 대체하는 일에 찬성하고 81%는 반대했다. 그들은 직장에 높은 만족도를 보이고 있다.

현대사회에서 인간이 인간에게 주는 신뢰가 어느 정도인가 고민해 보아야 하는데, 하물며 우리나라에서는 어떠한 결과가 나올지 예상된다는 사실에 사뭇 씁쓸하다. 인간이 로봇과 다른 점은 바로 '휴머니즘'이다. 정확성에서 인간이 기계보다 뒤떨어지는 것은 자명한 일이지만, 인간은 인간을 존중하고 공감해 주는 인간성이 존재한다는 사실을 기억해야 한다.

미국의 PBS(Public Broadcasting Service)는 '어떻게 창의적인가(How to be creative)'에서 인간의 창의성은 단순히 우뇌 좌뇌의 문제가 아니라 복잡한 단계를 거친다고 말했다. 인간은 대화를 하고 함께 협력하면 더욱 창의적이 된다고 밝히고 있다. 선진국에서 많은 기업이 서로 아이디어를 나누고 협력하는 온오프라인 플랫폼을 운영하고 있는 이유이다. 인공지능만큼 인간을 신뢰하는 사회, 편견과 고집없이 토론하고 협력하는 세상에서 인간은 인공지능을 다스리는 창의적인 경영자로 자리매김할 것이다.

존중하는 마음 : 직원은 소중한 사람

존중의 부재

'크로스파이어'로 유명한 중견 게임업체인 스마일게이트 권혁빈 대표는 포브스가 뽑은 2016년 한국 부자 4위에 오르면서 신흥 IT기업의 위력을 실감나게 했다. 전자공학과를 나와 컴퓨터 프로그래밍에 매료된 그는 컴퓨터게임에 이어 모바일 서비스 플랫폼 '스토브'를 선보이며 IT 문화콘텐츠로 영역을 확장시키고 있다. 공대 출신인 권대표가 경영에서 강조하는 것은 바로 인간에 대한 이해이다. "사람이 제품을 만들고 사람에게 파는 것이니 인간을 이해하는 것이 경영의 첫걸음이자 마지막이다." (포브스 2016. 6월호)

리서치 기관인 퍼블릭 어젠다(Public Agenda)는 5만 명의 미국인들을 대상으로 설문 조사를 실시 했다. 결과에 따르면, 10명 중 8명은 '존중의 부재'를 가장 심각한 사회 문제로 지적하면서, 과거에 비해 갈수록 심각해지고 있다고 답했다(데보라 노빌, 리스펙트).

우리 사회도 마찬가지이다. 타인의 안전과 행복에 대한 존중, 배려 능력이 상실되어 가고 있다. 이웃 간의 정은 고사하고 층간 소음에 대한 민원으로 사이가 나빠져 종국에는 폭력으로 번진다. 감정 노동자에게 함부로 대하는 고객이 많아져 기업마다 진상 고객에게는 상대하지 않아도 된다는 규칙이 생겨났다. 그냥 넘어갈 수 있는 일임에도 분노를 참지 못하고 흉기로 찌르고, 총으로 쏘는 극단적 범죄가 증가 추세이다. 인터넷에는 상대에 대한 예우와 존중은 사라지고 온갖 욕설과 인신 공격이 난무한다. 분노조절장애 현상이 가정에서도 예외는 아니다. 분노조절장애의 가장 주된 원인은 대인관계에서 오는 스트레스라고 한다.

2천여 년 전 사마천에 의해 쓰여진 역사고전서 《사기》는 인간에 대한 신뢰와 사랑을 바탕으로 인간성의 회복과 인간답게 사는 것은 무엇인가에 대해 서술하고 있다. 훌륭한 인재를 인정하고 대우하는 리더의 모습 속에서 인간을 향한 애정과 존엄을 보여 주는 관계에 대한 '인서(人書)'이다. 동양의 철학에서는 인간관계를 가장 우선으로 두었으며, 천하를 얻기 위해서는 사람의 마음부터 얻어야 한다고 생각해 왔다. 공자는 인간관계의 덕행을 강조하고 인(仁)으로 다스리는 것이 군자의 길로 보았다. 이처럼 유교의 기본 사상은 인간중심주의의 이데올로기를 골자로 하고 있다. 근래에 들어 인문학 서적의 열풍과 함께 '인간'에 대한 이해를 바탕으로 한 '사람경영'에 주목하고 있다.

2009년 미국 갤럽(Gallup)은 700개 기업에서 근무하고 있는 200만 명의 직원을 대상으로 인터뷰를 실시했다. 그 결과, 생산성에 가장 기여하는 요인은 직원들을 지휘하는 상사와 관계에 있다고 밝혔다. 직원들이 회사가 마음에 들어 입사했다가 상급 관리자 때문에 퇴사한다는 것이다. 인정받고 존중 받지 못하는 느낌과 배려 받지 못하는 분위기로 인해 회사를 떠나간다. 아직도 조직원들이 더 높은 보수를 향해 이직한다고 생각한다면 그것은 오산이다. 회사에서 존중 받는 직원들은 보수를 더 많이 주는 기업이 나타나도 자신의 조직을 쉽사리 떠나지 못한다. 세상의 발전 속도가 빨라지고 있는 21세기, 한 명의 리더보다는 다수의 유능한 리더를 요구하고 있다. 대량생산이 아닌 독창성과 창의력을 필요로 하는 인재가 필요해지면서 지식노동자의 관리능력이 점차 중요시되고 있다.

사람의 마음을 움직이는 것

동양의 유교사상은 가부장적이고 남성중심적인 문화를 중심으로 가정과 학교, 사회에 오래도록 영향을 끼쳐 왔다. 현대에 들어서 강조되는 감성과 관계지향성은 여성의 영역이었다. 전통적인 어머니 상은 자녀들에게 '사랑'과 '관심'을 주고 아버지와 자녀 간의 관계적 가교 역할을 했다. 우리나라의 조직이 관료주의적 위계질서 위주의 조직문화에서 탈피하기 위해서는 더욱 많은 수의 여성이 임원으로 참여하고 역할해야 한다고 생각한다. 내가 생각하는 최고의 교육은 사랑 받는다는 자신감과 중요한 사람이라는 자긍심을 주는 일이다. 품성이나 도덕을 가르쳐 기르는 훈육(訓育)만이 전부가 아니다. 사랑 받는다는 느낌은 소중하고 중요한 사람이라는 인식에서 나온다. 직원은 사랑 받을 자격이 있는 소중한 사람이라고 여기는 마음은 '존중'에서 나온다.

현대중공업 권오갑 부회장은 최고경영자의 가장 필요한 능력은 먼저 사람을 움직이는 것이라고 말했다. 마음이 움직이지 않으면 사람이나 조직은 움직이지 않는다는 것이 그의 지론이다. 권 부회장은 화장실 청소로 묵묵히 일하는 청소부원들과 보안요원을 초대해 점심을 함께한다. 그들과 함께하는 연말 식사 대접은 현대중공업 재직 시절부터 한 해도 거르지 않고 있다. 얼굴을 마주하지 않고 선물만 돌리는 일로 감사의 뜻을 전달하지 못한다는 것이 그의 생각이다.

현대오일뱅크 사장 시절에는 협력업체 직원들이 컨테이너 박스 가건물을 이용하는 것을 보고, 새 건물을 짓도록 지시했다. 한여름 샤워 시설도 없는 곳에서 근무하게 할 수는 없었다. 덕분에 180석 규모의 식당과 샤워 시설, 라커룸과 운동 시설도 갖추게 되었다. 그는 상대를 배려하고 따뜻하게 대할 수 있는 수평적 관계 훈련이 필요하다면서 자신과 의견이 다른 사람들을 더 많이 만나야 리더로서 강해진다고 강조했다.

꿈의 세상을 건설한 월트 디즈니(Walt Disney)는 창조적인 작업을 위해 자율성을 보장했지만, 일에 대한 성취가 강했기 때문에 규칙은 철저했고, 복장과 서비스에 엄격했다. 칭찬에 인색하고 지시를 내릴 때는 엄했다. 하지만 창작에 대한 열정이 있는 직원에게는 존경심을 표현했기에, 직원들은 디즈니의 행동이 감정적인 처사가 아니라 합당하다고 느꼈다. 디즈니는 자신의 직위를 남용하지 않고 겸손했으며, 직원의 의견을 경청하고 존중했다. 디즈니랜드의 직원은 '세상에서 가장 행복한 곳'을 만드는 배우의 역할로 인정받았는데, 그들은 디즈니랜드의 주연을 돋보이게 만드는 수많은 조연의 존재들인 셈이다.

'디즈니 유니버시티'의 더그 립 씨는 미국의 대학생들이 애플, 구글처럼 월급이 적어도 가장 가고 싶은 기업으로 꼽는 이유는 바로 직원들이 진심으로 회사에서 존중받기 때문이라고 말했다. 한번은 스카이웨이 곤돌라 승차 구간에서 일하던 18세 운영요원이 뒤를 돌아보니 바로 월트 디즈니가 서 있는 것이었다. 놀란 그에게 디즈니는 스카이웨이를 바꿔 보려는데 자네에게 아이디어를 들으러 왔다고 말했다. 실제로 직원의 의견을 존중하고 귀기울여 들은 후 곤돌라의 천장을 높여 짓게 했다. 이제는 나이가 70이 넘은 그 운영요원은 디즈니가 자신에게 일자리를 준 것에 감사하고 자신의 일터가 행복한 추억으로 가득하다고 눈물을 보였다(조선일보, 위클리 비즈, 2015. 2. 28~3.1).

CEO의 겸손은 빛나는 법이다. 실무 담당자가 스스로 자기가 훌륭하다고 느끼게 만드는 리더는 위대하다. 리더는 직원을 전문가로 예우하고 존중한다. 직원들에게 업적을 세울 기회를 제공해 주는 일은 존중이며 배려이지만, 리더 역시 빛나는 일이다.

"리더란 자신을 한없이 낮추면서도 늘 밝게 빛나야 한다." (존 어데어, 보스가 아니라 리더가 되라)

인간 존엄 철학

영어 단어 significance는 의미(meaning)와 중요함(importance)의 뜻을 동시에 갖고 있다. 회사 일이 소중한 의미(meaning)가 됨과 동시에 자신이 중요한(important) 존재로 인정받는다고 느낀다면, 그 직장을 다니는 사람은 행복할 것이다. 사람들은 존중 받는다고 느낄 때 조직의 일에 충실하며 헌신한다. 직원들에게 중요한 것은 화려한 복지시설이라기보다 내가 얼마나 존중 받느냐이다.

직원과의 관계에서 가장 중요한 것은 기업이 종업원의 존재를 인정하고 존중하는 인간 존엄 철학을 가지는 일이다. 서양 국가의 경우 고용주와 고용인의 관계는 '자유 고용주의(Employment-at-Will Doctrine)'에 입각하여 서로 자유 의사에 의해 고용계약을 맺었기 때문에 고용주는 언제든지 어떤 이유로든 해고가 가능하며, 동시에 피고용인도 어떤 이유로든 회사를 떠날 자유가 있다. 하지만 우리나라는 서양의 고용구조와 달리 고용인과 피고용인 사이가 수직적인 상하관계를 형성하고 있어, 이를 보호하기 위해 근로기준법이 생겼다. 근로기준법 제 31조 제1항에 의하면, 기업은 긴박한 경영의 문제가 발생 시에만 해고할 수 있다. 이는 부당한 해고 남용으로부터 근로자의 생존권을 보장해 주려는 데 그 취지가 있다. 외부에서 보았을 때 함부로 해고하지 못하는 우리나라의 실정이 훨씬 더 직원을 존중하는 처사인 듯 보이지만, 내부적으로 꼭 그렇다고만은 할 수 없다.

기업은 점차 글로벌화되고, 국제적 관례에 따른 고용법의 관점에서는 노사 개선 문제나 비정규직과 정규직 간의 갈등문제가 외국인이 투자를 꺼리는 요인이 된다. 선진국의 경우 기업이 경영상의 어려움에 직면해 있을 때에는 직원을 비정규직 상태로 두고 자유롭게 해고가 가능하며, 경영이 정상화되면 다시 복귀할 수 있도록 하는 국제노동시장의 논리를 따른다. 우리나라는 고용인과 피고용인의 갑을관계 형성으로 인한 노동시장의 경직성이 외국인의 투자를 저해하는 원인이 된다. 노사 간의 협조, 회사와 종업원의 평등한 사회계약의 필요성, 종업원의 권리를 이해하고 인정하며 보호한다는 '인간 존엄'에 대한 새로운 인식이 필요하다. 우리나라의 조직에서 필요한 것은 법적인 조치라기보다 인본주의적인 관계 개선이다. 대화와 타협을 통한 관계 개선은 노사 모두 서로에 대한 존중에서 시작된다.

2014년 화제가 된 드라마 〈미생〉은 바둑을 두다 기업의 인턴이 된 장그래 사원의 이야기이다. 자신이 속한 조직 생활의 단면을 한 수 한 수 바둑돌을 두는 것처럼 묘사해서 큰 인기를 끌었다. 대기업 인턴사원이 정규직 입사에 실패하여 좌절했지만, 새로운 회사에 스카우트되어 활약하는 모습에서 일반 회사원은 물론, 대학생을 포함한 주부들까지 크게 공감했다. 드라마 〈미생〉에서 그려지는 조직원들은 자신들을 소모품으로 여겼다. 사용하면 닳아서 사라져야 되는 존재, 언제든지 대체될 수 있는 역할이라고 여기면서 직장을 다니니 일에 동기부여가 될 리가 없다.

기업 입장에서는 요새 젊은이들이 조직에 대한 충성도가 약하고 애사심이 떨어진다고 말한다. 조직의 입장에서는 조직이 비대해지면서 느끼는 직원들의 소모품 인식을 어떻게 해결할 것인가에 대해 다른 방식으로 접근하여 고민할 필요가 있다.

미국 벤틀리대 라젠드라 시소디어(Rajendra Sisodia) 마케팅 교수는 리더의 역량에서 감성지수(EQ)의 중요성을 역설했다. 경영자가 직원을 대할 때 소모적인 자원(resource)이 아닌 창조적 에너지의 원천(source)으로 여겨야 한다고 말했다. 조직의 비전을 달성하기 위해서는 개개인의 동기가 부여되고 열정이 모여야 하는 일이다. 그는 위대한 기업이 되기 원한다면 사랑 받는 기업이 되라고 말했다. 한국의 기업문화에 대해서는 지나치게 남성 중심적이라고 지적하면서 이제는 다양성과 균형을 이룰 때라고 조언했다.

삼구아이앤씨는 백화점이나 병원 등에 청소나 건물 경비, 시설물 종합관리, 노무인력 도급 업무를 아웃소싱하는 업체로 성장해 왔다. 2022년 월드컵을 앞두고 오피스·호텔 종합관리 수요가 늘고 있는 중동 카타르에 '삼구나스'라는 신규 법인을 설립하고 건물종합관리 사업에 진출했다. 최근에는 전기·가스 시설 공사 분야까지 사업을 확장했다. 이 회사는 직원을 존중하는 기업으로 알려져 있다. 환경 미화를 담당하는 아주머니들에게 '사모님'으로, 건물 경비를 담당하는 남자 직원들에게 '선생님'으로 호칭을 정했다. 월마트 리 스콧(Lee Scott) 회장이 직원을 고용인(employee)이 아닌 동료(associate)라고 부르는 직원 존중 문화와 유사하다. 이 회사는 정기적인 간담으로 직원들의 고충을 듣기도 하는데, 인상적인 면은 환경미화원을 위한 휴식공간이 없는 곳은 파견하지 않는다는 것이다. 직원을 나의 가족 챙기듯이 정성으로 대우하니 회사로부터 존중 받고 있다는 생각으로 직원들의 자부심이 높다.

휴랫패커드(HP)는 자유로운 회사 분위기와 직원 존중을 실천하는 기업으로 알려져 있다. 제도적 보완의 예를 들면 직원 존중의 한 방편으로 출퇴근 시간이 자유로운 자율 근무시간제를 채택했다. 또한 각자의 사정에 의해 회사를 퇴직할 경우, 원하면 다시 회사에 복귀하여 전에 하던 업무를 수행하게 하는 제도도 있다. '움직이는 관리(MBWA, Management By Wondering Around)' 제도는 관리자들이 책상에 앉아 부르지 않고 직접 직원들에게 다가가 의사소통을 하는 것이다. 내가 하급자일지라도 상급자가 내 자리에 직접 찾아와서 의견을 묻고 업무지시를 한다면, 내 자신을 존중해 준다고 믿게 될 것이다. 직원을 귀하게 여기고 중히 여기는 문화를 가진 기업은 직원만족도가 높다. 이는 업무 수행 능력을 향상시키고, 품질을 높이는 결과를 가져오게 된다. 직원만족은 당연히 고객만족으로 이어진다.

'존중하다'의 영어 단어 'respect'는 고대 라틴어 'respectus'에서 파생된 단어로 다시 돌아본다는 의미를 가진다. 내가 평소 불쾌하게 여긴 언사와 행동은 상대방도 마찬가지로 싫어한다. 사람들은 잘해 준 일보다 서운했던 점을 더 오래 기억하는 법이다. 소중한 물건은 귀하게 다루듯이, 상대방이 나를 존중한다면 그 마음이 피부로 느껴지기 마련이다. 존중이란 상대방의 입장에서 공감하는 일이다. "남에게 대접을 받고자 하는 대로 너희도 남을 대접하라." 〈마태복음〉 7장 12절의 말씀은 여전히 명심해야 할 '존중'의 황금률이다.

배려하는 마음

상대방의 감정을 헤아려 본 심정을 마음에 담아두지 않고 꺼내어 나누는 행위, 그것이 바로 배려(配慮)이다. 직원을 관리하는 능력은 존중하는 마음을 바탕으로 한 배려에서 나온다. 배려하는 마음이라고 해서 언제나 경청하고 칭찬하며 감정적으로 화를 내지 않는 것을 의미하지 않는다. 무조건적으로 싫은 소리를 안 하는 리더가 아니라, 공과사가 분명해야 한다. 화를 내었을 때는 분명한 이유가 있으며 자신의 감정적 분노 조절 실패에 의한 성냄이 아니어야 한다.

세계적인 다국적 기업인 나이키(Nike)는 제품설계와 판매는 미국 본사에서 하지만 제품 생산은 전 세계의 600여 개 하청공장에서 납품 받는다. 인권단체들은 후진국 부녀자와 아동 노동의 착취로 인한 나이키의 성장을 비난했다. 이후 나이키는 작업환경 개선에 철저를 기하는 원칙을 세우고 있다. 1997년 나이키는 나이키 월남 주재 하청 생산업체를 회계법인에 감사해 줄 것을 요청했다. 종업원 대부분이 25세 이하의 젊은 여성이고 덥고 공기가 탁한 작업장에서 하루 10.5시간, 주 6일 근무에 10달러의 보수를 받는다는 보고서를 받았다. 게다가 독성 화학물질이 피부병과 호흡기질환을 일으키며, 작업장 내에서는 발암물질이 검출되었다. 나이키는 자체적으로 위법행위를 하지 않았지만, 하청업체 관리방침을 재검토하고 업체의 행동강령을 규정했다.

나이키는 운동화에 부착해 신체활동을 측정하는 센서인 '플러스센서', 손목에 착용해 신체활동을 측정하는 팔찌인 '퓨얼밴드' 등 정보기술(IT)을 적용한 신제품을 발표하면서 글로벌 스포츠 브랜드 혁신 기업으로 성장하고 있다. 오리건 주 포틀랜드에 위치한 나이키 본사는 나이키 캠퍼스라고 불린다. 호수를 중심으로 건물이 자리잡고 있는데, 직원들이 산책하기 좋은 공원 같은 잔디밭이 있다. 나이키의 예처럼, 기업은 종업원에게 안전한 작업장을 제공하고, 근무시간 외 개인시간을 가질 권리를 부여해야 한다. 반면에 종업원은 상사의 명령에 복종할 의무, 회사에 충성해야 할 의무, 회사의 영업비밀을 보호할 의무 등이 있다. 고용인과 피고용인에게는 상호 책임과 의무가 따른다. 노사 간의 존중이 기반되었을 때 배려의 상호성 원리가 뒤따른다.

내가 미국에서 공부한 Calstate LA 석사과정은 수업과 동시에 인턴십을 체험하게 되어 있었다. 당시 학과장인 로리 킴(Lorie Kim) 교수님이 한 학교의 교장 선생님께 연락하여 찾아 뵙게 되었다. 미국에서 운전도 서툴고 길도 낯설었지만, 시간 내 도착하여 교장 선생님을 찾아갔다. 그분은 내가 40분을 기다린 뒤에야 나타나더니 너무 바빠서 정신이 없다는 푸념으로 대화를 시작했다. 미국에서 어떠한 일을 했는지 인터뷰를 하더니 미국에서 경력 없는 나를 인턴으로 써 줄 수 없다고 거절했다. 그래도 열심히 성심껏 일해 보겠다고 했는데 그 말도 무색하게 내 앞에서 나를 소개해 준 교수님께 전화를 걸어 언성을 높이는 것이었다. 무안하기도 하고 교수님께 죄송하기도 하고, 왜 미국에 와 이 고생을 하는지 내 자신이 서글퍼서 돌아오는 차 안에서 울어 버렸던 기억이 있다. 로리 킴 교수님은 나보고 걱정 말라고 하시면서 더 좋은 분을 미처 생각하지 못했노라고 도리어 미안해 하셨다.

다음번에 소개받은 분은 지애 키타야마(Chiae Kitayama) 당시 교감 선생님이었다. 그 분은 어색해 하는 나를 동료들에게 소개하면서 자신의 업무를 설명해 주고 내가 해야 할 일을 친절하게 안내해 주셨다. 나는 그 분의 쉐도우(shadow)를 하면서 직원에게는 친절하게 대하지만 원리 원칙에 엄격한 리더십과 교육자로서 소명의식과 열정을 배웠다. 덕분에 무사히 인턴을 마칠 수 있었고 좋은 성적으로 졸업할 수 있었다.

누구에게나 신참이었던 시절, 불편하고 어색한 단체에 첫발을 디딘 순간, 내 자신이 조직에서 하찮은 존재라고 좌절했던 시절이 있다. 나는 내 경험을 바탕으로 어떠한 사람을 만나든 최소한 존중하기로 다짐하고 배려하려고 노력한다. 내가 유학 시절 하찮은 취급을 당한 그 기억을 앞으로도 계속 잊지 않으려 한다. 노자가 한 말이다.

"남을 이끌고자 한다면 그들의 뒤에서 걸어 보라."

소통하는 마음 : 직원은 나의 동료

경영자가 조직원들과 스스럼없이 소통이 가능한 능력은 리더십의 주요 요소가 되었다. 그래서 요새 리더십 하면 자주 언급되는 말이 바로 '소통'이다. 물론 소통이 리더십의 전부라고 말할 수는 없지만, 현대의 디지털 시대 리더의 필수 조건이라고 하고 싶다. 과거 범접하기 힘든 카리스마형 리더에서 공감과 설득의 소통형 리더로 변하고 있는 이유는 무엇인가? 헤드헌팅 기업 '러셀 레이놀즈(Russell Reynolds Association)'의 클락 머피(Clark Murphy) 회장은 심사숙고형 현자(賢者)의 시대는 갔으며, 지금 필요한 CEO는 소통의 달인이라고 말했다. 급변하는 시장에 맞추어 소통도 빨라져야 하는 시대에 살고 있는 현대인에게, 이견의 갈등을 해소시키는 타협 능력과 적절한 시기에 적합한 커뮤니케이션을 구사할 수 있는 소통 능력은 리더의 필수 자질로 자리매김하고 있다.

우리가 어른을 공경하는 문화의 단점은 대화의 단절이다. 내가 자란 그 세대에서는 자녀의 의견은 말대꾸로 여겨지고 심지어 대드는 것으로 간주되기도 했다. 베이비붐 세대가 소통이 힘든 이유이다. 기업에서 우리는 상사에게 보고를 하지 소통은 못한다. 이는 상명하달 방식의 소통에 익숙하기 때문이다. 리더는 왜 직원들이 자신을 어렵게 여기는지 모른다. 하급자 위치에서 보고하고 평가 받는 직원들은 상사가 어렵기 마련이다. 소통의 시작은 리더가 먼저 다가가는 데 있다.

우리나라에서 수평적인 조직문화를 구축하고 있는 신흥기업의 경우 오너는 대개 30대와 40대인 Y세대와 X세이다. 그들은 베이비붐 세대와 달리 자신의 의견을 부모에게 표현하는 세대로 상급자와 하급자 간 소통의 중요성에 대해 인식하고 있는 세대이다. 직원 간의 의견수렴과 소통 강화로 인한 열린 경영으로 조직의 성장, 발전을 도모한다. 21세기 소통이 필요한 이유는 좀더 창의적이고 혁신적인 기업만이 생존하는 시대이며, 명령과 규제로 일관된 관리체제로는 한계가 있기 때문이다. 소통의 방식도 다양해지고 있으며, 소통문화를 위한 다양한 제도가 선보이고 있다. 소통에 있어서 기본은 작은 대화(small talk)에서 비롯된다.

소소한 대화의 중요성

유독 대화가 잘 되는 유형의 사람이 있다. 대화가 잘 되는 사람의 경우 높은 학식과 지위와는 상관없다. 그들은 남의 말을 편견 없이 잘 들고 위로해 주며, 공감해 주는 감성능력이 높은 성향의 사람들이다. 자주 만나지 않아도 대화가 잘되는 사람이 있는 반면, 자주 만나도 대화가 힘든 사람이 있다. 대화가 잘되는 사람은 화제를 상대방에 맞추고 이야기를 잘 들어 주는 사람이며, 분위기에 따라 동작이나 표정에 변화가 있다. 타고난 말재주가 없더라도 밝은 미소와 권위적이지 않은 편안한 분위기를 연출할 수 있다면, 그리고 다양한 주제의 대화에 관심을 가지고 격려와 용기를 주는 상사를 선호한다.

내 주변의 어떤 사람은 특정인이나 TV 프로그램에 대한 주제로 대화하면, "나, 그 사람 안 좋아해.", "그 프로 정말 재미없더라." 하고 바로 자신의 의견을 내세워 버리곤 한다. 대화를 단절시키는 유형의 사람이다. 감성지능이 발달된 리더의 특징은 작은 대화에서 공통점을 찾는 사람이다. 우리는 자신과 비슷한 취미나 경험, 좋아하는 주제에 관심을 가져 주는 사람에게 끌린다. 소통은 이처럼 경청과 작은 대화에서 시작된다.

상사와 대화를 한다는 사실은 혹시 내가 실수하는 것이 아닌가, 뭔가 흠이 되는 말을 해서 평가에 지장이 있는 것이 아닐까 우려될 수 있다. 작은 대화(small talk)는 기업의 매출이나 새로운 전략에 대한 이야기가 아닌 개인적인 관심사에 대한 대화이다. 신입사원인 경우 회사에 적응하기 괜찮은지, 출퇴근 시간이 오래 걸리지 않는지, 혹은 이번 여름에는 휴가를 어디로 가는지 같은 사소한 이야기가 감성적 유대감을 조성하게 된다. 상사는 단지 일방적으로 물어보고 경청하는 것에만 국한하지 않고, 자신의 생각과 경험, 일례를 얘기하면서 대화를 이어나가는 게 좋다. 서로의 개인 생활이나 경험에 대해 많이 안다는 것은 친숙해지는 일이다. 업무 위주가 아닌 개인에 대한 관심의 대화는 친밀한 상호 교류를 생성하게 되고, 이를 통해 일체감과 동료애가 싹트게 되어 소속감으로 이어진다. 이러한 인간적 감성 교류는 조직의 발전으로 연결되는 선순환 구조를 이룬다.

글로벌 GPTW(Great Place To Work) 6년 연속 대상의 신한카드는 '소통'을 강조하고 있다. 신한카드는 자체 기획한 다양한 프로그램을 통해 직원들의 소통을 자발적으로 이끌어 내는 데 노력하고 있다. 직원 간 서로 이해하고 소통하기 위해 도입된 '세대공감' 프로그램은 설문조사를 통해 직원들 생각을 알아보고 그 차이를 공유한다. 부서 간 소통을 활발하게 하기 위해 업무상 연관 있는 부서 직원들이 함께 점심을 먹는 '소통비빔밥', 직원 가족들을 초청해 주말에 1박 2일간 야외활동을 하며 진솔한 대화의 시간을 갖는 '통통 캠핑' 등이 대표적인 예다. 이는 조직 내에서 열린 마음으로 대화하고 서로 이해하기 위한 방법으로 직원과의 대화, 가족 참여에 이어 고객과 소통하는 고객봉사단을 운영하고 있다.

이창규 전 SK네트웍스 사장은 'CEO와의 행복한 점심'을 주최했다. 매주 SK네트웍스의 온라인 소통 채널인 'SokSok'을 통해 참여 신청한 임직원들과 점심 식사를 하면서 소통하는 시간을 마련한 것이다. 'CEO와의 행복한 점심'을 통해 업무 이야기보다 격의 없이 회사와 가정에서 느끼는 고충, 개인적인 궁금증 해소 등 다양한 주제의 대화를 나누었다. 멀게만 느껴졌던 CEO와 함께 점심을 한다면 직원들의 사기 진작에 도움이 되고, CEO 입장에서도 조직의 문제점을 진단할 수 있는 기회가 되었으리라 생각한다.

　노사가 합심하여 글로벌 기업을 목표로 하는 보령제약은 소통을 강조하고 있다. 직원들의 활발한 소통을 위한 '통통(通通)라운지'는 자유로운 분위기의 복합문화공간으로 활용되고 있다. 경영진이 직원들의 생일을 찾아 직접 축하해 주고 현장의 애로사항을 듣는 '비바 버스데이 파티'를 매달 개최한다. 1979년 시작된 생일조찬회는 경영진과 직원 간의 소통 프로그램에서 보령의 문화로 자리잡아 전통으로 이어가고 있다.

편지 쓰는 CEO

　친밀한 대화 못지않게 진솔한 글은 사람의 마음을 움직인다. 많은 소통을 해야 하는 CEO로서 편지로 마음을 전하는 분들이 있다. 한국전력공사의 조환익 사장은 한전에 부임하기 전 코트라 사장 시절부터 부정기적으로 직원들에게 수필식 편지를 보내 왔다. 그는 한 달에 한 번 정도 2만 여 한전 직원 모두에게 이메일을 보내 직원들을 격려한다. '부하 직원들의 휴가를 막는 야만적인 짓을 하지 말라.', '올해 경영평가가 낮은 것에 대해 경영진이 직원들에게 머리 숙여 송구한 마음을 표현한다.'처럼 직원을 아끼고 경영진이 책임지는 내용의 글은 직원들에게 울림으로 다가간다. 6년간이나 끌어 오던 밀양 송전탑 건립 문제도 조 사장이 직접 30차례 이상 방문, 주민들과 현장 간담회를 열고 그들의 의견을 청취하는 등 '소통 행보' 끝에 이뤄 낸 결과였다. 2015년 능률협회로부터 경영자상을 수상한 조 사장은 진정한 소통과 인간 존중의 문화를 이끈 리더로 평가 받음과 동시에 한전 사상 최대의 실적을 내고 있다.

한화자산운용의 강신우 사장은 매월 첫 근무일 직원들에게 'CEO 편지'를 보낸다. 생일인 직원에게는 책 선물에 자필로 축하 메시지를 써서 축하해 주고 있다. 책의 문구에는 꿈을 잘 키워 나가기를 희망하는 글을 쓰게 되고, 이메일로는 일상적인 아이디어에서 책의 구절, 시나 노래 가사를 보내기도 한다. 또한 위로와 격려, 그리고 구체적인 조언을 해 주기도 하면서 자신의 감정을 나누는 일에 시간을 할애하고 있다.

이상운 효성그룹 부회장은 2004년부터 매월 초 전 직원에게 이메일을 보내는 일을 하고 있다. 2008년부터는 영어, 중국어, 베트남어, 터키어로 번역되어 현지법인 직원들에게도 보내 소통에 힘쓰고 있다. 주로 직원들의 열정과 도전, 혁신에 대한 내용에서 경영지식, 책이나 영화를 통해 느낀 점을 솔직하고 담백하게 써서 친근감을 준다. 직원들의 입장에서는 경영진의 생각을 알게 되어서 친근감과 소속감을 느낄 수 있고, 인트라넷 사보에 실린 댓글을 읽은 후 경영에 반영하게 되는 이점이 있다. 모유 수유실의 경우가 그 예가 된다. 주기적으로 글을 쓴다는 것은 쉬운 일이 아니지만, 경영인의 생각과 감정, 철학을 공유함으로써 공감대를 형성하게 되는 소통 방식임에는 틀림없다.

유달리 친밀하게 느껴지는 사람이 있다. 많은 시간을 같이 했다거나 특별한 경험을 나눈 경우, 혹은 같은 가치관을 공유함으로써 짧은 시간 안에 친해진 경우도 있다. 조직 안에서도 조직원들이 애사심과 동료애를 얻게 되는 데는 상당한 시간과 다양한 경험이 필요하다. 경영자들의 소통에 대한 노력은 단기간 효과를 보기보다 장기적 안목의 투자이다. 미래의 새싹은 현재에 뿌려지는 작은 씨앗에서 시작된다.

토론 문화

SK텔레콤은 2012년 새로운 경영 비전을 선포했다. 새로운 비전 수립을 위해 구성원 대상 워크숍, 팀장 및 임원 세미나 등 총 3,000명의 임직원이 6주간 직접 참여하게 되었다. 하의상달(Bottom up)방식과 CEO의 의지를 담은 상의하달(Top down)방식을 혼용한 결과 '새로운 가능성의 동반자(Partner for New Possibilities)'란 슬로건을 얻게 되었다. 이를 바탕으로 한 '가능성의 릴레이' 비전 편 광고는 새로운 생태계 구축이라는 생활가치 혁신을 표방하고 있다. '사람에서 기술로 다시 사람으로'라고 끝맺는 광고문구처럼 SK텔레콤은 비전 수립과정을 전 사원이 참여하는 토론 문화로 이끌어 냈다. 이 비전이 값진 이유는 앞으로 조직이 나아갈 방향과 미션에 대해 함께 토론하고 공유하여 함께 의사를 결정했다는 점이다. 이처럼 비전을 토론하는 기업문화 속에서 소속감은 자연히 강해질 수밖에 없다. 짐 콜린스가 말한 것처럼 "위대한 조직의 출발점은 사람이고, 동기부여와 협력, 가치공유는 필수 요건"이다.

로버트 캐플런 하버드 비즈니스 스쿨 교수는 비전을 공유하는 시간은 상대방에 대한 이해심과 존경심을 불러일으킨다고 강조했다. 회사의 비전이 현재의 핵심역량을 잘 반영하고 있는지 끊임없이 체크하고 일관된 비전을 추구하기 위해 서로 이야기하는 시간을 보내야 한다고 말했다. 조직에서 1년에 한 번씩은 질문과 토론을 통한 활동이 이루어지길 권장했다. 캐플런 교수가 사람들에게 던진 질문이다.

- "왜 이 회사에서 일하는가? 다른 데서 일할 수도 있는데 왜 여기에서 일하는가? 이 회사의 어떤 점이 좋은가?"
- 훗날 손자들에게 당신의 인생에서 30년이라는 긴 시간을 이곳에서 일한 이유를 이야기해 줄 때 무엇을 들 것인가? 다른 직장이 아닌 이곳을 선택한 이유는 어떻게 설명할 것인가? 이 회사가 어떤 위대한 일을 해냈는가?
- 10년 후 이 회사는 어떤 모습이 되기를 바라는가? 어떤 일을 이뤘으면 좋겠는가?
- 이 조직만의 경쟁력은 무엇인가? 만약 이 조직이 존재하지 않는다면 세상은 무엇을 잃는 것인가?

(로버트 캐플런, 사람을 이끄는 힘)

조직마다 질문사항이 다를 수 있지만 위와 같은 질문에 임원과 직원이 함께 자유롭게 의견을 말할 수 있는 기업이 우리나라에 몇이나 될까? 임원의 의견을 듣는 것뿐만 아니라 참석자 모두 자기의 목소리를 내어 토론하는 문화는 우리나라에서 아직 생소한 것이 현실이다. 정치적 소모성 토론에 익숙해진 우리에게 비전에 대한 토론은 논쟁과 혼란을 야기한다고 여길지 모른다. 하지만 비전에 대한 토론만큼 강력한 힘은 없다는 것을 알아야 한다. 개인과 기업이 꿈꾸는 미래 그리고 성취 가능한 목표에 대한 토론만큼 흥미진진한 주제가 또 있을까?

애플의 신화는 스티브 잡스의 강력한 비전 전파에서 나왔다고 해도 과언이 아니다. 구글의 래리 페이지는 점심시간을 이용하여 직원들과 비전에 대해 대화하는 것으로 유명하다. 또한 경영실적과 주요정책 방향을 전사적으로 공유하고 토론한다. 비전에 대한 토론은 오히려 분쟁을 종식시키고, 중요한 핵심과제를 일깨워 주어 영감을 주는 동기부여 자극제가 된다.

비전이나 미션 그리고 정책 방향에 대한 토론의 중요성은 아무리 강조해도 지나치지 않다. 경영진이라면 홈페이지에 적힌 비전과 미션, 그리고 경영철학에 대한 그럴싸한 문구에 만족하여 자부심을 느낄 수도 있다. 실제로 직원들과 비전과 핵심사항에 대해 토론해 보라. 취업 당시 인터뷰 준비를 위해 잠깐 관심 가질 뿐 입사 후에는 기업의 비전과 정책 방향에 대한 직원들의 관심은 그리 높지 않다. 즉 그들은 기업의 미래를 위한 논의에 소외되어 있다. 우리는 인생에서 가장 중요한 개인의 꿈과 조직원으로 가장 영향력 있는 기업의 비전에 대한 논의에서 배제되어 있다. 직원들이 열정적이고 창의적이며 혁신적이기를 원한다면 비전과 핵심 우선사항에 대한 소통의 강도를 배로 증가시켜야 한다.

시대는 빠른 속도로 변하기 때문에 비전에 변화를 요구한다. SK텔레콤이 '새로운 가능성의 동반자(Partner for New Possibilities)'로 비전을 바꾼 이유는 세상의 변화에 적응하고 선도적인 기업으로 거듭나야 하기 때문이다. 과거의 방식이 미래에는 고전할 수 있다. SK텔레콤이 전사적으로 새로운 비전에 대한 논의를 거듭한 이유이기도 하다. 거듭나는 일은 경영진만 할 수 있는 일이 아니다. 명확히 정리된 비전은 구체적인 실천 사항의 로드맵을 제공할 뿐만 아니라 조직을 단결시킨다.

신한은행은 소통을 강조한다. CEO는 '열린광장'이란 인터넷 홈페이지를 통해 직원과 격의 없는 대화가 가능하도록 운영한다. 대부분의 기업도 인터넷 홈페이지를 통한 대화를 시도하고 있다. 신한은행은 열린 대화 창구를 통해 CEO의 철학과 경영전략을 전파하는 동시에 현장의 목소리를 반영하는 도구로 사용한다. '제안광장'을 통해서는 자유롭게 토론을 제기하고 의견을 수렴함으로써 관심 있는 직원들의 참여를 유도하고 있다. 젊은 오피니언 리더 그룹을 선발하여 구성원의 다양한 의견을 듣고 건설적인 토론을 통해 대안을 제시할 수 있는 기회를 마련하고 있다. 또한 자기 주도형 학습문화를 정착시켜 직원의 성장 비전을 제시하며 높은 비전을 세울 수 있도록 지원하고 있다. 은행장과 직원들이 토론하고 창의적인 아이디어를 제안하는 'mc3(엠씨큐브드)' 위원회가 있다. 이것은 직원들이 경영 개선을 제안하고 영업현장에 대한 다양한 의견을 전달하는 기관으로 자리매김했다. 일하기 좋은 기업 7년 연속 대상을 수상한 신한은행의 성장 동력은 다름아닌 자유로운 토론이 가능한 문화에서 나온다.

상향 피드백 받기

최고경영자는 외로운 자리이다. 조직 전체를 짊어진 무거운 책임감에 대한 부담이 우선이지만, 높은 자리로 올라갈수록 직원들은 조심스러워하고 거리를 두고 있다는 사실을 잘 안다. 직원들은 친절하고 공손하지만 어느 순간 조직원들에게서 단절되어 가고 있다는 것을 느끼게 된다. 로버트 캐플런은 이를 리더가 갖게 되는 '고립'의 함정이라고 표현했다. 즉 리더가 먼저 소통하려고 노력하지 않으면 단절될 가능성이 높다는 말이다. 게다가 대부분 기업의 경우 CEO를 비롯한 중역은 고립된 개인 사무실을 사용하다 보니 일반 직원들과 소통할 기회는 점차 줄어들게 된다. 또한 업무 개선을 해 줄 상사나 멘토가 더 이상 존재하지 않는다.

CEO에게도 코칭해 줄 내부 직원이 필요하다. 신뢰할 만한 내부 직원들로부터 하향 피드백을 받는 일은 생소하게 들릴지 모르지만 중요한 일이다. 이 제도는 오로지 CEO가 주도적으로 만들어 나가야 한다. 솔직히 직원들이 느끼는 CEO에 대한 감정이나 업무 방향에 대해 사실 그대로 피드백하고 싶은 직원은 없다. 내부에서 평가하고 있는 CEO의 경영 방안에 대해 직접 말한다는 것은 껄끄러운 일이기 때문이다. 해고될 우려를 각오해 가면서 고양이 목에 방울을 달고 싶어하는 직원은 없다.

하지만 CEO는 적극적으로 상향 피드백을 요청해야 한다. 정기적으로 보고를 받고 주변에 칭찬하는 직원은 늘어나지만, 건설적인 피드백을 해 줄 사람은 점차 없어진다는 것을 우선적으로 인식해야 한다. 그들의 칭찬 대부분은 진실이 아닌 경우가 많다. 특히 우리나라 사회에서 비판을 비난으로 여기는 문화로 인해 앞에서는 칭찬하지만 뒤에서 흉보는 경우가 많다. CEO는 자신의 약점과 직원의 불만에 대해 일찍 알면 알수록 유리하다.

린다 힐(Linda Hill) 하버드대 교수는 저서 《보스의 탄생(Being the boss)》에서 훌륭한 관리자가 되기 위한 핵심요소로 직원들로부터 솔직한 피드백 받기를 꼽았다. 직원들이 자기 보스에게 솔직히 말하기 쉽지 않은 것은 미국도 마찬가지이다. 그래서 힐 교수는 솔직한 피드백 받는 방법을 공부해야 한다고 강조했다. 리더는 자신을 바꾸기 위해 끊임없이 노력해야 하고 자신을 관리하고 인간관계를 관리하고 팀을 관리하는 역할을 담당한다. 그녀는 리더라면 '자신을 위한 이사회(personal board of directors)를 두어 자신의 업무가 발전할 수 있도록 도와줄 사람들의 집단을 갖출 것을 요구했다.

조직원은 상사가 피드백을 요구할 때 제대로 답한다는 것에 대한 두려움과 부담이 있다. 피드백이 직원들의 불만이나 불평이 아니어야 한다. 상사가 알아야 될 정보를 제공해 주고 자신의 피드백이 상사의 업무에 도움이 되고 조직 성장에 기여한다는 신뢰를 가지고 답해야 한다. 상사 입장에서도 용기를 내서 진실을 말해 준 직원에게 감사를 전달하고 변화시키기 위한 노력을 보여야 한다. 그리고 제대로 시행되지 못한 점에 대해서는 추후에 그 이유에 대해 설명해 주어야 한다. "○○부장이 해 준 조언으로 새로운 프로젝트에 성공할 수 있었다."고 공을 돌려 준다면, 더 많은 직원들이 건설적인 피드백을 제공해 줄 것이다. 이러한 조직 문화는 자칫 자신만 고립되어 알지 못하는 문제를 파악하고 시정함으로써 자신의 경력과 조직의 성장에 도움이 된다. 리더라면 자신에게 허심탄회하게 의견을 제시해 줄 동료집단이 필요하다. 리더에게도 동료의식은 필요하다.

도와주는 마음 : 직원의 성장은 상사의 성공

코칭이란?

나는 개인적으로 러시아의 심리학자 레브 비고츠키(Lev Vigotsky)의 근접발달영역(Zone of Proximal Development)이론을 좋아한다. 그 이유는 학생의 잠재력을 성장 발달시키는 데 기여하는 것이 교육자의 가장 주된 역할이라고 생각하기 때문이다. 비고츠키의 인지발달이론에서는 아동이 과제를 혼자서 해결할 수 있는 실제적 발달수준과 성인, 혹은 유능한 타인의 도움을 받아 해결할 수 있는 잠재적 발달수준을 구분한다. 학습자는 자신의 힘으로 이룰 수 없던 과제를 전문가의 도움과 가이드로 수행해 나가면서 점차 스스로 학습할 능력을 배양해 나간다. 잠재된 능력을 발휘해 나가면서 점차 실재적 발달 능력으로 도약하여 그 간극을 좁혀 나가는 일이 바로 학습인 것이다. 아마추어에서 프로의 단계로 발전하기 위한 것이 바로 전문가의 도움이다. 지금 현재 전문가의 도움을 받아서 할 수 있는 일이 미래에는 혼자서 할 수 있는 능력으로 개발된다는 것이 비고츠키의 인지발달이론이다. 근접발달영역 상태의 학습자에게 제공되는 지원과 도움을 비계(飛階, scaffolding)라 부른다. 비계는 건축공사 때에 높은 곳에서 일할 수 있도록 설치하는 임시가설물로, 재료 운반이나 작업원의 통로 및 작업을 위한 발판을 뜻한다.

즉 코칭은 상대방의 성장을 위해 기꺼이 발판이 되어 주는 일이다. 우리가 근래 흔하게 말하는 코칭은 스포츠 분야의 코치에서 시작된 말이다. 1971년, 하버드 대학의 테니스부 주장이었던 티모시 갤웨이(Timothy Gallwey)는 사람들에게 테니스를 가르치면서 기술적인 방법을 가르치는 것 못지않게 잠재능력에 의식을 집중시키게 만드는 방법에 고민했다. 그는 이러한 교육방식을 이너게임(Inner Game)이라고 명명하고, 다른 스포츠 분야로 확장시켰다. 존 휘트모어는 1980년대 초반, 이너게임의 원리를 비즈니스에 접목시켜 유럽에 소개하고 티모시 갤웨이와 함께 이너게임 사를 설립했다(위키백과).

코칭은 현재보다 좀더 발전하려는 의지를 지닌 사람과 전문가인 코치가 함께 개인의 잠재된 능력을 개발하고자 하는 프로그램으로 발전되었다. 라이프코칭, 진로코칭, 학습코칭, 경력코칭, 경영자코칭, 조직변화코칭, 전략코칭 등 다방면의 코칭 분야가 활발해지고 있다. 코칭을 하는 목적은 코치이(coachee)가 자신의 장점을 깨닫고 새로운 일에 도전하고 자신에게 주어진 문제를 스스로 해결하게 하는 데 있다. 더불어 자신의 잠재된 재능, 진로와 경력뿐만 아니라 새로운 프로젝트나 업무에 열정을 일으키고 사기를 진작시키며 내재적 동기를 부여한다. 코칭은 자기발견을 통해 삶의 가치를 깨닫고 새로운 인생 설계와 삶의 목표를 계획하는 데 도움을 준다. 또한 조직에서는 직원들의 사기를 진작하고 동기를 부여하여 팀 성과를 활성화시키고, 신뢰를 향상시켜 조직문화를 개선시킨다.

상사나 교육자가 상위의 위치에서 업무 지식과 경험을 개인에게 주입시키는 멘토링(mentoring)이나 컨설팅(consulting)과는 다른 개념이다. 멘토링은 해당 분야의 전문가가 멘티에게 자신의 기술과 지식, 경험을 전수해 주는 일이고, 컨설팅은 전문 지식을 갖춘 자가 상황을 분석하고 대안을 제시하여 문제를 해결해 주는 일이다. 멘토링과 컨설팅은 전문가가 지침과 정보를 제공하여 문제를 해결해 주는 일이라면, 코칭은 코치이 당사자가 자기가 가진 자원을 개발하고 성장하도록 방향을 제시해 주는 일이다. 코칭은 자기분석을 통한 깨달음과 성찰로 근거하여 자신의 문제를 해결해 나가는 일이다.

코칭 기술은 멘토링의 한 수단이라 할 수 있는데, 코치와 코치이가 일대일 관계를 유지하면서, 코치의 직접적인 지식과 기술 전수라기보다 코치이의 내재된 잠재력을 유도해 나가면서 변화와 성장을 추구한다. 코칭을 선택하는 사람이 제일 먼저 숙지하고 있어야 할 사항은 자기 자신의 성향이 다른 사람을 성장시키는 데 기쁨을 가지는가를 자문하는 일이다. 두 번째는 지도와 충고로 상대를 가르치는 상하관계라기보다 코치이의 목표 달성을 위한 수평적 동료관계를 받아들이는 일이다. 세 번째는 문제를 빠른 시기 안에 해결하겠다는 마음가짐보다, 코치이의 내재적 동기부여를 자극시켜 상대가 자기주도적으로 문제를 해결하고, 자발적으로 목표를 설정하고 달성하도록 기다려 주고 돕는 일이다.

기업의 코칭

우리나라 기업에서도 멘토링과 코칭 제도가 도입되어 활발하게 진행되고 있다. 그 대표적인 예가 GS칼텍스이다. GS칼텍스는 2000년대 초 신규 인력 대상으로 멘토링을 시작했는데, 초기에는 현업의 선배사원이 후배를 지도하는 멘토링이 전부였다. 이후 2007년부터 임원계층에 대한 코칭이 도입되어 조직 내에 코칭과 멘토링이 공존하게 되었으며, 지금까지 인재 육성을 위한 중요한 수단으로 자리잡아 조직 전체로 확대 실시되고 있다.

기업의 문화에 익숙하지 않은 입사 1~2년차 사원에게는 현업 멘토에 의한 멘토링이 필수이며, 2~3년차는 사내 코치에 의한 코칭이 필수이다. 이후 5년차(대리급)까지는 본인의 희망 및 팀장의 추천에 의해 코칭을 제공하고 있는데, 주니어 계층에 대한 멘토링 및 코칭은 조직생활 적응, 업무수행능력 제고, 경력비전 수립 등을 지원하기 위해서 이뤄지고 있다.

과장부터 부장까지 팀장 후보자로 선발된 대상에 대해서는 리더십 준비(Leadership Readiness)를 지원하고자 코칭을 실시하며, 이후 팀장으로 선임된 직원들에게는 팀 리더십(Team Leadership) 개발 및 직책 연착륙을 돕고자 코칭을 실시하고 있다. 팀장 중에서 임원 후보자로 선발된 이들에 대해 임원리더십 준비(Leadership Readiness)를 위한 외부 전문코치 및 사내코치가 코칭을 실시하고, 이들 가운데 신규임원 및 임원그룹에 대해서도 외부 전문코치가 코칭을 실시한다. GS칼텍스에서는 신입사원에서 임원까지 성장 단계와 연동하여 맞춤형 코칭을 실시하고 있다.

GS칼텍스는 좀더 전문성을 갖춘 사내전문코치를 두고 있는데 코치 양성과정인 CEP(Core Essential Program, 3개월간 총 67시간) 과정을 이수한 후 사내 마스터코치와 외부 전문코치로부터 마스터 코칭을 받는다. 이러한 육성과정을 이수한 이들에게 CEO가 사내코치 임명장을 수행하고 있으며, 앞으로도 매년 20~30명의 사내전문코치를 육성할 계획이라고 한다. 사내코치들의 활동을 지원할 목적으로 현재 온라인 코칭 카페를 구축하고 있다. 코칭 카페는 사내코치들이 겪는 이슈와 사례를 공유하고, 사내 마스터코치 및 외부코치가 멘토 코칭을 제공하기 위해 마련된 공간으로 활용된다(한국 HRD협회, 월간 HRD).

코칭을 하는 사람은 업무에 탁월한 사람이라기보다 전문성과 관계성을 동시에 갖춘 자가 적임자이다. 영화 〈믿음의 승부(Facing the Giants)〉는 코칭이 잠재력 발현에 얼마만큼 도움이 되는지 보여 주는 좋은 예시가 된다. 샤일로 기독교 학교의 미식 축구팀 테일러 감독은 브락(Brock)에게 눈을 가리고 동료 제레미(Jeremy)를 등에 태운 채 엔드존을 향해 기어가게 한다. 눈을 가린 이유는 자신의 한계를 짓지 않고 내재된 잠재성을 이끌어 내기 위한 방법이다. 브락이 힘들어서 포기하려고 할 때마다 테일러 감독은 할 수 있다고 계속 격려하고 용기를 준다. 결국 브락은 자신이 예상하지 못한 능력을 확인하고 팀 리더로서 역량을 확신하게 된다. 코칭은 이처럼 자신의 무한한 가능성과 숨겨진 잠재력을 깨닫고 행동으로 나아가게 만든다. 코치이는 코칭을 통해 자신의 잠재력을 발견하고 성장, 발전한다.

스포츠 분야의 코칭이 현재 기업에서도 흔히 쓰이는 용어로 변모했다. 기업에서 코칭이 성행하고 있지만, 스포츠 분야에서 코칭이 더 성공적으로 평가 받는 이유는 무엇일까? 그 이유는 코치가 선수의 재능과 성향을 우선적으로 정확히 파악하고 있다는 데 있다. 코치는 훈련과 합숙을 통한 선수 각자의 성격, 강점과 약점을 이미 알고 있기 때문에 그에 맞는 적절한 훈련강도, 동기부여방법, 목표 설정 등을 더욱 효과적이며 전략적으로 구사할 수 있다. 혼자 연습하기를 좋아하는 사람이 있는 반면, 팀과 함께하는 것이 효율적인 사람이 있다. 경쟁을 시켜야 도전적인 경향이 있는 사람이 있고, 칭찬을 해 줘야 더 열심히 일하는 사람이 있다. 스포츠 분야의 코치가 선수들의 특성을 진단 파악하여 관리하는 것처럼 기업 역시 인재관리에 대한 코칭 전략방안이 필요하다.

코칭의 전략방안

성격, 환경진단(Diagnosis)

러시아의 심리학자 브론펜브레너(Uri Bronfenbrenner)의 생태학이론(Eco-logical theroy)은 인간을 둘러싸고 있는 다양한 수준의 주위 환경이 어떻게 아동의 발달에 영향을 미치는지를 기술한 것이다. 즉 부모, 형제, 친척, 이웃, 그리고 교사와 친구, 대중매체를 포함한 사회적·문화적 가치나 규범, 전통의 상호교류로 개인의 성격과 행동발달은 커다란 영향을 받는다. 개인을 둘러싼 환경의 생태계를 파악하는 일은 개인의 성향을 진단하는 데 도움이 된다.

미국에서 박사과정 중 한 고등학교로 인턴을 갔을 때 들은 이야기다. 한 히스패닉 학생이 매일 숙제를 해 오지 않아 진도를 따라가지 못하고 결국 학업성취도가 낮은 결과를 나타냈다. 담임선생님은 숙제를 해 오라고 계속 채근해도 여전히 숙제를 해 오지 않자, 그 학생의 가정형편을 조사하게 되었다. 조그만 아파트에 다섯 가족이 사는데, 숙제할 시간이면 부모님이 TV를 틀어 놓고 있어서 도무지 집중할 수가 없었다. 자신의 공부방은 식당을 커튼으로 막아 할머니와 함께 사용하다 보니 일찍 주무시는 할머니를 위해 일찍 전깃불을 끌 수밖에 없는 형편이었다. 이 사실을 안 담임 선생님은 학교에 건의해서 방과후 숙제방을 오픈하여 그 학생이 숙제를 마친 후 귀가할 수 있도록 조치를 취했고, 그 결과 학업성적이 향상되었다. 교사는 그 아이가 게으르고 무능하다고 평가하기보다 그 원인을 환경적 요소에서 찾아내어 해결책

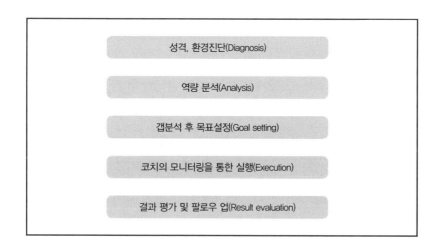

성격, 환경진단(Diagnosis)

역량 분석(Analysis)

갭분석 후 목표설정(Goal setting)

코치의 모니터링을 통한 실행(Execution)

결과 평가 및 팔로우 업(Result evaluation)

을 수립할 수 있었다. 개인의 성향과 능력을 쉽게 낙인지어서는 안 된다는 교훈이다.

이처럼 교사는 학습자가 새로운 계획을 세우도록 도움을 주어야 하며, 쉽게 이해하도록 적절한 시범을 보여 줌과 동시에 어려운 과제를 작고 간단하게 나누어 도전하도록 도와준다. 학습자가 목표로 하는 일을 자극하고 질문하며, 과제를 완수하도록 동기부여하는 일이 바로 주된 교육자의 임무이다. 학습자가 무슨 생각을 하는지, 어려움은 무엇인지 경청하고, 그 문제를 해결하도록 성찰하게 해 주며, 과정과 결과에 대해 적절한 피드백을 제공해야 한다. 이처럼 교육자는 단지 가르치는 일이 아닌 조력자로서 코치 역할을 해야 한다고 생각한다. 나는 좋은 교육자란 지식 전달뿐만 아니라 학습자에게 비계 역할을 해 주어야 한다고 생각한다. 비계 역할을 해 주기 위해 교사는 학생들의 성향과 재능, 인간관계, 가정환경 등을 파악하고 있어야 한다. 학습동기는 사회적, 환경적 요인에서 기인하는 경우가 많기 때문이다.

내 경우 대학생들의 진로, 취업 컨설팅을 해 주는 경우가 많다. 그것을 가능하게 해 주는 첫 번째 이유는 내가 학생들의 가족관계, 환경적 문제점에 대해 많이 알고 있는 이점 때문이다. 리더십 교육 프로그램 '자기브랜드 리더십' 수업에서는 학생들이 매주 자기 자신의 비전, 가치관, 열정과 몰입의 순간 등 자기 발견을 유도하는 질문에 자기성찰적 글을 쓰게 되어 있다. 학생들은 솔직하게 자신과 자신을 둘러싼 환경에 대해 서술하는 편이다. 부모의 직업을 포함 가족관계와 학창시절, 군대 및 연애문제까지 공개하기 때문에 학생들의 성격과 성향을 파악하는 데 커다란 도움이 된다. 학생들의 성향을 바탕으로 능력을 평가하면 진로나 취업 코칭에 효과적이다.

기업에서도 마찬가지이다. 코칭에서 가장 중요한 것은 코치이에 대해 업무적인 판단 전에 심리적 성향, 행동적 리더십 스타일, 철학적 가치관에 대한 이해에서 시작해야 한다. 성공적인 코칭을 위해서는 코치이에 대한 성격을 비롯하여 가족관계, 삶의 목표, 직업관, 건강과 취미까지 많이 알면 알수록 유리하다. 자신에 대한 많은 것을 공유할 수 있는 코치에 대한 신뢰는 기본이고 이러한 친밀한 신뢰관계를 통해 라포가 형성되기 때문이다. 기업에서 코칭 문화로 성공하고자 한다면, 리더가 조직원의 성향과 역량을 파악하는 평가 분석에 유능해야 하며, 현 상황을 바탕으로 잠재능력 측면에 대한 평가 또한 소홀해서는 안 된다. 이러한 능력이 있는 사람이 코치의 우선적 자질이다.

이 단계에서 필요한 코치의 자질은 첫번째 경청이다. 자신과 친분이 두텁지 않거나 더욱이 직장의 상사라면 자신에 대해 오픈하기 쉽지 않을뿐더러 오히려 자신에 대한 공개가 불이익을 당하지 않을까 오히려 조심스럽다. 대화는 편안한 환경에서 생겨난다. 코치는 아무런 진단과 평가 없이 코치이의 말에 수긍하고 자신의 기준으로 판단하지 않아야 한다. 대화를 쉽사리 이어가지 못하는 코치이인 경우 코치 역시 침묵이 불편하다. 하지만 자신의 생각과 경험을 말하기보다 상대방의 상황이나 감정을 우선적으로 헤아려야 한다.

나에게 상담을 받은 청년이 한동안 망설이며 좀처럼 자신의 내면을 공개하지 않고 시간을 보낸 적이 있다. 나 역시 이해한다는 표정으로 가만히 기다렸더니 자신은 철학 전공자이지만 역학을 공부했고 점 보는 일을 했노라고 털어 놓았다. 나도 나중에 나이가 더 들어 시간이 생기면 역학을 꼭 공부하고 싶다고 하면서 역학은 일종의 통계학이라고 말했다. 그랬더니 내 앞에서 눈물을 흘리더니 나중에 어깨까지 들썩이며 흐느꼈다. 코치는 거기에서 멈추면 안 된다. 철학과 역학을 통해 자신이 제일 잘하는 일은 무엇인지 앞으로 어떻게 미래의 업무와 연관될 수 있을지로 이어 나가야 된다. 코칭은 경청하면서 상대의 감정에 공감하고, 통찰력 있는 질문으로 이어 나가는 일이 우선되어야 한다.

역량 분석(Analysis)

현대의 기업에서 코칭을 점차적으로 중요하게 여기는 이유는 무엇인가? 우선적으로 조직원의 성장과 발전이다. 기업에서 코칭이 필요한 주요 이유는 업무 개선을 통한 개인 성과 향상이 조직의 발전으로 이어지기 때문이다. 그렇다면 조직원 개개인이 미래 성과 향상을 위해 현재의 능력과 미래의 가능성을 알아내는 일이 가장 중요한 일이 된다. '2008 IBM Global Human Capital Study'의 조사에 의하면, 75%의 응답자가 기업의 리더십 개발을 위해 가장 시급한 일은 조직원의 재능과 리더십 역량을 알아내는 것이라고 말했다. 즉 코치가 코칭을 하기 위해서는 코치이의 성향과 환경 대인관계를 파악하고 나서 그들의 역량을 평가할 수 있어야 한다. 이것은 생각보다 쉬운 일이 아니다. 그래서 360도 다면 평가(상사, 부하, 동료, 고객의 평가), 면담, 과거의 성과를 통해 역량을 측정, 진단하게 된다. 현재 상황과 미래 목표에 도달하기 위한 갭을 메우기 위해 필요한 것이 코칭이다. 코칭은 개념 자체가 바로 앞서 설명한 비고츠키의 근접발달영역(Zone of Proximal Development)이론과 유사하다.

나는 학생들을 가르치다 보면 간혹 능력이 두드러져 보이는 학생이 있는 반면에, 쉽게 역량 판단이 되지 않는 경우가 있다. 학생들이 매주 제출하는 리프렉션 페이퍼, 중간·기말 프로젝트, 팀 과제, 발표와 질문 능력, 패널 토론을 위주로 한 프로그램 진행으로 한 학기를 잘 관찰해 보면, 학생들의 능력이 어느 정도 평가된다. 토론에 능해도 의외로 앞에 나와 발표하는 능력은 떨어지는 경우가 있고, 논리적인 글보다 감성적인 글에 강한 학생이 있다. 나는 학생들에게 되도록이면 내가 생각하는 그들의 강점을 구두나 글로 피드백해 준다. 그것은 자신의 잠재력을 인식하고, 자신감을 가져 학업 발전과 진로 결정에 도움이 되길 바라기 때문이다.

우리나라의 조직에서는 신입 때 힘들게 눈치 보며 업무를 익혀 왔으므로 하부 조직원도 당연히 힘들게 일을 배워야 한다고 생각한다. 어리고 경험 없는 신참의 능력은 신뢰하지 못한다. 조직생활은 연수가 쌓이면서 배우게 된다고 여기는 경향이 있다. 중요한 것은 현재 조직원의 능력을 먼저 파악하는 일이다. 그에 따른 코칭이 필요하기 때문이다. 우리나라 기업에서 코칭이 성공하지 못했다면, 그 원인은 진단과 역량 평가에 문제가 있을 수 있다. 단순히 업무 개선을 위한 노하우 전수가 아닌 코칭의 첫 단추는 잠재력과 현 상태의 역량에 대한 명확한 분석에 달려 있다.

오라클(Oracle)의 탈레오 인재관리 클라우드 서비스(Taleo Cloud Service)는 인재 인텔리전스(Talent Intelligence)를 제공한다. 인재 프로파일을 중심으로 채용, 학습, 개발, 성과 및 보상에 이르기까지 인재관리(Talent Management)의 전반적인 핵심 기능을 지원하는 솔루션을 구비하고 있다. 여기에 보면 조직원의 역량과 그 갭을 줄이기 위한 능력개발 솔루션을 제공하고 있다. 이처럼 효율적인 코칭을 위해 필요한 것은 각 기업의 인재관리 솔루션을 통한 역량 파악이다. 또한 효과적인 코칭을 위해서는 각 기업에서 요구하는 다양한 역량표(예를 들어 리더십, 문제해결, 소통, 창의적 개발, 팀 관리, 정보 관리, 의사결정 등)에 따른 분석을 저장해 놓아야 한다. 코치는 360도 피드백과 실제 개인 업무 성과지표, 면담을 통해 코치이의 역량을 정확히 분석할 줄 알아야 한다.

이 단계에서 기업에서 성공적인 코칭 제도를 위해 필요한 것은 자기 조직에 맞는 역량 진단 평가 시스템이다. 코치의 기술은 일반인들이 알아차리지 못할 직관과 통찰력으로 코치이의 현재 능력과 미래의 잠재력을 간파하는 힘에 있다. 코치는 코치이의 태도와 말투, 표정과 몸짓을 읽는 능력에서 분석자료와 행동을 통한 역량 평가까지 할 수 있는 분석가이다. 야구의 신이라고 불리는 김성근 감독은 시합 중 자기 선수들의 경기 시합 내용을 세밀히 적고 분석하는 걸로 유명하다. 어느 타자에 약하고 어느 투수의 구질에 흔들리는지 메모하는 일은 바로 선수들의 역량을 분석한 후 해석하는 일이다. 코치는 체계적인 분석과 해석을 해야 한다.

갭 분석 후 목표설정(Goal setting)

갭 분석이란 현재의 상태와 미래 목표 간의 갭을 분석하는 일이다. 코치는 코치이의 현재 역량 분석에 대한 내용을 코치이와 함께 대화를 나누면서 자신의 현재 능력을 파악하게 이끌어 주어야 한다. 이 단계에서 코치는 코치이가 이룰 수 있으면서 도전할 만한 가치가 있는 목표 설정에 필요한 도움을 주어야 한다. 코치이는 인생의 비전에서 시작하여 미션 그리고 장기계획과 중단기 계획을 설정해 보아야 한다. 비전은 미션이 모여서 이루어지고, 장기목표는 중단기 목표의 실천을 통해 실현된다. 최우선적으로 코치와 함께 자신의 성향과 능력에 따른 단기계획 실행을 위한 목표 설정에 동의해야 한다. 코치는 목표가 현실적으로 타당하며 미래 설계에 합당한 계획인지 의논 후 결정해 주어야 한다.

사람들은 의외로 무리한 계획을 잡는 경우가 많다. 내 학생들 경우를 보면, 영어학습을 위해 매일 아침 학교 오기 전 30분씩 영어 동영상을 보겠다든지, 하프 마라톤에 참가하기 위해 학교 수업 후 매일 40분씩 뛰는 훈련을 하겠다는 계획을 말한다. 그러나 대부분이 목표 달성에 실패하는 이유는 세부적이지 않기 때문이다. 언제 어디서 어떻게 누구와 무엇을 하는지에 대한 명료함이 필요하며, 현재 상황에 대한 환경적 고려가 우선시되어 실천 가능하고 측정 가능한 목표를 설정해야 한다. 그리고 이 목표를 내가 왜 달성해야 하는지, 내가 얻고자 하는 이점은 무엇인지 생각하며, 현재의 나에서 미래의 나로 성장하기 위한 이미지 구상을 해 볼 필요가 있다. 나 역시 코칭을 할 경우 인생의 최종 목표는 무엇인지 먼저 물어보는 편이다. 그리고 우선적으로 가능한 실행 목표에 대해 대화를 나누면서 내가 들은 것을 바탕으로 다시 말하면서 요약해 준다. 이는 합의한 실행 목표에 대해 코치이가 책임감과 실천 의지를 갖게 해 주기 위함이다.

이 단계에서 중요한 코치의 기술은 질문력이다. 즉 소크라테스가 되는 일이다. 소크라테스와 한나절을 함께할 수 있다면 애플의 모든 기술을 그에게 줄 것이라고 생전의 스티브잡스는 말했다. 소크라테스는 적절한 질문을 통한 문답형 대화를 통해 상대방 스스로가 무지와 편견을 자각하고 인생의 진리를 발견하게 하였기 때문이다.

좋은 질문은 단답형을 요구하는 질문이 아닌 육하 원칙에 따른 열린 개방형 질문이다. 좋은 질문은 미처 깨닫지 못하고 있는 자신에 대해 사고하게 만든다. 우리나라의 많은 사람들은 인생의 비전을 가지고 있지 않다. 자신의 비전을 물으면 즉석에서 대답하는 사람들이 거의 없다. "모른다"는 답변이 나온다면 "현재 원하는 일은 무엇인가?" 이 역시 "없다"고 대답한다면 "어렸을 때로 돌아가서 그 당시 잘해서 미래에 하겠다고 꿈꿔 온 일은 무엇인가" 질문하면서 자신이 누구인지 발견하도록 질문으로 유도해야 한다. 비전을 정한 후에는 자신이 정한 비전에 대해 어떻게 생각하는지, 미션을 정하게 된 계기가 무엇인지, 또한 목표는 어떻게 다다를 수 있을지에 대해 질문해야 한다. 코치는 관찰과 분석, 질문을 통해 올바른 목표 설정을 하도록 도움을 준다.

코치의 모니터링을 통한 실행(Execution)

내가 생각하는 내 자신은 독립적이고 자율성이 강해서 누가 지나치게 간섭하고 시키는 일을 선호하지 않는다. 그래서 일단 내가 한번 시도해 보는 일을 좋아하다 보니, 되도록이면 학생들에게 아웃트라인을 정해 주고 자율적으로 학습하게 하는 것을 선호한다. 그것은 코치이의 자율적 학습에 대한 즐거움을 느끼게 해 주고 싶기 때문이다. 학습과정을 관찰함으로써 내가 미처 알아채지 못했던 코치이의 성격과 숨겨진 재능을 파악하게 되는 재미는 덤이다. 학습의 즐거움을 통해 주의집중과 몰입이 가능해진다. 자신의 능력과 잠재력을 깨닫는 경험을 통해 자신감이 고양되고, 지속적인 성과를 낼 역량으로 발전한다. 이처럼 코칭은 학습성장을 촉진하고, 가능성을 열어 주고 동기를 유발시킨다.

이 단계에서 중요한 코칭의 기술은 피드백 능력이다. 코치이가 성공적으로 실행하기까지 기다려 주고 모니터링을 해 주어야 한다. 지나친 간섭보다는 피드백을 통한 개선과 다른 방안과 대처에 대한 논의가 필요하다. 코치는 코치이의 자신감 여부, 동기부여 상태를 점검하고, 환경적인 장애물이 존재하는지 혹은 실행에 필요한 전문적, 기술적 문제는 없는지 체크해 나가야 한다. 코치는 순차적으로 코치이의 실행능력에 방해가 되는 내적·외적 장애 요인을 제거해 나감으로써 뚜렷한 목표의식과 '할 수 있다'는 자신감을 고취시킨다.

우리나라의 교육 및 산업현장에서 평가에 치우쳐 있고 피드백이 잘 이루어지지 않는 것은 안타깝다. 평가가 양·가치·품질 등을 측정하는 일이라면, 피드백은 개선을 위한 정보나 의견을 주는 행위 능력이다. 우리는 성적과 업무 결과에 따른 평가를 받아 왔기 때문에, 피드백이 학습과 업무 향상에 얼마나 효과적인지 인식하지 못하고 있었다. 피드백으로 인해 학습이나 업무의 진행 속도가 빨라지고, 효율성이 증대된다. 피드백이란 학습자의 말이나 행동 과제 전반에 대한 반응 행위이다. 피드백은 코치이가 자신의 발전 상황을 점검하고 성취감을 느끼며 성장 발전하게 만드는 원동력이 된다.

피드백이 항상 긍정적인 평가나 칭찬 일색이라는 코멘트라고 생각하면 오산이다. 좋은 피드백은 바람직한 방향으로 나아가도록 도움이 되며 동기부여가 된다. 유능한 코치는 부정적인 피드백을 할 경우 코치이의 장점을 칭찬해 주고 격려하면서 고쳐야 할 부분을 지적해 준다. 더불어 코치이가 앞으로 개선해야 할 점과 나아갈 방향에 대한 자각을 할 수 있도록 건설적인 피드백을 제공해야 한다. 더불어 코치는 피드백 전후의 결과 자료를 제시할 수 있어야 한다.

나는 상담심리과정을 배울 때와 대학원을 다닐 때 발표 도중 말이 너무 빠르다는 점과 시간 안배를 잘 하지 못한다는 소중한 피드백을 받았다. 물론 피드백을 준 분들은 나의 장점에 대해 충분히 격려하는 시간을 가진 후, 아는 정보와 지식을 쏟아 부으려 하지 말고 상대방의 이해 정도를 파악해 가면서 속도를 조절하라는 피드백을 해 주었다. 내가 학생들을 가르치고 강의를 하며 코칭을 하는 데 커다란 도움이 된 피드백이다. 시간 안배 역시 많은 것을 전달해 주고 싶은 욕심을 버리고 중요한 내용을 위주로 콘텐츠를 구성한다. 많은 정보와 지식은 청중을 지루하게 만들고 도리어 학습에 방해가 된다는 점을 깨달았다. 이처럼 피드백을 통해 변화하고 발전하며 성장한다.

결과 평가 및 팔로우 업(Result evaluation)

코칭은 결국 성과에 대한 결과로 평가된다. 성공한 코칭이란 코치 없이 코치이가 얼마나 성공적인 성과를 나타내는가로 알 수 있다. 코치이가 독립적으로 원하는 수준까지 성과를 올렸다면, 성공한 코칭으로 평가 내릴 수 있다. 코치는 코치이에게 평가 작업에 대해 설명하고 평가 도구를 정한다. 평가 도구로는 코칭 사전·사후 질문지, 인터뷰, 보고서 및 제안서, 360도 다면평가, 관찰, 자기 모니터링 등이 있다. 코치는 코칭 단계에서 이루어진 성과에 대해 격려의 피드백을 제공한다. 먼저 갭 분석을 통한 목표 달성이 이루어졌는지 비교해야 한다. 직원의 업무 수행 능력뿐만 아니라 자신감, 동기부여, 인적 관계, 자발성 등 다양한 측면에서 평가 가능하다.

코치이의 업무 성과나 행동의 결과에 대한 사후 평가가 다른 과정 못지않게 그에 따른 지속적인 팔로우 업 과정이 필요하다. 결과 평가 이후 코치이에게 다음 목표와 어떠한 연계 계획이 있는지 질문하고 다음 목표나 업무 과제에 대해 대화하면서 결정에 대한 책임은 코치이가 지게 한다. 즉 코치는 코치이의 동기 부여의 필요성과 목표 설정 간의 가교 역할을 한다. 새로운 목표와 성취 시점에 대해 허심탄회하게 대화함으로써 추진할 새로운 계획들을 열거하고 일정을 세운다. 코치는 새로운 도전할 만한 프로젝트에 코치이를 참여시켜 부족한 점을 보완할 기회를 주고 책임을 이양하여 점차 책임과 권한의 범위를 확장시킨다. 이 과정을 통해 직원은 신뢰를 얻음과 동시에 역량 증가로 인한 위임의 단계로 접어든다. 직원이 업무 능력, 예상치 못한 경우 대안을 찾아낼 능력, 인간관계 능력을 갖추게 되면, 점차 프로젝트를 위임한다. 이처럼 코치는 위임할 단계와 시기를 결정한다. 위임 후에 지속적인 후원을 통해 책임감을 강화시키고 지원함으로써 권한을 이양한다. 결국 코칭을 하는 이유는 위임 가능한, 책임 있는 또 다른 관리자를 육성하는 데 있다.

신뢰하는 마음 : 직원에 대한 믿음

　대학교 1학년 때의 일이다. 신입생이 되어 맞이한 첫 여름 방학 때 운전을 배우게 되었다. 운전교습소에서 수동 기어 변속 3단까지 익히고 나니, 면허는 없지만 집에 있는 아버지 차를 운전하고 싶은 생각이 간절해졌다. 마침 주말이었는데 부모님께서는 출타 중이셨고 내가 차를 운전하여 옆집 사시는 외할아버지 외할머니까지 모시고 점심식사를 하러 냉면집에 갔다. 모든 게 순조로웠는데, 집에 오는 길에 갑자기 소나기가 쏟아지기 시작했다. 당황한 나는 와이퍼의 위치와 작동방법을 몰라 헤매다가 집에 거의 다 도착할 즈음 그만 옆집 차를 박고 말았다. 집으로 돌아오신 아버지는 이 사실을 알고 조용히 나를 부르셨다. 다른 형제들은 내가 엄청 야단맞을 거라고 걱정하는 눈치였다.

　아버지는 화를 내지 않고 내게 거리로 나가 운전을 해 보고 무엇을 느꼈느냐고 물으셨다. 나는 운전을 한다는 것은 주변의 흐름을 익히는 일이고, 이 세상의 모든 일은 혼자만 잘한다고 되는 일은 아닐 것이라고 답변했다. 아버지는 그만 나가보라고 하시고 더 이상 그 날 일에 대해 말씀하시지 않았다. 이미 돌아가신 아버지이지만, 그 이후로 무사고 운전을 기록하게 된 데는 아버지의 영향이 크다. 그보다 더 큰 교훈은 첫째, 아버지가 나에게 해 주신 것처럼 자식을 믿고 신뢰하는 엄마가 되고 있다는 점이고, 둘째는 야단보다는 깨달음을 주는 질문에 있다. 이 교훈은 내가 가르치는 학생들에게도 확장되고 있다. 누군가 나를 믿어 준다는 것이 내 역량을 한층 상승시키는 촉매제가 된다는 것을 내 경험으로 알았기 때문이다.

심리학에서는 타인의 기대나 관심으로 인하여 능률이 오르거나 결과가 좋아지는 현상을 피그말리온 효과라고 부른다. 그리스 신화에서 유래된 이야기이다. 키프로스의 왕 피그말리온이 자신이 만든 아름다운 조각상과 사랑에 빠져 괴로워하자 피그말리온의 사랑에 감동하여 여신이 조각상을 여인으로 환생시켜 주었다. 1968년 하버드대학교 로버트 로젠탈 사회심리학 교수는 이를 응용하여 실제 초등교육 현장에서 실험을 했다. 초등학교 전교생을 대상으로 지능검사를 실시한 후 무작위로 선정한 20%의 학생들에게 '고 지능 학생들'이라고 스스로 믿게 만들었다. 8개월 후 다시 실시한 검사에서 '고 지능 학생들'이라고 선정된 아이들이 실제 다른 학생들보다 높은 점수를 보였고, 학업 성적도 향상되었다는 결론을 얻었다. 로젠탈 효과는 교사가 학생들을 인정하고 믿어 주면 실제로 능력이 신장된다는 점을 강조한다. 로젠탈 교수는 능력을 믿고 인정해 주었을 때 따라오는 긍정적인 결과에 주목했다.

직원을 신뢰하고 있는가?

켄 블랜차드는 긍정적인 변화를 이룬 조직과 그렇지 못한 조직간의 차이점에 대해 고민하다가 '신뢰'에서 그 해답을 구했다. 변화를 도모하고 추구하기 위해서는 구성원들을 단결시키는 일이 우선적이며 신뢰 관계는 짧은 시간에 이루어지지 않는다고 결론지었다. 그는 ABCD(Able, Believable, Connected, Dependable) 모델에서 능력과 진실, 연결된 존재로서 지속성을 유지할 때 신뢰가 형성된다는 사실에 주목했다. 우리는 누군가를 신뢰한다는 말을 할 때 능력 이외에도 정직하고 성실한 성품, 다른 팀원들과 맺는 인간관계에 대한 확신, 지속성이 그 사람을 믿을 만하다고 평가하는 지표로 삼는다. 경영진과 조직원 간의 신뢰는 팀의 성과와 조직의 성공을 가늠하는 척도가 된다.

런던 비즈니스 스쿨의 게리 해멀(Gary Hamel) 교수는 조직에서 순종, 근면, 지식은 얼마든지 구할 수 있지만, 추진력, 창의력, 열정은 쉽게 끌어내지 못한다. 그는 가장 상위의 인간 능력은 '열정'인데, 이는 난관을 극복하고 목표를 이루게 만들며 조직을 한 방향으로 모으는 힘이 되기 때문이라고 했다. 해멀 교수는 대부분 조직의 문제는 관료주의와 위계질서에 익숙해져서 직원들은 아이처럼 대우받고 자유가 박탈된다면 몰입하지 않는 데 있다고 했다. 실제로 직원들에게 "당신은 신뢰

받고 중요한 존재인가요?"라고 한 질문에 그렇다고 답하는 사람은 드물다. 그는 소수에게만 권한을 부여하고 다수의 권한을 박탈하는 현재 한국의 기업문화로서는 장기적으로 성공하기 힘들다고 조언했다.

현재의 지식, 정보사회의 구조는 수직적인 권위 조직에서 수평적인 역할 조직으로 옮겨가고 있다. 지시와 통제의 리더십 통념에서 벗어나 빠른 변화에 대응하여 업무를 효과적으로 수행 가능한 인재에 대한 요구가 점차 늘어나고 있다. 조직원의 역할이 달라지듯이 최고경영자 및 임원 역시 조직 구성원들에게 능력을 믿고 권한을 위임하기 위한 노력이 필요하다. 전문성을 바탕으로 한 팀별 성과가 강조되는 현재의 조직 구조에서 기업의 경쟁력은 적임자에게 올바른 임무를 수여하는 일이다. 그러기 위해서는 우선적으로 현장의 관리자, 임원 그리고 최고 경영자는 자신의 조직원들에게 신뢰를 받고 있는가를 자문해 보아야 한다.

다이소의 박정부 회장은 뮤지컬 〈저지 보이스〉를 보고 팀을 지키기 위해 자신을 희생하는 주인공의 모습이 인상적이라고 말했다. 중요한 것은 사업도 우정도 신뢰로 다져야 한다고 강조했다.

"사업할 때 꼭 나와 맞는 사람과 일하게 되지 않습니다. 때로는 상대방이 실수하고 나를 좀 섭섭하게 해도 더 큰 목표를 이루기 위해 참으면서 끝까지 믿어 줘야 할 때도 있어요."

신뢰(信賴)의 한자를 보면, 신뢰란 믿고 의지하는 일이다. 의지(依支)란 나를 기대고 버티게 해 주는 존재이다. 우리가 신뢰한다는 것은 의심하지 않는다는 뜻이다. 우리는 의자란 존재가 우리 몸을 지탱해 줄 것을 믿기에 성능을 점검하지 않은 채 털썩 앉곤 한다. 이처럼 신뢰에는 지속성과 충실성과 연관된다. 내가 속한 조직이 나의 존재를 인정하고 강점을 기억하고 믿어 주는 것처럼 신나는 일은 없다. 그렇다면 조직원이 그렇게 느끼도록 만드는 방법은 무엇인가? 바로 그들에게 적합한 중요한 일을 맡기는 일이다. 그냥 무턱대고 맡기는 것이 아니라 앞에서 설명한 것처럼 멘토링과 코칭을 통해 역량을 성장시켰다고 확신한다면 조직원들이 적극적으로 업무에 참여하도록 책임을 부여해야 한다.

짐 콜린스는 서킷 시티(Circuit City)의 부사장을 지낸 월터 브러카트(Walter Bruckart)에게 평범한 기업에서 초우량 기업으로 전환시킨 5개의 요인을 열거해 달라고 질문했다. 그의 답은 한결같았다. "하나는 사람일 겁니다. 둘도 사람이지요. 셋도 사람입니다. 넷도 사람이고요. 그리고 다섯 역시 사람입니다. 우리의 전환이 성공할 수 있었던 비결 중 가장 중요한 것은 적임자를 고른다는 우리의 지침입니다."

적임자를 잘 고른다는 것은 직무에 알맞은 사람을 찾아내는 능력이 있음과 동시에 그 일을 수행할 자로 틀림없다고 믿어 의심치 않는 신뢰 관계가 형성되어 있다는 것이다. 신뢰한다는 것은 믿음이 가는 존재로 여긴다는 뜻이고, 믿는다는 것은 행동으로 보여 주는 일이다. 신뢰는 서로 오고 가는 쌍방향이다. 조직원들의 실력을 인정하고, 그들의 정직과 성실, 관계 능력을 신용할 때 신뢰하게 된다. 관리자 및 경영자는 직원들이 직장에서 신바람나게 일하게 만들고 싶다면 먼저 그들을 신뢰해야 한다. 리더와 팔로워의 관계가 신뢰를 바탕으로 할 때 건강한 조직문화를 이룬다. 리더가 팔로워를 신뢰하고 있다는 것을 보여 주는 행동은 힘을 실어 주는 일이고, 업무의 위임에 있으며 책임을 나누는 일이다.

권한 위임하기

상급자와 하급자의 관계에서 일일이 간섭하고 통제하기보다 스스로 업무를 처리할 수 있도록 권한을 부여하여 직무를 위임해(delegate) 주는 일은 조직원의 성장은 물론이고 조직의 헌신도에도 연관된다. 상사가 통제하기보다 믿고 업무를 맡겨 주는 일은 상하 관계의 질을 대변한다. 이를 바탕으로 정보 공유와 협력이 가능해지고 상하 간의 원활한 커뮤니케이션이 활성화된다. 신뢰를 기반으로 하는 조직문화는 조직 내 자율과 학습, 창의성과 혁신으로 이어지고 생산성 향상으로 발전한다.

IBM 연구소는 64개국 1,700명의 경영진을 대상으로 조사한 결과 탁월한 기업성과에 기여한 요인은 고객 참여와 파트너십을 통한 혁신 확대 그리고 직원들에 대한 권한위임이라고 발표했다. 권한위임(delega-tion)은 현대의 조직 리더십에서 흔히 접하는 단어이지만, 실제로 조직에서 실천이 활발하지 못한 경우가 많다. 대표적인 이유는 책임 이동에 대한 불안, 소통의 부족, 그리고 위임으로 인한 권한 축소에 따른 불안 등 여러 가지이다. 하지만 신뢰를 바탕으로 권한을 위임하고 통제보다는 자율적인 조직으로 경영구조를 확대해 나가고 있는 혁신적인 기업이 더 성장한다.

호텔기업 메리어트 인터내셔널의 빌 메리어트 회장은 호텔의 성공 요인이 직원에게 기회를 주는 회사이기 때문이라고 말했다. 총지배인 절반이 도어맨, 야간 전화 응대원 같은 시급 근로자 출신이다. 시급 근로자에서 지배인까지 20년 정도 일하면 호텔을 어떻게 운영해야 하는지 가르칠 필요가 없으며 지금처럼 잘해 달라는 것뿐, 그들이 스스로 운영하도록 믿고 맡긴다. 좋은 사람을 고용하는 것이 경영진의 몫이지만, 그들이 성장 발전하여 성공하도록 신경 쓰고 기회를 주는 일 역시 경영자의 역할이다. 그는 짧은 기간 눈부시게 실적 좋은 지배인보다 직원의 이야기를 경청하고 관심을 보이고 살펴주는 신뢰받는 책임자를 선호한다. 빌 메리어트 회장의 믿고 신뢰하는 위임경영은 조직문화로 정착화되어 있다.

미국의 대표적인 유기농 식품판매 체인점인 홀푸드(Whole Food)의 대표적 경영정책은 권한위임이다. 홀푸드는 신선하고 친환경적인 식품에 높은 가격을 책정하여 고가의 식료품값으로 한때 비난을 받기도 했지만, 건강을 위해 선택하는 대표적인 자연친화적 식료품 판매 체인점으로 인기를 얻은 슈퍼마켓이다. 각 매장은 농산품, 해산물, 계산대까지 8개의 팀으로 구성되어 있으며, 자치적인 조직을 형성한다. 새로운 조직원이 필요할 때는 4주간의 인턴십을 끝낸 자들 중에 팀원의 2/3의 동의를 받으면 취업이 된다. 각각의 팀은 채용뿐만 아니라 주문, 가격 결정, 홍보 등을 자율적으로 진행한다. 각 팀은 수익으로 움직이고 분기별 측정에 의해 임금이 결정된다. 따라서 자율적이면서도 많은 책임을 위임 받고 있다. 한 달에 한 번 팀들을 대상으로 노동시간에 따른 이윤을 측정한 뒤 보너스를 지급하고 있다. "직원들이 몸과 마음을 다하여야만이 회사가 성공할 수 있다."는 경영마인드가 오늘날 홀푸드의 자율적 책임식 조직문화를 이루었다.

왜 위임인가?

조직의 리더가 조직원을 믿고 신뢰하는 방법은 중요한 일을 맡기는 일이다. 이는 어디 한 번 혼자 해보라는 의미가 아니라, 스스로 업무를 파악하고 업무에 전반적인 책임을 다하라는 뜻이다. 동시에 조직원의 역량을 성장시켜 조직 내 역할 비중을 높여 주는 일이기도 하다(데이비드 호사저, 신뢰가 이긴다). 우리가 언제 자신감을 획득하게 되었나를 생각해 보자. 누군가의 도움 없이 혼자의 힘으로 힘든 일을 성취해 냈을 때, 혹은 어려움 속에서도 도전하여 만족할 만한 결과를 내었을 때이다.

위임을 한다는 것은 업무의 부담과 스트레스를 낮출 수 있으면서 더욱 특별한 전문성을 요구하는 일에 몰입하는 시간을 제공해 주는 이점이 있다. 또한 관리자와 직원 간의 소통의 기회가 증대되며 신뢰를 구축할 수 있는 기회가 된다. 위임을 통해 직원들의 강점과 약점을 파악할 기회가 된다. 하지만 이러한 장점에 비해 우리나라에서 위임이 잘 되지 않는 이유는 조직을 장악하는 통제권이 약화될 것이라는 불안감에 기인한다. 권위가 서지 않을 것에 대한 우려와 자신의 핵심업무의 노하우를 쉽게 나누어 주지 않는 문화 역시 원인이 된다.

미국의 혁신기업 애플은 한창 신사옥을 건설 중이다. 애플이 현재 진행 중인 신사옥 애플 캠퍼스는 일명 우주선(spaceship)이라 불린다. 이 사옥 건설은 스티브 잡스가 사망하기 4개월 전 발표한 프로젝트로 타원형으로 설계한 독특한 모양으로 총 1만 3,000명의 직원이 함께 근무할 수 있다고 한다. 구글의 베이뷰(Bayview)는 다리를 건너 서로 연결되는 구조를 가지고 있는데 구글의 모든 직원이 2분 30초 안에 서로에게 다가가도록 설계되었다. 반복 고리(infinity loop) 모양의 경사로를 설치해 실제로는 직원 간에 보이지 않는 벽을 허물기 위한 다양한 방안의 시도이다. 버블(Bubble)이라는 별명을 갖게 된 아마존의 신사옥은 세 개의 유리돔이 연결되어 있다. 페이스북의 신사옥은 미식축구장 8개를 합친 규모이지만 벽이 없는 구조로 오픈 공간을 지향한다. 어느 시기보다 창의적 사고와 협업을 중시하는 IT 기업의 풍토에 부응하는 신사옥 설계이다. 이는 과거의 수직적 조직형태에서 수평적 조직으로의 이동을 의미한다.

조직이 수평적인 구조로 전환되기 위해서 필요한 첫번째는 개개인이 부속품이 아닌 주인의식을 갖게 되는 일이고, 그러기 위해서는 우선 조직원을 신뢰하고 권한을 위임하여 서로 책임의식을 나누는 일이다. 경영진에서 시키는 일만을 잘하는 직원이 아닌 비판의식(critical thinking)과 창의적 사고(creative thinking)가 가능한 인재를 육성하는 일이고 그들을 신뢰하고 권한을 위임해야 한다. 유능한 직원이 많은 조직을 원한다면 중요한 업무를 담당할 인재를 육성하는 일이다. 유능한 인재일수록 효과적인 코칭으로 성장하고 위임을 통해 발전하길 바란다.

어느 한 순간 업무를 위임할 수는 없다. 코칭과 위임, 승계계획은 이어지는 과정 속에 있다. 우리의 문화는 후계구도를 만드는 데 인색하다. 나보다 더 나은 부하를 두는 것에 대한 위기의식의 발동으로 충성스러운 직원을 선호하게 된다. 인재를 보는 안목은 코칭을 통해 시작된다. 잠재력을 발견하고 평가와 팔로업을 통해 적합한 시기에 위임단계로 발전시켜 나가야 한다. 사내의 인재를 알아채지 못한다면 리더감이 아니다. 만약 알아챘더라도 자신을 따라잡을 것을 우려하여 위임하지 않는다면 역시 리더라 할 수 없다. 리더는 최고의 인재를 파악해서 적당한 시기에 적절한 업무를 배정해 주어야 한다. 위임을 통해 직원의 경력과 업무 결과에 대한 평가를 내리고 인재 풀을 만드는 일은 리더의 핵심역량이다. 핵심 인재를 제대로 활용하지 못하는 리더는 자격미달이다. 차세대 리더를 코칭하고 위임하여 승계 문화를 구축하는 관리자는 승진하고 포상 받는 시스템을 구축해야 한다.

위임 실행하기

위임 실행을 위한 관리자의 태도는 첫째, 직원을 신뢰하는 자세에서 시작된다. 자신이 쉽게 처리하는 일을 서툰 사람이 서툴게 하는 모습을 지켜보며 내버려 두기는 쉽지 않은 일이다. 혹여 일 처리가 미숙

해도 침묵을 지켜야 하며, 시간이 걸려도 그 일을 잘 해낼 것이라는 믿음을 보여 주어야 한다. 자주 간섭하면 도리어 좌절하고 실수한다. 둘째, 관리자는 이제 자신의 전문분야를 전수할 시간이 되었다는 것을 인정해야 한다. 자신의 직원이 전문가 대열에 나아가도록 도움을 주는 일에 저항하지 않아야 한다. 셋째, 자신의 직원이 전략적 사고와 의사결정 능력을 필요로 하는 영역에 도전하도록 도움을 주어야 한다. 전술적 How의 개념에서 전략적 What, Why 개념의 경영을 이해하고 효율에서 효과적 성과 경영으로 사고를 확장시킨다. 넷째, 신뢰를 바탕으로 소통을 강화하고 공동 책임을 느끼도록 격려한다. 다섯째, 관리자는 무엇을 위임할 것인지를 정하고 목표를 명확하게 설정해 주며 예상되는 결과치를 제시한다. 모니터링과 피드백을 통해 가이드라인을 체크하여 점검한다.

무리한 위임은 직원의 사기와 직무역량을 높이려는 의도를 오히려 저해한다. 상사는 위임해도 될 업무와 하지 않아야 될 업무에 대한 명확한 구분을 설정해 놓아야 한다. 주요 계획을 짜고 지시하는 일, 복잡한 사항의 협상, 인사 권한, 성과를 평가하고 직원 전체를 동기부여하는 일은 여전히 상사의 몫이다. 숙련된 기술적 역량을 필요로 하는 임무에서는 코칭을 통해 실력이 입증된 직원에게만 위임해야 한다. 위임하면 직원들이 자신들의 역량을 신뢰하고 있다고 좋아할까 생각해 보아야 한다. 많은 직원들은 왜 나에게 업무 이외의 일을 떠맡길까 하며 오히려 불만일 수 있다. 왜 일상적인 업무 보조적인 잡일을 자꾸 시키는 것일까? 도리어 동기부여가 떨어지는 경우가 있다. 위임을 지시하는 리더는 우선적으로 일상적인 잡일과 위임할 프로젝트에 대한 업무의 상이함을 인지해야 한다.

위임이란 것은 권한위임 못지 않게 책임을 나누는 일이다. 첫째, 업무가 구성원들의 성장에 도움을 주는지 경력 개발에 도전할 만한 일인지 구분한다. 둘째, 현재 구성원의 역량으로 완수가 가능한지 외부자원이 필요한지 결정한다. 셋째, 현재 구성원이 이전의 업무에서 코칭 및 잡트레이닝을 받은 상태인지 아니면 이외의 코칭과 트레이닝이 필요한지 고려한다. 넷째, 업무의 중요도에 따라 업무 과정을 자신이 모니터링할지 다른 상급 직원에게 부탁할지 결정한다.

처음 업무를 위임시키는 일은 마치 어린아이가 엄마 손을 잡지 않고 혼자 걷는 것을 지켜보는 것처럼 불안한 일이다. 부모로서 자신의 아이가 도움 없이 혼자 서서 걸을 수 있다는 신념이 있기에 좀 넘어지더라도 혼자 걷게 내버려 둔다. 부모들은 아이가 칭얼대도 혼자 일어서게 지켜보고 더 이상의 도움을 주지 않는다. 아이들의 모습을 잘 지켜보면 개인차가 있지만 10~12개월이 되면 걸음마를 시작한다. 가만히 살펴보면 기어 다니다가 어느 순간 의자나 탁자를 잡고 일어서는 동작을 반복하며 뒤뚱거리고 서 본다. 다시 넘어지고 일어서기를 반복하는 10가지 단계(머리 들고 기어 다니기 ─ 가슴 들고 기어 다니기 ─ 뒤집기 ─ 발로 몸무게 지탱하기 ─ 지탱 없이 앉기 ─ 지탱 없이 서기 ─ 붙잡고 서기 ─ 가구 이용하여 걷기 ─ 쉽게 서기 ─ 쉽게 걷기)를 거쳐 혼자 걷게 된다. 빨리 걷는 아이가 있고 더딘 아이가 있고, 물건이 아닌 벽을 잡는 아이가 있으며 일단 넘어지고 생각하는 아이가 있는가 하면 돌진하다 머리를 부딪히는 아이가 있다. 그러면서 아이들은 혼자 서서 걷기까지의 노하우를 익힌다. 어른이 하는 일은 잠시 손을 내밀어 주거나 잘한다고 손뼉치고 칭찬하는 일이다(최혜림, 자기브랜드리더십).

인간은 이렇게 네 발에서 두발의 직립보행으로 변화하는 데 익숙한 동물이다. 재미있는 것은 어린아이는 커서는 이러한 도전과 모험을 안 한다는 사실이고, 어른은 점차 칭찬에 인색해진다는 점이다. 하지만 어른으로 성장해서는 실수도 실패도 없이 시키는 대로 일을 하는 사람이 최고의 인재로 여겨져 왔다는 것은 우리 사회의 모순이다. 인간은 누군가의 도움으로 시작하지만 결국 자신이 혼자 걸음걸이를 시도하듯이 믿음을 얻고 자율성을 가질 때 더욱 성장한다. 우리의 사회가 혼자서는 걷지 못하는 성인을 양산하고 있는 교육과 사회적 환경이 아닌지에 대해 반성하고 고민해 보아야 한다.

조직도 마찬가지이다. 구성원들이 때론 실패하더라도 업무를 좀더 빠르게 익히고 성취해 나갈 기회를 주어야 한다. 대신 실패한 원인과 과정, 향후의 목표와 결과에 대해 반성하고 새로운 과제에 적용해 볼 시간이 업무에 속해져 있어야 한다. 리더가 위임을 결정할 만한 위의 사항이 전부 갖추어졌다면 본격적인 위임을 단계적으로 시행해야 한다. 성공적인 업무 위임은 리더의 업무를 덜어줌으로써 더욱 큰 계획과 전략에 몰입할 기회를 줌과 동시에 구성원의 역량 증진에 도움이 된다.

위임 과정의 첫 단계는

a. 업무가 특별한 과제, 기술, 기능을 필요로 하는지 인지한다. 과제 와 기술 기능의 영역을 구분해 놓는다. (예를 들면 비판적 사고, 창의적 사고, 대인관계, IT 기술 등)

b. 상사 리더의 강점을 토대로 자신에게 부족한 점을 대신할 업무자 를 포지셔닝한다.

c. 조직원의 지식적 기반과 기술적인 능력을 파악하여 가장 적임인 일에 코디네이트한다.

d. 업무의 중요성과 각자의 역할 책임에 대해 설명한다.

e. 외부에서 필요한 자원과 내부 지원에 필요한가에 대해 토의하고 결정한다.

f. 자신이 목표로 하는 결과치와 기대치에 대해 명료하게 인식시킨다.

g. 직원들의 업무방식을 인정하고 업무를 맡기고 나서는 전폭적으 로 지원해 준다.

h. 프로그래스를 보고 받고 모니터링하고 피드백해 줄 사람을 선정 한다.

i. 위임이 끝난 후 사후 판단을 내리지 말라. 조직원들의 경험 사례 를 경청하고 좀더 성공적인 다음 권한 위임을 위해 좋은 점과 개선 되어야 할 점을 제시하는 모임을 주선한다.

우리나라에서는 현재의 능력을 보지 잠재력을 파악하는 데에는 소 홀해 왔다. 적절한 위임을 회피해 왔다는 것은 위임에 대한 의지의 부

족이다. 내가 아는 한 글로벌 기업의 경우 신입사원에게 6개월의 코칭

홀라키 조직의 임파워먼트

홀라키는 홀라크라시(Holarcracy)에서 시작된 말로 그리스어 holon에서 유래되었고, 하나의 전체적·자율적 통합을 가진 단위를 뜻한다. 최근 기업경영에서 나타나고 있는 홀라크라시 조직은 자기정부(self-governing) 운영체제를 뜻하며, 직업의 타이틀도 매니저도 없는 톱다운(top down) 식 위계질서를 통한 통제조직이 아닌 지극히 투명한 형태의 독립체제인 바텀업(bottom up) 자율구조이다. 즉 그 자체로 온전히 기능을 하는 작은 부분이 합쳐 이루어진 복합체제이다. 계층제도(hierarchy)에 도전하는 홀라크라시 조직은 힘과 역할과 책임을 분배하는 급진적 형태의 조직 구성이다.

1967년 아서 쾨슬러는 '기계 속의 유령(The Ghost in the Machine)'에서 자기 스스로 기능하는 작은 부분으로 이루어진 시스템을 '홀라키'라고 명했다. 파드(pod)라 불리는 작은 자율적 팀이야말로 학습하는 조직을 가능케 할 근본적 구성 단위이자 미래의 자율 조직이다. 각 단위인 파드는 하나의 부품이 아니라 그 자체로 완성품이라 할 수 있다. 조직의 원칙을 정한 시스템하에 자체 파드가 정한 핵심기능, 규약을 따르는 조직 안의 조직이 모여 다시 조직을 이루는 합쳐진 프랙탈(fractal) 조직이라 하겠다.

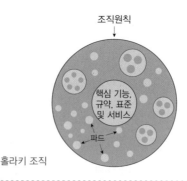

홀라키 조직

기간을 수료하게 한 후 바로 업무를 위임했다. 같은 기간에 입사한 우리나라 대기업의 신입사원이 하는 일과 비교해 볼 때 차이가 심하다. 위임이란 자신이 하기 귀찮은 일을 맡기는 것이 아니라 직원의 경력 발전과 조직의 원활한 승계계획을 위한 방침이다.

기존의 경영 조직은 경영진을 우두머리로 여러 개의 사업부로 나누어져 전 문화를 바탕으로 한 수직적 구조를 가지고 있다. 그 이유는 일을 더욱 효율적으로 하기 위해 조직과 노동력을 나누는 것이 목적이었다. 개발자들은 개발에 집중할 수 있게 R&D 부서로 한데 모아 놓고, 영업팀은 제품을 판매하고 서로서로 배울 수 있도록 한데 모아 놓는다. 이러한 방식이 매우 효율적인 것은 물론이다. 기존의 전통적 사업부 식 조직에서는 기능과 전문성에 따라 인력을 나눈다. 이런 식으로 조직을 계속 나누다 보면 효율은 높아지지만 부작용이 생긴다. 사람들이 기업의 전반적인 목표의식으로부터 단절되는 것이다. 기능적 그룹에 속한 사람들은 조직 전체의 목적의식보다는 각 부서별로 더 큰 소속감을 느끼게 되어 있다. 각 부서 간의 경쟁으로 인한 부서 이기주의와 부서 간 단절로 빠른 소통과 의사결정을 단행하는 데 단점이 되어가고 있다.

크리스 루퍼(Chris Rufer)가 창업한 '모닝 스타(Morning star)'는 캘리포니아 우드랜드에 본사를 둔 세계 최대 토마토 가공업체이다. 연매출 약 7,800억 원의 매출을 올리며 성장추세인 이 기업의 직원 수는 약 500여 명인데 특이한 것은 관리자는 존재하지 않는다는 점이다. 상사가 없으니 직급이 없고 승진이 없으며 동료들의 평가에 따라 급여를 받는다. 대신 모든 직원 각자가 회사 재원을 사용할 권한을 가진다. 직접 기계를 구매 요청하기도 하고 담당할 직원을 채용하기도 한다. 이들은 철저하게 팀별로 운영되고 매년 팀별 목표와 전략을 수립하고 임금협상 등을 한다. 진급과 승진을 위한 경쟁과 보상이 아닌 회사에 기여를 한 사람이 더 높은 임금을 받는다.

로고에서 볼 수 있듯이 '약속을 통한 최고(excellence through commitment)'를 추구하는 것이 그들의 규약이다. 모든 직원이 상사의 지시를 받지 않는 대신에 업무에 관련된 모든 제반 사항에 대해 소통하고 협력을 도모하는 자기경영 전문가가 되는 기업이다. 자신이 작성한 미션 선언문에 따라 각 직원은 자신이 어떻게 회사의 목표에 이바지할 것인지에 대한 사명선언문을 작성하고, 그것을 달성하는 데 필요한 교육, 자원, 협력을 직접 책임진다. 또한 매년 동료이해각서를 작성하여 다가오는 다음 해에 대한 자신의 약속과 기대치를 서술한 뒤, 그것을 동료들과 직접 만나 함께 협상한다.

모닝스타의 직원들은 스스로 자기를 관리하고, 동료들에게 자신의 업무와 성과를 보고한다. 회사는 단지 필요한 시스템을 제공하여 직원들이 자신의 활동을 조정할 수 있게 돕는다. 각 직원은 자기 나름의 공급업체와 고객이 있어 그들을 중심으로 업무를 해 나간다. 모닝스타는 자신의 업무 강령에 따라 자발적이고 몰입적이며 책임 지향적인 조직문화를 가지고 있다. 그저 말뿐인 권한위임이 아닌 모두에게 진정한 권한위임을 하고 있다.

브라질 산업용 기기 제조 전문업체인 셈코 파트너스(Semco Partners)의 CEO 리카르도 세믈러(Ricardo Semler)는 기존 경영 방식은 효율적이지 않다며 새로운 경영 방식의 중요성을 강조했다. 선박용 펌프 제조에서 시작된 이 기업은 현재 하이테크와 서비스 산업으로까지 진출했다. 그는 하버드대 MBA를 마치고 도산 직전의 가업을 승계 받았다. 경직되고 관료적인 조직을 파괴하는 일이 그의 첫번째 임무였다. 인간은 선하고 책임감 있다는 자신의 철학을 따르기로 했다. 셈코의 직원은 자신이 선택한 근무시간에 맞추어 일을 하고 급여를 정한다.

'Retire a little'이란 제도는 자신이 원하는 만큼의 시간을 미리 퇴직시간에서 정산하여 사용하는 제도이다. 일주일에 한 나절 정도 자신이 원하는 일을 할 수 있다. 이로 인해 월급은 적어져도 직원의 만족도는 높다. 인사관리도 고용계약서도 없는 이 별난 조직은 가능한 모든 통제와 관리를 배제하고 있지만, 회사는 연간 40%의 성장을 기록하고 있다.

자포스(Zappos) 직원이 회사 홈페이지에 올린 글이다.

"자포스를 만난 것은 제 인생의 최고의 행운이에요. 저는 매일 아침 눈을 뜨면 회사 갈 생각에 가슴이 설렌답니다. 주말에는 월요일이 너무 멀게 느껴져 잠을 잘 수 없을 정도예요."

자포스는 1999년 평범한 온라인 신발쇼핑몰에서 시작되었다. 10년 만에 매출 10억 달러, 2009년에서 2013년 5년 연속 〈포춘〉이 정한 일하기 좋은 100대 기업 중 상위를 차지했으며, 재구매율 75%, 고객충성도 90점을 자랑한다. 빠른 속도로 매출을 신장시킨 데는 그 기업의 문화가 다르기 때문이다. 행복을 배달하는 서비스 정신과 직원의 행복을 책임지는 차별화된 기업문화, 독특한 직원 개발 시스템이 바로 자포스의 자랑거리이다. 2009년 아마존이 12억 달러(1조 3천억 원)의 고가로 인수하고 자포스의 독자경영이라는 파격적인 제안을 받아들인 데는 이유가 있다. 최고의 온라인서비스 기업인 자포스를 통해 사람을 중시여기는 독특한 기업문화와 가치관, 진정한 고객 서비스 정신을 함께 구매한 셈이기 때문이다.

첫째, 자포스는 진정한 고객서비스를 지향한다. 한 여성 고객이 병이 든 어머니의 신발을 자포스에서 구입했다. 하지만 어머니는 신어보지 못한 채 세상을 떠나고 만다. 자포스는 신발이 잘 맞는지 이메일을 보냈는데, 고객은 어머니께서 돌아가셔서 한 번도 착용하지 못했다며 반품 처리를 요청했다. 자포스는 택배직원을 보내 반품 처리와 함께 꽃다발과 편지를 전달했다. 여성고객은 친절에 감동하여 자신의 블로그에 올리고 이 스토리는 일파만파 SNS로 퍼져 나갔다. 자포스는 무료배송, 무료반품, 익일배송을 원칙으로 하며, 콜센터 직원은 고객감동을 요구할 뿐 별도의 매뉴얼이 없다. 직원의 권한과 판단으로 맞춤형 서비스를 할 수 있다. 자사에 없는 물건인 경우에는 최소 3곳의 타사 사이트를 체크하여 제공한다.

둘째, 사람을 존중하는 기업문화이다. 자포스의 뉴스레터를 통해 직원이 질문하면 임원들은 솔직히 답변을 한다. CEO방을 비롯하여 별도의 문을 두지 않고 개방형 공간을 추구하는 수평적 관계를 유지한다. 오픈 도어 정책(open door policy)이 아닌 아예 문이 없는 '노 도어 정책(no door policy)'을 가진 기업이다. 직원들이 자신의 적성에 맞는 일을 할 수 있도록 다양한 교육을 제공하고 여러 부서를 경험한 후에 선택하게 한다. 17개의 필수업무 능력 중에서 한 가지를 마스터 할 때마다 월급이 올라간다. 신입사원교육에서 퇴사할 경우 월급과 3,000달러의 사퇴 보너스를 준다. 자포스의 스타 CEO 토니셰이(Tony Hsieh)는 2013년 기업문화를 홀라키(Holarchy) 조직으로 변경한다고 발표했다. 자포스 조직 내에 400개의 원을 가지며 직원들은 그 안에서 역할을 담당하는, 지극히 투명한 형태의 독립체적인 자율구조를 갖추고 있다.

4차 산업혁명 시대의 소위 핫한 기업으로 고속성장하고 있는 페이스북은 메신저 와츠앱(Whats App)과 오큘러스 VR의 인수에 이어 인스타그램을 합병하여 주목을 받았다. 합병을 당한 인스타그램의 케빈 시스트롬은 페이스북 덕분에 빠르게 성장하고 있다고 말하면서 한 회사에서 독립 기업으로 활동함으로써 얻는 장점이 많다고 말했다. 4차 산업혁명을 주도하는 기업 중에서 합병 후 독립기업으로 자율경영을 권장하는 기업이 증가추세이다. 페이스북에서 인스타그램은 소규모 개발 팀처럼 자치적으로 운영되어 발빠른 기동력을 발휘하고 있다. 케빈 시스트롬은 인스타그램 CEO를 유지하면서 인수가격 10억 달러를 받았고, 페이스북 주식으로 인수금을 받은 덕분에 순재산이 11억 달러가 증가되었다. 인스타그램 '라이브 스토리'는 촬영이 끝나면 영상이 사라지는 반면 페이스북 라이브는 방송을 저장해 두면 다시 볼 수 있다는 점이 다르다. "따로 또 같이" 전략의 합병과 분할을 통한 자율경영은 혁신적 기업문화로 자리잡고 있다.

    20세기까지 효율이 곧 상품화로 이어지고, 가치가 혁신을 통해 만들어지는 21세기 새로운 패러다임의 세상으로 접어들면서 효율은 최고의 목표라는 자리에서 내려올 수밖에 없게 되었다. 고객의 불만과 고충을 해결하는 데 제안서를 작성하고 윗선에 보고하다 보면 해결책이 강구되기 전에 이미 다른 기업이 새로운 서비스를 실행하고 있는 속도전의 21세기에서 효율은 더 이상 최고의 미덕이 아닌 셈이다. 당신이 현재 조직을 운영하고 있다면, 지금 당장보다 지속 가능한 경영조직으로 탈바꿈하고 싶다면, 효율보다 혁신을 위해 어떤 식으로 인력을 나눌 수 있겠는가? 사업부 식 사고에 다른 더 세밀하게 나누는 접근적 어프로치, 즉 여러 개의 부분으로 이루어진 홀라키 식 자생적 조직을 덧붙이는 일이 도움이 될 것이다. 작은 구성단위가 합쳐져 전체를 이루는 홀라키 조직에서는 이미 각 부분이 하나의 기업이며 완벽한 기능을 한다. 각 파드가 하나의 작은 기업처럼 기능하기 때문에 그들의 초점은 파드 외부의 고객과 협력업체에게 초점 맞춰진다. 이때 고객이란 기업 안에도, 밖에도 있을 수 있고, 파드는 양쪽 모두에게 완성된 서비스를 제공한다. 이러한 파드 식 접근법을 쓰면 대기업도 소기업이 여러 개 모인 조직처럼 움직일 수 있다.

    빌게이츠가 말한 "21세기의 리더는 다른 사람에게 힘을 실어 주는 자이다(As we look ahead into the next century, leaders are those who empower others)."에 나오

는 단어가 바로 자율권(empower)이다. 임파워먼트란 업무방식을 결정하고 결과에 책임을 지는 행동이다. 이는 홀라키 조직을 추구하는 기업의 경우 해당된다. 반면에 위임(delegation)이란 관리자가 자신의 권위와 통제를 보유하고 책임 역시 관리자 몫으로 한다. 그렇기 때문에 우리나라의 조직에서는 우선적으로 임파워먼트의 단계 전 올바르게 위임하기 위한 준비과정이 필요하다. 또한 위임을 하기 전에 필요한 단계가 바로 코칭이다. 이처럼 기업은 코칭에서 위임으로, 또한 임파워먼트로 점차 권한 책임을 부여하고 있다. 이제 효율보다 혁신이 우선인 시대이기 때문이다.

IBM, GE, Microsoft 등 미국 기업은 미래를 대비해 유능한 인재를 발굴 육성하는 후계양성 시스템을 구축하여 경영자 리더십을 교육시키고 있다. 한국 P&G는 후배 직원을 육성해야지 상사가 연봉 책정과 좋은 승진 점수를 받는다. 자신의 직원이 프로젝트에 성공하면 팀 리더 역시 보너스 점수를 받는다. 리더는 자기 일만 잘하는 것이 아니라 팀원이 성장하도록 도움을 주어야 한다.

시마즈제작소는 2002년 다나카 고이치(田中 耕一, 당시 43세)가 학부 출신으로 노벨상을 받게 되어 많은 일반인들이 알게 된 회사이다. 중요 사업분야로서는 DNA및 단백질 분석과 같은 바이오 분야, CT 촬영과 같은 의료기기 분야, 기계재료의 인장시험을 하는 시험계측 분야 등이 있다. 1997년부터 시마즈 경영숙을 운영하여 전체 과장급 400명 중 10%를 뽑아 집중 육성하고 있으며, 신규 프로젝트 추진 팀 중 절반이

경영숙 출신이라고 한다. 이들은 그림자 임원(shadow executive)이라 불린다
(양창삼, 리더십과 기업경영). 내가 생각하는 성공하는 조직이란 '진짜 리더'를
길러 내는 방법을 아는 기관이다. 성공하는 기업은 단기적 성공 전략
에 매진하기보다 장기적 리더 육성과 인재 배치에 집중한다. 즉, 유능
한 다수의 리더가 바로 기업의 미래이다.

　인간의 육체노동과 지식노동이 로봇과 인공지능으로 대체될 4차
산업혁명의 시대는 노동과 자본 대신 창의적 통찰력을 요구할 것이다.
산업사회에서 지식기반 사회로 넘어가면서 인재관리에서 새로운 평
가 시스템을 도입하고 있다. 1990년대 각국의 기업이 GE의 10% 룰을
벤치마킹하여 상대평가를 도입했다면 마이크로소프트와 아도비 등
글로벌 기업은 상대평가를 폐지하고 새로운 인사평가시스템을 실험
하여 구성원들의 창의성을 성장시키기 위해 노력하고 있다. 상급자의
역량은 명령하고 지시하는 것이 아닌 팀원의 잠재력을 이끌어내고 영
감을 주는 일이다. 외적 보상보다 내적 보상을 통해 일하는 즐거움을
부여하는 조직은 앞으로 다가올 미래의 조직원 잠재력에 초점을 맞추
며 성과를 낼 수 있도록 협조하고 있다(포브스 2017. 1월호).

　4차 산업혁명에 대한 불안과 우려가 우리사회에 자리잡고 있다. 새
로운 시대를 준비하는 지도자는 시대 흐름의 본질과 변화하는 패러다
임의 역동성을 활용할 수 있는 역량이 있어야 한다. 개인과 기업이 많
은 일을 할 수 있도록 하는 힘은 탁상공론이 아닌 그 흐름에 각 분야의
전문가와 함께 필요성을 공감하고 실체를 체득할 때 가능한 일이다.
일자리가 줄어든 대신 새로운 일자리를 만들어 낼 수 있는 직업 교육

을 활성화하여 미래의 일자리를 준비해야 한다. 독일의 뮌헨공대 마이처 교수는 "4차 산업혁명의 핵심은 사람"이라고 말했다.

1970년대와 1980년대 일본 기업에 대한 연구가 활발할 당시, 일부 학자들은 조직의 성공을 좌우하는 것은 리더십이라기보다 기업문화라고 주장했다. 그들은 일본의 닛산, 토요타, 미국의 HP, GE, IBM, Xerox와 같은 전통 기업의 강력한 기업문화를 성공의 주요 요소로 보았다. 하지만 IBM이나 GE 같은 미국 최고 기업의 위기사례를 보면서 기업문화라기보다는 리더의 리더십이 조직의 생존과 발전에 우선된다는 것을 깨달았다. 기업문화는 리더의 리더십에 따라 달라질 수 있으며, 변화와 혁신을 주도하는 것 역시 리더의 리더십이다. 최고경영자는 자신의 삶과 태도 가치관을 되돌아 보아야 한다. 자신의 비전과 윤리성, 진정성과 관계성에 대해 고민할 시간을 마련해야 한다.

우리는 4차 산업혁명 사회의 미래를 이끌어 줄 시대정신(Spirit of the age: Zeitgeist)을 갖춘 리더를 희망한다.

- 나는 성, 나이, 지위, 국적에 편견 없이 사람들을 존중하는가?
- 나는 의식적으로 멘토링/코칭/위임을 위해 시간을 할애하고 있는가?
- 나는 직원들에게 도움이 되는 구체적이고 시기 적절한 피드백을 주었는가?
- 구성원들은 솔직하게 의견을 말하고 토론하는 것이 가능한가?
- 우리 조직은 리더 육성을 위한 승계계획 시스템이 마련되어 있는가?

Activity

- 직원들의 태도와 핵심역량을 구체적으로 적고 코칭을 시작할 액션 플랜을 작성해 본다.
- 직원들을 코칭하고 위임한 경험 사례를 나누어 본다.
- 직원들을 진심으로 존중하고 배려한 사례를 공유해 본다.

Reflection

- 내 주변에 진심 어린 현실적 피드백을 해 줄 직원이 있는지, 혹은 비판적인 조언을 해 줄 직원이 있는지 생각해 본다.
- 나는 경영인으로 조직원들에게 어떠한 역할 모델을 하고 있는지 생각해 본다.

역사는 어떻게 만들어지는가

미군의 전투식량인 씨레이션(C-ration)은 완숙된 즉석식품이고, 통조림으로 저장한 반숙 요리와 훈제음식은 비레이션(B-ration)이라 불린다. 6·25 전쟁 당시 미국 군인들에게는 세끼에 간식까지 포함된 고열량 전투식량이 제공된 반면, 한국 군인들은 초라한 주먹밥으로 끼니를 때우면서 임전(臨戰)했다.

통조림이라고 하면 어릴 때 아이들의 소풍날과 누군가 아플 때만 먹을 수 있었던 황도 통조림이 기억난다. 한국전에 참전했던 아버지는 1961년 통조림 공장을 창립했다. 아버지의 창립 동기는 한국 군인들에게 고열량 군용식을 제공하겠다는 다짐에서 시작되었다. 실제로 아버지 공장에서는 베트남전에 참전 중인 한국 군인을 위해 김치 통조림을 생산하기도 했다.

아버지는 어린 자녀들에게 한반도에서 전쟁이 나면 가족과 함께 피난 갈 수 없다는 말씀을 여러 번 하셨고, 어린 나는 그런 상황이 올까 봐 늘 두려웠다. 국가의 이익에 부합하는 일을 해야 한다는 투철한 목적의식, 정직과 진심이라는 가치관을 추구했던 아버지는 내 가치관과 삶의 철학에 엄청난 영향을 끼친 분이다. 세상을 사는 데에는 비전이 매우 중요하다는 것을 가르쳐 주셨고, 그 비전은 자신의 진정성에서 나온다는 사실을 몸소 보여 주셨다.

아버지가 그렇게 우려했던 전쟁 대신 한반도에 평화통일이 자리 잡도록 하기 위해, 다음 세대에 더 나은 조국을 물려주기 위해, 우리 모두 더 나은 세상을 꿈꾸어야 한다. 전쟁으로 많은 것을 잃었지만 이제 OECD 회원국으로 발전한 대한민국의 당면한 과제는, 모든 국민이 살기 좋은 국가 건설에 있다. 더 원대한 꿈을 꾸며, 우리를 그 꿈의 대열로 이끌어 줄 리더가 필요하다. 과연 우리에게는 어떠한 리더가 필요한 것일까?

2017년 대통령 선거를 앞두고 필자는 국민의 선택에 대해 고민하기 시작했다. 수많은 후보의 난립과 원색적 공격 속에서 우리가 꿈꾸는 대통령에 대한 객관적 평가 기준의 필요성을 절감했다. 이념과 사상, 정당과 지역색의 편견 없이 우리의 미래를 짊어질 대통령을 제대로 평가하기 위해 이 책의 부록을 참고하면 도움이 될 것이다.

대통령 탄핵과 파면으로 이어진 리더십 공백과 국민 분열, 청년실업, 부실기업 구조조정 문제와 복잡한 국제정세 등 지도자의 역할과 임무는 어느 때보다 막중하다. 우리나라는 국민소득 2만 달러 시대에 들어온 지 이미 10년이 넘었고, 추가적인 성장 없이 답보상태로 정체되어 있다. 산업경제, 교육, 창업생태계조성, 소프트웨어 개발 등 기존의 질서에서 재구성된 4차 산업혁명시대의 새로운 판을 제시하는 지도자는 미래에 대한 통찰력을 갖추고 신뢰와 책임감을 바탕으로 소통하는 통합형 리더십 소유자이어야 한다.

독일의 철학자 헤르더(J. G. Herder)가 역사의 목표를 '순수하고 도덕적 인간성의 획득'으로 보았듯이, 지금 우리의 한국 사회는 세상을 더 좋게, 올바르게, 공정하게 이끌 국가 지도자를 원하고 있다. 역사를 이끄는 것이 지도자의 리더십이라면 역사를 만드는 것은 국민의 성숙함이다.

참고문헌

강정애·태정원·양혜연·김현아·조은영,《리더십론》, (시그마프레스, 2010)

강진우,《코칭 리더십》, (아시아코치센터, 2008)

강형기,《논어의 자치학》, (비봉출판사, 2006)

김성수,《21세기 윤리경영론》, (삼영사, 2005)

김창범·선종욱,《리더십 혁신 코칭하라》, (태동출판사, 2010)

박영숙·제롬 글렌,《유엔미래보고서 2045》, (교보문고, 2015)

사회통합위원회·경제인문사회연구회,《한국에서 공정이란 무엇인가》, (동아일보사,
   2012)

서인덕·배성현,《기업윤리》, (경문사, 2011)

송경근,《올바른 리더의 조건》, (한언, 2002)

신원동,《삼성의 팀 리더십》, (한국경제신문 한경BP, 2005)

안광복,《처음 읽는 서양 철학사》, (웅진지식하우스, 2012)

안의정,《한국을 일으킬 비전 리더십》, (가림, 2010)

양태석,《이야기 속에 담긴 긍정의 한 줄》 (책이 있는 풍경, 2010)

윤정구,《진정성이란 무엇인가》, (한언, 2012)

이종영,《기업윤리》 6판, (삼영사, 2007)

이종영,《기업윤리》 7판, (탑북스, 2011)

이태석,《친구가 되어 주실래요?》 (생활성서사, 2010)

조현봉,《한국 리더십 윤리문화》, (한국학술정보, 2010)

최우석,《삼국지경영학》, (을유문화사, 2007)

최익용,《대한민국 리더십을 말한다》, (이상BIZ, 2010)

최치준,《미래를 위한 준비》, (삼성전기 LCR사업부, 2009)

한홍,《거인들의 발자국》, (비전과 리더십, 2009)

Chip Conely, 홍정희 역,《비즈니스의 경계를 허문 경영의 괴짜들[Rebel rule; Daring to be yourself in business]》, (21세기북스, 2001)

Christine Arena, 양세영 역,《휴렛팩커드가 산골마을을 찾은 이유[Cause for success]》, (지식의 날개, 2004)

Daniel Goleman · Richard Boyatzis,Annie Mckee, 장석훈 역,《감성의 리더십[Primal Leadership]》, (청림출판, 2002)

Dave Gray · Thomas Vander Wal, 구세희 역,《커넥티드 컴퍼니[The connected company]》, (한빛비즈, 2012)

David Horsager, 방영호 역,《신뢰가 이긴다[The trust edge; How top leaders gain faster results, deeper relationships, and stronger bottom line by David Horsager]》, (알키, 2009)

Deborah Norville, 김순미 역,《리스펙트[The power of respect]》, (위즈덤하우스, 2009)

Debra A. Benton, 신완선 역,《CEO처럼 행동하라[How to act like a CEO]》, (더난출판, 2003)

Donald N Sull · Lisa Laskow Lahey · Paul F. Levy, Katherine M. Hudson · Carol Lavin Bernick · Ram Charan, 안기순 역,《기업문화와 조직변화[Harvard Business Review on culture and change]》, (21세기북스, 2002)

Doug Lennick,Fred Kiel, 정준희 역,《성공하는 사람들의 도덕지능[Moral intelligence]》, (북스넛, 2005)

Edward O. Wilson, 이한음 역,《인간본성에 대하여[On human nature]》, (사이언스북스, 2004)

Ernest Hans Josef Gombrich, 백승길 · 이종숭 역,《서양미술사[The story of art]》, (예경, 1995)

Francis Hesselbein, 문일윤 역,《미래형 리더[The future of leadership]》, (북앤북스, 2005)

Howard Morgan, Phil Harkins,Marshall Goldsmith, 홍의숙 · 이휘경 역,《리더십코칭 50[The art and practice of leadership coaching; 50 top executive coaches revewal their secrets]》, (거름, 2005)

Jeffrey S. Young & William L. Simon, 임재서 역, 《iCon 스티브 잡스[ICON Steve Jobs; the greatest second act in the history of business]》, (민음사, 2005)

John Adair, 현대경제연구원 역, 《보스가 아니라 리더가 되라[Not bosses but leaders]》, (청림출판, 2003)

John C. Maxwell, 홍성화 역, 《존 맥스웰 리더십 불변의 법칙[The irrefutable laws of leadership]》, (비즈니스북스, 2007)

John P. Kotter, 한정곤 역, 《기업이 원하는 변화의 리더[Leading change]》, (김영사, 1996)

John Whitmore, 김영순 역, 《성과향상을 위한 코칭 리더십[Coaching for performance]》, (김영사, 2002)

Kenneth H. Blanchard, 정경호 역, 《신뢰가 답이다[Trust works!]》, (더숲, 2013)

Kenneth H. Blanchard & Jesse Stoner, 조천제 역, 《비전으로 가슴을 뛰게 하라[Full steam ahead! : unleash the power of vision in your work and your life]》, (21세기북스, 2004)

Matt Ridley, 신좌섭 역, 《이타적 유전자[The origin of virtue]》, (사이언스북스, 1998)

Noel M Tichy, 이재규·이덕로 역, 《리더십엔진[The Leadership Engine]》, (21세기북스, 2000)

Nathan L. Essex, 《School law and the public schools》, (Pearson, 2005)

Nikos Kazantzakis, 이윤기 역, 《그리스인 조르바 [Vios ke politia tu Aleksi Zorba]》, (열린 책들, 1947)

Patrick L., 송경모 역, 《탁월한 조직을 만드는 4가지 원칙[The Four Obsessions of an Extraordinary Executive: The Four Disciplines at the Heart of Making Any O]》, (위즈덤하 우스, 2000)

Peter F. Drucker, 이재규 역, 《변화리더의 조건[The Essential Drucker]》, (청림출판, 2001)

Phil Dourado Phil·Phil Blackburn, 박선령 역, 《영감으로 이끄는 리더경영[Seven secrets of inspired leaders]》, (바이북스, 2005)

Ricardo Semler, 최동석 역, 《셈코 스토리[The Seven-Day Weekend: Changing the Way

Work Works]》, (한스컨텐츠, 2004)

Robert S. Kaplan, 한수영 역, 《사람을 이끄는 힘[What to ask the person in the mirro]》, (교
    보문고, 2011)

Rushworth M. Kidder, 《How good people make tough choices》, (Harper, 1995)

Thomas L. Friedman, 김상철·이윤섭·최정임 역, 《세계는 평평하다[The world is flat]》,
    (창해, 2006)

Warren Bennis, 류현 역, 《워렌 베니스의 리더[On becoming a leader]》, (김영사, 2003)

Michael E. Porter& Mark R. Kramer, 〈Creating Shared Value〉, Harvard Business Review

경북일보 2013.2.4, 2.7.

경향신문 2013.1.25.

동아일보 2013.2.13, 2014.11.19.

매일경제신문 2014.11.18

세계일보 2013.2.5.

이데일리 뉴스 2013.5.28.

조선일보 2012.1.7~8. 1.19. 2.2, 2.21, 3.8, 3, 17~18, 6.16~17, 9.5, 11.21, 12.1~2, 12.13,
    2013.1.19~20, 2.7~8, 2.14. 2.26, 3.9~10, 6.10, 8.10, 8.20, 11.16~17, 12.23~24,
    2014.3.14, 4.5~6, 5.29, 11.25, 12.15, 12.20~21, 12.31, 2015.1.3, 2.10, 2.28~3.1, 4.14,
    2015.2.17, 5.26, 2017.1.18.

중앙일보 2012.2.6, 6.7, 11.21, 11.23, 2013.2.5, 2.9, 2.21, 6.14, 2014.6.12, 6.19, 12.18,
    2015.2.16. 2015.5.26.

포브스 2012.5, 2013.4, 2013.8, 2014.2, 2015.1, 2016.1, 2017.1, 2017.2, 2017.3

한국일보 2012.1.30.

SBS 뉴스 2013.6.15.

최고경영자 역량 진단검사

최고경영자 역량 진단검사는 총 40문항입니다. 각 문항들에 자신이 생각하는 최고경영자에 대한 점수를 매겨 보시기 바랍니다.

1. 전혀 그렇지 않다 2. 좀처럼 그렇지 않다 3. 때때로 그렇다 4. 약간 그렇다 5. 매우 그렇다

1. 비전에 대한 확고한 신념이 조직원들에게 희망을 준다.

2. 정직하고 성실하여 조직원들에게 신뢰 받는다.

3. 평소의 언행일치적 모습이 신뢰감을 준다.

4. 조직원의 안전과 복지에 대한 배려 능력이 있다.

5. 조직원들이 원하는 비전을 숙지하여 실행적 전략을 제시한다.

6. 준법의식이 투철하여 조직원들에게 귀감이 되고 있다.

7. 기업가 정신을 바탕으로 한 이윤추구와 사회적 책임에 진정성이 있다.

8. 가치 있는 삶을 향해 가는 인간 존중과 존엄의 정신을 갖추고 있다.

9. 조직 발전을 위해 기여하고 성공적으로 목표달성한 경험과 경력이 있다.

10. 비리에 연루된 범죄 경력이 없다.

11. 자신의 기업철학을 조직원들에게 표현하고 공유한다.

12. 자신의 조직원을 단합시켜 조직을 움직이는 정치적 능력이 있다.

13. 조직의 위기상황에서 대내외적으로 현명하게 대처할 소신과 의지가 있다.

14. 조직원들을 인격적으로 대하는 도덕적 품행을 갖추고 있다.

15. 평생교육 경영자로서 자신의 역량을 꾸준히 강화시키고 있다.

16. 권위의식과 패권주의에서 벗어나 공감과 설득을 통해 소통하고 화합한다.

17. 자신의 비전과 미션을 명료하게 전달하고 공유하는 소통능력이 있다.

18. 공정한 시스템적 인사제도를 추구하는 공정성이 기대된다.

19. 언론기사에서 보여지는 이미지보다 경영 과정 속에서 진정성이 느껴진다.

20. 노조와 협력업체와의 관계에서 공정한 원리원칙을 추구한다.

21. 시대변화를 읽어 내는 탁월한 예지력이 있다.

22. 부적절한 행동으로 물의를 일으킨 사례가 없다.

23. 윤리적 기준에 따라 자신을 규제하고 통제하는 자기관리 능력이 투철하다.

24. 건전한 기업문화 조성으로 조직원의 단합을 도모한다.

25. 기업 경쟁력을 발전시키기 위해 탄력적으로 대응할 능력이 있다.

26. 공명정대한 원리원칙을 준수하여 모범이 되고 있다.

27. 기업의 비전에 따른 조직의 이상과 가치관을 추구한다.

28. 글로벌 시장의 흐름을 이해하고 외교력을 발휘할 역량이 있다.

29. 변화와 혁신을 주도하는 창조성과 도전정신을 갖추고 있다.

30. 고객을 속이지 않는 고객경영을 준수한다.

31. 고객의 만족과 신뢰를 바탕으로 브랜드 이미지를 높여 가고 있다.

32. 조직원들의 창조적인 업무수행을 위해 자율성을 보장한다.

33. 높은 문제해결 능력으로 효과적인 의사결정을 한다.

34. 특정한 인종, 나이, 성에 대해 무시한다거나 차별적 발언을 한 적이 없다.

35. '업'에 대한 공유가치를 바탕으로 기업 이미지를 향상시키고 있다.

36. 조직원들의 동기를 부여하여 직원만족도를 향상시킬 수 있다.

37. 재무관리 능력 및 재정확보 능력이 있다.

38. 노블레스 오블리주 정신을 솔선수범하고 있다.

39. 창업자 정신을 바탕으로 지속가능경영에 이바지하고 있다.

40. 조직원의 능력에 맞추어 위임하고 포지셔닝할 수 있는 역량이 있다.

평가표(각 문항의 점수를 다음과 같이 항목별로 합산하면 최고경영자의 역량을 생각할 수 있다.)

비전성 : 1, 5, 9, 13, 17, 21, 25, 29, 33, 37

윤리성 : 2, 6, 10, 14, 18, 22, 26, 30, 34, 38

진정성 : 3, 7, 11, 15, 19, 23, 27, 31, 35, 39

관계성 : 4, 8, 12, 16, 20, 24, 28, 32, 36, 40

대통령 후보 역량 진단검사

대통령 후보 역량 진단검사는 총 40문항입니다. 각 문항들에 자신이 생각하는 후보에 대한 점수를 매겨 보시기 바랍니다.

1. 전혀 그렇지 않다 2. 좀처럼 그렇지 않다 3. 때때로 그렇다 4. 약간 그렇다 5. 매우 그렇다

1. 비전에 대한 확고한 신념이 국민들에게 희망을 준다.

2. 정직하고 성실하며 준법정신과 정의감이 투철하다.

3. 평소의 언행일치적 모습이 신뢰감을 준다.

4. 자신이 속한 정당의 정체성을 확립하여 당원들을 결속시키는 역량이 있다.

5. 국민이 원하는 비전을 숙지하여 실천 가능한 정책 결정을 제시한다.

6. 권력형 비리나 부패로 인한 범죄 경력이 없다.

7. 새로운 국가 건설을 위한 변화와 혁신의 소명에 진정성을 보인다.

8. 가치 있는 삶을 향해 가는 인간 존중과 존엄의 정신을 갖추고 있다.

9. 조직 발전을 위해 기여하고 성공적으로 목표 달성한 경험과 경력이 있다.

10. 허위사실을 유포하여 누군가의 명예를 의도적으로 훼손시키지 않는다.

11. 자신의 삶을 숨기지 않고 타인에게 진솔하게 보이는 편이다.

12. 자신의 조직원을 규합하여 조직을 움직이는 정치적 능력이 있다.

13. 국가의 위기상황에서 대내외적으로 현명하게 대처할 소신과 의지가 있다.

14. 자신의 정치적 야망을 위해 국민을 속이고 선동하지 않는다.

15. 자신이 말한 공약을 반드시 지키겠다는 확고한 책임감을 보여 준다.

16. 권위의식과 패권주의에서 벗어나서 공감과 설득을 통해 소통하고 화합한다.

17. 자신의 비전과 정치목적을 명료하게 전달하고 공유하는 소통능력이 있다.

18. 친인척과 주변을 배제하고 공정한 시스템적 인사제도를 작동시킬 공정성이 기대된다.

19. 언론형 이미지정치보다는 정치 과정의 흔적 속에서 진정성이 느껴진다.

20. 자신과 뜻을 달리하는 사람들과도 그들의 가치와 신념을 인정하고 통합시킬

수 있다.

21. 인기에 영합하지 않는 지속가능한 현실적 복지정책을 제시하고 있다.

22. 스캔들 없이 청렴결백한 도덕성으로 공직기강 확립에 본이 되고 있다.

23. 공직자 재산 검증 과정에서 불법적 재산 증식이 없이 투명하다.

24. 학연과 혈연, 지역색을 배제하고 유능한 인재를 포지셔닝할 인사제도를 추구한다.

25. 청년실업과 비정규직 문제 등 사회적 약자들을 위한 실질적 정책을 제시한다.

26. 군중심리에 영합되지 않고 공명정대한 원리원칙을 준수한다.

27. 자신의 정치철학과 고유한 성향을 적절한 방식으로 표현하고 공유한다.

28. 국가 통치권자로서 국제무대의 흐름을 주도하고 외교력을 발휘할 역량이 있다.

29. 한반도 안전을 책임질 국가관을 바탕으로 국가 이익에 수반되는 대북정책을 지향한다.

30. 특정한 인종, 나이, 성에 대해 무시한다거나 차별적 발언을 한 적이 없다.

31. 윤리적 기준에 따라 자신을 규제하고 통제하는 자기관리 능력이 투철하다.

32. 정책수행과정에서 국정 어젠다를 담당할 유능한 참모들을 보유하고 있다.

33. 사회양극화 현상을 해소시키면서 경제적으로 국가 성장과 발전을 도모할 경제정책을 추구한다.

34. 삼권분립의 정신에 따라 권력의 집중과 남용을 지양하며 상호간 견제와 균형을 유지한다.

35. 항상 배우는 자세로 끊임없이 지도자로서의 역량을 강화시키고 있다.

36. 군통수권자로서 대북관계에서 국가안정을 책임질 유능한 컨트롤 타워를 구축할 역량이 있다.

37. 과도한 교육경쟁과 사교육 부담을 해소시킬 대안을 제시하고 있다.

38. 공권력 강화를 통해 법질서를 구축하고 헌정질서를 공고히 한다.

39. 포퓰리즘에 치우지지 않으며 논리적인 사고로 의사결정을 할 수 있다.

40. 상명하복이 아닌 민주적 보고 체제를 통한 업무 구분과 역할 분담으로 통치
적 개혁을 추구한다.

평가표(각 문항의 점수를 다음과 같이 항목별로 합산하면 각 후보의 결과를 비교할 수 있다.)

	후보자 A	후보자 B	후보자 C
비전성			
윤리성			
진정성			
관계성			
총 합			

비전성 : 1, 5, 9, 13, 17, 21, 25, 29, 33, 37

윤리성 : 2, 6, 10, 14, 18, 22, 26, 30, 34, 38

진정성 : 3, 7, 11, 15, 19, 23, 27, 31, 35, 39

관계성 : 4, 8, 12, 16, 20, 24, 28, 32, 36, 40

스피릿_ 4차 산업혁명 시대 리더십

2017년 04월 7일 초판 1쇄 인쇄
2017년 04월 14일 초판 1쇄 발행

지은이   최혜림
펴낸이   박호식
편 집   허남희
디자인   심정희
펴낸곳   호연글로벌
           서울시 강남구 압구정로 20길 15 금호빌딩 301호

전화번호   02-549-7501
팩스번호   02-549-7431
홈페이지   www.thesageleadership.com

ⓒ호연글로벌, 2017
ISBN 979-11-960662-0-8   03320

이 도서의 국립중앙도서관 출판예정도서목록(CIP)은 서지정보유통지원시스템 홈페이지
(http://seoji.nl.go.kr)와 국가자료공동목록시스템(http://www.nl.go.kr/kolisnet)에서 이용하실
수 있습니다. (CIP제어번호 : CIP2017007453)